封面题签 ◎ 集民国元老、书法大师于右任先生字

刘绍唐 主编

民國人物小傳

第二册

上海三联书店

出版说明

　　《民国人物小传》原由台湾传记文学出版社出版，从 1975 年 6
月至 1999 年 10 月，共出 20 册。

　　《民国人物小传》依据各种历史文献资料，从不同的视角，简
要介绍了活跃在国民党统治时期的一些有影响的历史人物的一生，
对研究和了解中国近现代历史及人物有一定的参考价值，有鉴于
此，本社决定引进台湾传记文学出版社的版权，出版该书的简体字
版。

　　关于《民国人物小传》的编辑体例，在该书第一册《编者的
说明》和《征稿简约》中有如下的叙述：1. 在写作与取材上，特
别着重每个传主的基本资料（basic facts）亦即具体史实，而避免
任何空洞的褒贬之词。2. 小传内容包括籍贯、生卒年月、学历经
历、重要成就及著述等基本情况。所写人物，无论在朝在野，各行
各业，一以有贡献、有影响者为限，现尚健在者不收录。3. 该书文
章来源是读者投寄的稿件和《传记文学》社自己整理的资料，执笔
者包括《传记文学》的作者和读者、历史学家、传主的后人或亲友
等。因而每篇小传之后，除该社自行整理者之外，均注明执笔者姓
名及参考资料名称，以示负责。

　　《民国人物小传》简体字版基本保持了原书的本来面貌，仅对

不符合大陆出版惯例的文字作了技术处理，大致有：删除含有诬蔑性文字的内容；删除部分中共人物的小传；1949 年以后一律用公元纪年，台湾当局相关部门称谓、职务称谓加引号；对存在明显错讹的内容及文字或作删除、或作改正。

《民国人物小传》每篇传文的执笔者由于各自的写作立场，对传主的评价以及对史料的取舍运用等都体现了一定的倾向性，本社出版《民国人物小传》是为了向广大读者提供发自不同视角的多元化历史参考资料，因而本简体字版基本保持传文的原貌，但这并不表明本社对所有传文的内容均表赞同，相信广大读者在使用该书时也能有自己的价值判断。

目录

王　照（1859—1933）

王照，字小航，河北宁河人。生于清咸丰九年（一八五九）。十岁失怙，受教于叔父。十九岁入庠，喜读时务书。三十三岁中举人，卅六岁（一八九四）成进士（甲午科），入翰林院为庶吉士。散馆后，改礼部主事。因军队逃兵扰乱地方，乃归县办乡团。光绪二十三年（一八九七）创小学堂于芦台，为州县设学校最早者。次年，与徐世昌、李石曾等创设八旗奉直第一号小学堂（民国后之燕冀学校）。时值光绪帝变法维新，王氏上书言事，请帝奉太后出洋，并专设教部。礼部尚书许应骙以其言夸大，不为代奏，王到礼部当面诘问，责许犯上抗旨，许则劾其包藏祸心，德宗因锐意革新，遂将礼部堂官六人，尽行革职，王氏则超擢为四品京堂候补，并赏三品顶戴，内定出使日本大使。旋政变作，逃亡日本。光绪二十六年（时年四十二岁）潜行归国，以僧装游山东，自称台湾和尚。不久又返津蛰居，改姓名为赵世铭。是年冬，始刊所著《官话合声字母》于天津，自署芦中穷士。此书意在简化文字，普行教育。为中国提倡拼音文字之第一书。嗣入京求见李鸿章，欲推行官话字母，推广普通教育，因阻于于式枚，不得实行。光绪二十九年在京创设"官话字母义塾"，令门人王璞为之教授，声势渐张。适谭嗣同友沈荩被杖毙狱中，自知不免，遂于次年到步军统领衙门自首，希望能获减刑，但结果仍交刑部永远监禁。后得庆亲王营救，始获开释。出狱后到保定创办拼音官话书报社。光绪三十一年移设于北京。曾出版修身、伦理、历史、地理、地文、植物、外交、家政等初学拼音官话书。又出"人人能看书",即所谓拼音官话报。此报宣统二年(一九一〇)被封。王氏遂游江南。民国二年,受聘为教育部读音统一会会员,重返北京。读音统一会会员共八十人,由部延聘者三十余人,部派者十余人,余为各省所选派代表。其籍贯以江浙为多。正式开会到四十四人,举吴敬恒为议长,王氏为副议长。会中吴氏欲将江浙一带之十三浊音为拼音字母,与王氏争执不休。后吴氏以主张失败,辞职,王亦辞职。此后王氏曾一度入段祺瑞幕,旋隐居。筑水东草堂于北平德胜门内大街马家大院一号,故晚年又号水东。卒于民国二十二年六月。年七十五。有《水东集》十五卷行世。(陈哲三稿。参考:陈光垚《老新党王小航先生》、则夫《语言学家王小航》。)

王子壮 (1900—1948)

王子壮,名德本,字子壮,以字行。世居山阴,祖父宦游山东,遂占籍济南。生于清光绪二十六年(一九〇〇)十二月十四日。幼受庭训,勤苦攻读,不乐嬉游;稍长,入济南德文学馆肄业,民五冬毕业。民六丧父,家益贫,得母氏措资,乃入北京大学,攻法律。八年五四运动起,每为文鼓吹,其文都刊山东各报。十二年六月,学成返鲁,初执教于法政专门学校,继充教育厅视学。是年加入中国国民党。民十三,国民党一全大会后,在鲁主编

《一日》旬刊，阐扬士气，诱掖青年。第一次全省代表大会，膺选省执委会常委，兼青年部长。十四年夏，张宗昌督鲁，严党禁，子壮受命留济南，主持鲁省青年农工运动。十六年四月，国府奠都南京，任中央执行委员会秘书。时党务殷繁，而章则未备。子壮博闻强识，遇事尤审慎，与闻机密，无巨细未尝举以语人。以是为党政首要所倚重。二十二年冬，任监察院监察委员，二十四年十一月，五届全国代表大会膺选为中央监察委员，兼中监委会秘书长。次年十一月调任铨叙部政务次长。抗战军兴，随政府入川，国难日亟，中怀愤郁，以是多病。三十五年，返京。三十六年冬，当选第一届国民大会济南市代表。是年，因奔走鲁省国大代表、立法委员之选务，病势转剧。而终于三十七年八月四日卒于南京，年四十九岁。（陈哲三稿。参考：《王子壮先生讣告》。）

王平陵 （1898—1964）

王平陵，本名仰篙，字平陵，以字行。笔名有西冷、史痕、秋涛等。世居江苏溧阳。清光绪二十四年四月初一日生。父洪钧，乃清末秀才。幼年受良好教育。肄业杭州省立师范时，以全校最优异之成绩毕业。平陵在学时，即练习写作投稿。其师李叔同（弘一法师）出家时，曾将其所有文艺书籍相赠，于是日夜苦读，致力写作。民国九年，其小说《雷峰塔下》，在时事新报副刊发表。又写独幕剧《回国以后》，刊于妇女杂志。

平陵毕业杭州第一师范后，曾先后在沈阳美术学校及溧阳县同济中学任教。两年后转任于南京美专，并在震旦大学南京分校攻读法文。十三年，主编时事新报《学灯》。十七年，任教于上海暨南大学，后任中央日报《大道》、《清白》副刊主编。是时左翼文人提倡普罗文学（即无产阶级文学），平陵则提倡民族文学与之抗衡，曾发生激烈笔战。二十六年，平陵为加强文艺对敌作战，将其主编之《文艺月刊》改为半月刊，以登载鼓励民心士气及热爱国家民族之诗歌、小说及报导文学为内容。二十七年三月廿七日，"中华全国文艺抗敌协会"在张道藩领导下，成立于武汉，平陵当选为理事。抗战期间继续努力写作，胜利后乃蛰居重庆乡村度其清苦之写作生涯。直至三十八年十一月二十六日始乘最后一架班机来台。此后于一九五二年至一九五四年主编中国文艺月刊，旋应泰国华侨之邀赴曼谷任世界日报总编辑。因气候不适，一年后返台。一九五九年，应马尼拉华校师专之聘，赴菲讲学，并在马尼拉大中华日报写文艺专栏。经常协助华侨剧运及各项文艺活动。是年获"教育部"颁发戏剧奖金及奖章。回台后，受聘为政工干部学校教授。一九六四年一月五日，为其长篇小说《爱情与自由》一书写序时，突患脑溢血症，延至一月十二日不治逝世。享年六十六岁。

平陵来台后，曾当选数届"中国文艺协会"常务理事。生平著述甚多，有关哲学、美学、心理学、社会学、小说、散文、戏剧、诗歌等，不下四五十种。（郑孝颖稿。参考：谢冰莹《作家印象记》、陶希圣《三十年代文艺琐谈》、陈纪滢《文艺运动二十五年》。）

王用宾（1881—1944）

王用宾，字太蕤，山西猗氏县人。生于清光绪七年（一八八一）。十岁始就傅，庚子（一九〇〇）变后，致力经世之学。甲辰（一九〇四），山西考选留日学生，入选东渡，毕业于日本法政大学。一九〇五年在东京加入同盟会。并介绍山西留日学生多人入盟。嗣充同盟会山西支部长，并与同志景梅九、刘翼若、景太昭（耀月）等在东京创刊《晋话报》。又设《晋阳公报》于太原，为联络革命同志之机关。辛亥武昌起义，潜赴石家庄，与同志温寿泉、常子发等密议太原响应事。订定，工入北京策动，温、常等入太原。九月初八日，太原光复，举阎锡山为都督，阎遣人邀王返晋。因清军集井陉，乃绕豫返河东，被推为河东兵马节度使，光复河东，组河东军政府于运城。民国成立，被选为山西临时省议会议长。同盟会山西支部改为国民党山西支部，任副部长。民国二年，当选参议院议员，民国九年，先后任大元帅府、总统府、大本营及国民党本部参议。嗣奉派为北方特派员，两次自粤北上，联络段祺瑞、张作霖赞助革命。十一年，任中国国民党山西支部筹备处长。十三年入豫助国民二军胡景翼，任河南省长公署秘书长，代行省长职务，并奉黄埔军校蒋校长之嘱，先后招考北方各省学生一千四百余人，送黄埔军校肄业。十五年春，国民二军自豫撤退，用宾陷于汴垣，脱险后，养疴杭州，时国民革命军已分道入湘、赣，趋武汉，乃策动夏超易帜，不成，赴沪。十七年夏，任国民革命军南路军总参议。十月，任北平政治分会秘书长，旋任立法院第一届立法委员。十九年，第二届连任，兼任该院法制、财政委员会委员长。二十年，奉派兼考试院考选委员会副委员长。二十一年，特任为考选委员会委员长。二十三年调任司法行政部部长，以党化司法为鹄，并施行三级三审制。新设高等法院分院五十二院，增设各省地方法院二百院，县司法处九百余处。二十四年，当选为中国国民党中央执行委员。二十六年八月，调任中央公务员惩戒委员会委员长，迁渝就职。三十年冬，被推为前线将士慰劳团第一团团长，赴陕、豫、鄂各省慰劳前方将士。三十二年夏，患脑溢血症。三十三年四月七日逝世。享年六十三岁。国民政府曾先后颁给二等大绶彩玉勋章，及二等大绶景星勋章。

用宾于文字学造诣甚深，喜吟咏，抗战期间，成诗词千余首，皆鼓励士气、讴歌胜利之作。有《半隐园诗草》四辑行世。其他关于政治及文学之文字，历年发表于国内各报章杂志者甚多。（范廷杰稿。参考：邹鲁《中国国民党史稿》及矢部良策编《アジア问题讲座》第十二卷。）

王永江（1871—1927）

王永江，字岷源，奉天省金县人。生于清同治十年。幼读私塾。宣统二年东三省鼠疫蔓延，永江正任辽阳巡警总局长，因防疫有功，经辽阳州史纪常保荐为"分省补用知县"。

辛亥年改任南路巡防营管带，驻防辽阳。赵尔巽召开保安大会时，与张作霖同时将军队开入奉天省城。大会毕，永江与袁金凯同时被推荐为大会副会长。民国二年袁世凯命赵尔巽密保永江与袁金凯，特令"王永江为记名内政部部长"，经国务院备案。

民国四年永江任奉天省税捐局长，兼官地清丈局长及屯垦局长。于民国五年任督军署高等顾问；此时张作霖决心整顿省垣军纪，于同年七月间任命永江为警务处长。民国六年任财政厅长，兼东三省官银号督办，经其大力整顿，东三省财政始奠立基础。民国十一年徐世昌任大总统时，发表永江为内政部长兼奉天省政，王未就内政部只就奉天省长。十二年东北大学成立，兼任校长。

第一次欧战完了，法籍联军统帅霞飞将军东来游览，特赠与中国两枚勋章：一枚赠与国务总理，一枚赠与张作霖。其后张作霖声望日隆，决心率军入关，问鼎中原，此时与永江意见相左，十五年春永江遂辞去省长职务。十六年冬逝世，享年五十六岁。永江为东北杰出之政治长才，死时犹念念以未见东北大学毕业生为憾。（王盛涛稿。参考：钱公来《王永江其人其事》，刊一九七四年五月十五日《东北文献》四卷四期。）

王芃生（1893—1946）

王芃生，原名大桢，别署曰叟，字芃生，后以字行。清光绪十九年（一八九三）正月十七日在湖南醴陵出生。幼年肄业醴陵高等小学及瓷业学堂。一九〇九年春入长沙陆军小学。武昌起义，投效革命军，随黄兴守汉阳。民国元年二月至南京，入陆军军需学校，五月军需学校随临时政府迁至北京，五年卒业。得留学日本陆军经理学校高等科。民国七年，协约国出兵西伯利亚，芄生以见习日军后方勤务名义，由朝鲜至海参崴、伯力、满洲里、赤塔等地，以觇日人用兵之方略。折至外蒙而归，著有《外蒙见闻记》一卷。

民国九年春，入东京帝国大学经济学部听讲，注意搜罗日本朝野阴谋侵华之确证秘籍。著有《中日关系史之科学研究》、《台湾交涉真相秘录》诸稿。华盛顿会议时，复撰《华盛顿会议之预测与中国应有之准备纲目》一文。旋被聘为华盛顿会议中国代表团谘议。会议后，任鲁案善后督办公署调查部副部长、行政处副主任等职。中国正式接收青岛行政权，复任"残务整理"主任委员等职。民十四年张宗昌入鲁，乃复游日本，作日本古语及古文书之研究，明辨日本古史之出于伪造，因撰《日本古史辨证》、《日本古史之伪造及山海经》、《盖国及倭属燕之义证》三专著。

民十五年北伐军兴，归国至湘鄂，先后在第八军及三十五军任职。宁汉分裂，至沪上谒国民革命军总司令蒋公中正，即任总司令部参议。民十七年六月，外交部长王正廷计议与各国进行新约谈判，恐日破坏，乃密派芄生赴日活动，留日半年，完成秘密任务后归国。曾自撰《孤军舌战三岛纪要》。

民二十年四月中旬，据种种资料研判，认定至迟不出是年九月日本必向东三省发动事变，因赴北平请张学良预为之备，张不悟，乃忧愤成疾。及事发，我国诉于国联，芄生应顾维钧之邀，赴日内瓦，尽出其所藏秘籍，以为控日之谋证。

民二十三年十一月，应中国驻土耳其公使贺耀组之邀任使馆参事，留心中土文化之因缘，撰有《匈奴史上及突厥史上译语之语源》及《匈奴史之新研究》二文。二十五年四月，调驻日本大使馆参事，许世英任大使，张群长外交，内外相维，动关大计，日人防检尤集于芃生。二十六年五月十五日，密呈谓日阀不出七月上旬，必将挑衅而控制华北，因请设置军事委员会国际问题研究所，亲董其事。不旋踵而七七事发。旋受命为交通部次长。

抗战期间，尽平生之怀抱，于搜罗敌友情报，剖析国际形势，无不一一察敌机先，隐微洞烛，后之应验，若合符节。抗战胜利后，奉命周察南京、上海、天津，处理日俘之特殊事项。三十五年春，至南京即病，仍往上海、平津间。五月十七日以心脏病卒于南京。享年五十四岁。（蒋永敬稿。参考《王芃生先生讣告》。）

王沛纶（1909—1972）

王沛纶，江苏吴县人，生于民前三年农历三月一日。于民国十九年考入上海国立音乐院。从萧友梅博士习乐理，及华拉氏习小提琴，廿二年毕业，即任教于公立各中学及师范学校，先后八年。嗣因抗战军兴，辗转至陪都，于民国卅年八月任教于国立中央大学师范学院，并兼教于重庆大学。卅二年八月赴闽任教于国立福建音专，抗战胜利后于卅五年一月，任江西省音乐教育委员会专任驻会委员兼演出组长，卅六年转职于南京中央广播电台任音乐指挥。卅八年一月十四日，随中央广播电台迁来台湾，任中国广播公司音乐指挥、音乐组长，并兼台湾省立师范学院教授，及省立交响乐团指挥。一九五七年三月，复兼"国立"编译馆教科书编审委员，并受聘为"教育部"学术审议委员会委员。一九六二年秋复兼任"国立"艺专及文化学院教职。一九六七年受聘为中山学术文化基金会审议委员。一九六八年十一月应邀任台湾电视公司交响乐团指挥。一九七〇年八月起专任"中国文化学院"音乐系教授，至一九七二年十一月八日逝世时为止。享寿六十有四。沛纶不仅精研西乐，对于我国古乐亦有独擅。在上海时曾组织中国音乐改进社，倡导中学为体，西学为用，运用西乐技术，表现中国情韵。卅三年于任教福建音专时曾组织雅乐二重奏（南胡、三弦、钢琴），自操南胡，利用暑期巡回演奏于福建各地。沛纶创作有《战场月》、《灵山梵音》、《新中国序曲》等具有民族风格之大型合奏曲。以为中西音乐交流合体之范例，卅六年任职于江西省音教会时，曾旅行全省各地举行南胡独奏（钢琴伴奏）会。一九六九年三月，在台北市实践堂举行南胡独奏会，发表其新作《城市歌声》及《卖糖人组曲》、《台湾组曲》等中西合璧之杰作。中国新式歌剧之创作与演出，虽曾先后有人提倡尝试，但能完整演出者，则为沛纶于卅年元月及卅一年元月，两度在重庆指挥演出之《秋子》一剧首开纪录。一九五五年沛纶为纪念莫札特二百周年诞辰，特举行莫氏作品小提琴独奏会。一九六〇年，受聘"国立"编译馆音乐名词统一编订委员会委员时，独力编著目前最完整之《音乐辞典》一书。并先后编著完成《歌剧辞典》、《乐人字典》、《音乐字典》、《戏曲辞典》、《室内乐主题》、《交响乐主题》、《名歌剧主题》、《协奏曲主题》、《怎样唱国歌》、《指挥学》等书。为鼓舞民心士气，曾作有《当兵好》、《军民联欢》、《四季吟》、《美丽的台湾》及《祖国之恋》等歌曲。

妻为同乡望族王璆（韵留）女士，子名绰，女名绮。（程其恒稿。
参考：李中和撰《王沛纶教授传略》。）

王家襄 （1871—1928）

　　王家襄，字幼山，浙江山阴（今绍兴）人，生于清同治十年。
幼随父在河南怀庆府官廨由名师授读，继而专攻法律。光绪三十年
（一九〇四）以县丞分发江苏，会两江总督考出洋学生，被录取，
赴日本学警政，以最优等第一毕业。三十三年（一九〇七）任浙江
高等学堂教习兼梭调。宣统三年（一九一一）任吉林巡警总办。民
国元年，浙江省议会选举中央临时参议员，家襄当选。及第一届选
举参议员，又当选，乃辞职入京。家襄本隶共和党，民国二年国会
成立，共和党与统一、民主二党合并为进步党，家襄任党务部长，
旋任参众两院所共同组织之宪法起草委员会理事。是年冬，当选参
议院议长，兼宪法会议议长。嗣因二次革命失败后，袁世凯解散国
民党，追缴国民党籍议员证书，致国会人数不足，乃停止国会职
权。四年夏，筹安会起，家襄在参政院主张退回各请愿书，知不可
留，遂托故出京。是年，被遴派为河南中福矿务督办，每年均前往
参加股东会及董事会，至十三年中福总公司迁移天津为止。五年六
月，袁死黎元洪继，八月重开国会，九月开宪法会议，家襄从中斡
旋，终因反对者众，致无结果。六年二月，为对德绝交事，府院意
见相左，家襄夙近黎元洪，但于参战案则表同情于段祺瑞，尽力周

旋，仍无法挽回，卒于六月发生张勋复辟之乱。十一年五月，奉军失败，六月一日，旧国会在天津开会，新国会选出之总统徐世昌退位，黎元洪复出。家襄联合同志主张国会须先行制宪，再及其他，而另一派议员制造贿选，使曹锟当选总统，志不得遂，乃再度出京。于十七年六月逝，享年五十八岁。（参考：周树声《记对民初政治有影响之王家襄》。）

王崇植（1897—1958）

王崇植，字受培，江苏常熟人，生于清光绪二十三年（一八九七）五月九日，世代务农，父以宽改行医，早逝，崇植由母范氏抚养长大。七岁入学，民二，入上海浦东中学肄业。民初学制，中学系四年毕业，时校长为朱叔源，六年夏毕业。同年秋，考入上海工业专门学校电机科肄业，十年夏毕业时，校名已改为交通大学。

九年，崇植与交大同学恽震（荫棠）、吴保丰等加入少年中国学会。

崇植自交大毕业，即于暑期考取清华专科生，同年秋季留美，进麻省理工学院，十一年得电机硕士，毕业后即在美国奇异（GE）电气公司工作，二年后回国，历任浙江公立工业专门学校电机科教授，及母校（时已改名南洋大学）电机工程科教授。十五年北伐时，国民革命军总司令部交通处在上海南洋大学内附设有"无线电训练所"，学生一年毕业，王崇植为所主任并兼实习工厂"无线电机制造厂"训练部主任。

十七年二月一日，中央政治会议通过孙科等十一人之提议，设立中华民国建设委员会，以张人杰为委员长。崇植与恽震曾同时服务于该会。崇植自十七年至二十年四年间，先后任国际无线电台筹备主任、无线电管理处处长、电气标准局局长。离开建设委员会后，曾担任过青岛市工务局长（民二十至廿一）、南京市社会局长（民廿一至廿三）、天津开滦矿务总局总经理（民廿三至卅七）。

民国二十一年十月八日，崇植结合前少中同仁：沈怡、恽震、吴保丰及尹仲容、谭伯羽、朱一成、杨继曾等三十余人在上海共同发起"正己社"。正己社系受九一八事变影响而产生的一个爱国团体，它是一种精神上的结合，以互相砥砺为目的，注重社员人格的健全，以期社员之为人处世，能进而养成社会国家的良好风气，对社员选择之严，一如少年中国学会。

卅八年，崇植举家迁台，同年六月，台湾区生产事业管理委员会成立，崇植为该会委员之一。一九五〇年二月，美国会通过延长经济援华法案，继之以同年五月美国会又通过五千四百万美元援华法案，崇植出任甫成立之"行政院"美援运用委员会委员兼秘书长，为台湾早期经济奠下基础。以后因身体不适，改任专任委员，一九五八年二月十四日终因高血压症去世，享年六十二岁。（秦贤次稿。参考：沈怡《怀念受培兄》，刊《传记文学》第二十二卷第三期。）

卞寿孙 （1884—1968）

卞寿孙，字白眉，江苏仪征人。清光绪十年甲申（一八八四）
十月二十二日，出生于武昌两湖总督官廨，一九六八年戊申十月七
日，病逝于美国加州梵赖和（Velljo）凯撒医院，得年八十有五岁。
光绪二十五年己亥（一八九九）入泮，嗣以祖荫授太常寺斋郎。光
绪三十二年丙午（一九〇六）赴美入私立中学，补习英文及科学，
继入罗德岛州之白郎大学（Brown University），专攻政治经济，四
年毕业，获哲学学士学位。民国元年返国，任教上海复旦公学。是
年九月，财政部设立"筹备国家银行事务所"邀任筹备员，翻译英
美各国中央银行章则条例。民国二年，任中国银行总行发行局佐理
（副局长），寻兼任副总稽核，制订一切行务规章及办事细则。民国
三年任总稽核，先后赴东北及闽粤视查行务，并被聘充新华储蓄银
行查账员。民国四年十月，赴南洋各地调查侨胞工商情形，以为推
动侨汇及召集华侨股份准备。民国五年五月十一日，北京国务院颁
布中、交两银行纸币停兑命令。卞氏与天津中行经理林葆恒（子
有）向天津外商银行商请援助，照常兑现，未得要领。嗣与总裁徐
恩元（用光）意见不合，与总司账谢霖（霖甫）、总司券范磊（季
美）同时辞职。随应天津中孚银行主持人孙多森（荫庭）之约，任
该行总管理处主任秘书兼总稽核。民国七年，天津中行经理杨济川年
老多病，中行当局特邀其回行任津行副经理。次年杨氏病故，即接任
经理。民国十年，天津中行纸币发生挤兑风潮，卞氏措置得宜，旋告

平复。此后该行发行准备即按时邀请各界代表，公开检查，布告内容，券信因之昭著。对于华北工商企业，及农村经济得以尽力协助，收效至宏。七七事变，卞氏南下，由沪转港，经滇赴渝，设立天津分行驻渝办事处，处理该分行移撤内地事宜。先后担任总行"发行集中委员会"主任委员，督导发行及调拨事项，寻兼代总稽核职务。民国三十二年，任副总经理，以迄民国三十八年退休。

卞氏夫妇均系出华胄，累叶通显，而家庭组织简单，私人生活严肃。子嗣六人，各有成就。虽终身从业金融，不失书生本色。对事力持大体，不分畛域，不斤斤于小利。奖掖后进，多所识拔。所记日记，历数十年，未尝中断。每年一册，各标名目。如思痛龛日记，慎微斋日记，困勉斋日记，居易俟命轩日记，觉进斋日记，拔苦日记，默成日记，两知轩日记，含瓦石斋日记，求不能斋日记等，顾名思义，可以见其旨趣。（姚崧龄稿。参考：姚崧龄《中行服务记》、卞柏年《先君白眉公与民国初年中国银行》，刊《传记文学》第二十一卷第二期。）

方声涛 （1885—1934）

方声涛，字韵松，福建闽侯人。幼年习海军于天津，旋东渡日本入振武学校。既卒业，归充侯官小学军事训练，从学百余人，隐以革命相淬厉。其后闽人死事于广州三二九之役者，率皆受教于声涛。民前七年，再东渡日本，入陆军士官学校，与妻郑孟勤、兄嫂曾醒、女兄君瑛、弟声洞，均加入同盟会。归国任云南陆军讲武堂教官，旋任广西兵备处会办，驻四川之第十九镇正参谋。民国二年七月，李烈钧在江西湖口举兵讨袁，声涛任讨袁军第三独立旅长，旋任师长，与北军转战月余。二次革命失败后，亡命日本。四年冬，袁世凯称帝。乃入滇再谋讨袁，任护国军第二军第二梯团长，随李烈钧入广东驱龙济光，旋任驻粤滇军第四师师长。民六年九月，国父在粤成立护法军政府，任大元帅府卫戍总司令。旋率师入闽南，谋规复福建。民十二年任福建民军总司令。十三年任广州大本营参谋长。十五年北伐军出湘赣，声涛至上海，与海军总司令杨树庄商定响应北伐军。十六年一月，北伐军克福建，被举代理福建临时政治分会主席。七月，福建省政府成立，任委员兼军事厅长。十九年一月六日福建政变，杨树庄辞闽省主席，推声涛继任，再三谦让，遂以代理主席名义任职。民二十一年江西红军大举攻闽，陷漳洲，省垣震动。声涛在京闻讯驰归，激励所部，红军退龙岩。寻省府改组，乃退隐，与树庄虔修佛法。民二十三年七月一日，病逝。享年五十岁。（蒋永敬稿。参考：《方声涛韵松行状》。）

尹呈辅（1892—1976）

尹呈辅，字振之，湖北武昌人。生于清光绪十八年八月三十日（一八九二年十月二十日）。祖父会东为前清贡生；父荣德为清时举人。民前二年考取湖北省立陆军小学（二期），在肄业期间，由孙武介绍，于辛亥年二月十五日加入同盟会，参加革命，武昌举义，充任排长，转战阳夏。民国成立，入湖北陆军中学（未几并入武昌南湖陆军第二预备学校）就读。毕业后继续进入保定陆军军官学校（四期）。民国十五年夏，复赴北平入陆军大学第七期（中辍，毕业于第八期）深造，适值国民革命军总司令蒋公挥军北伐，师次衡阳，呈辅乃弃学潜间武汉，以资策应，密劝师长刘佐龙从速起义响应，消灭陈嘉谟之师，驱逐吴佩孚之众，因响应有功，湖北陆军第一师得以扩编为国民革命军陆军第十五军，呈辅亦晋升为该军第三师上校参谋长及上校团长，先后曾参加靳新、太湖、巢县、沙市、宜昌诸战役，旋提升为该师少将师长，随师北伐。民国十九年，呈辅任参谋本部第一厅第一处（作战处）处长，任内拟订潍河防线、漳新防线、宁波防线、海州防线、淞沪防线、苏常福防线诸计划。民国廿六年八一三淞沪战起，奉调至第三战区长官部任参谋处长。其后参谋本部改组为作战部，呈辅调任该部作战组副组长。翌年军事委员会迁至武汉办公，作战部改为军令部，调任该部第一厅第三处（后勤处）处长。民国卅年复调任军委会高级参谋。

民国三十一年，部分"韩国"爱国志士倡议奔走光复独立运动，蒋委员长鉴于"中韩"两国位居东北亚，一水相连，同文同种，休戚相关，患难与共，秉于国父中山先生遗教精神，毅然援手，慨允予以财力人员各方面之全力支持，"大韩民国"临时政府乃应运组成，由金九担任主席，并设光复军总司令部于重庆，委派李青天为总司令，呈辅奉派兼任该部参谋长职务，衔命到任即协同该部副参谋长李范奭着手厘订各项方案，分交各处详拟各种计划，分别付诸实施，中国军人任外国参谋长实自呈辅始。同年晋升为军令部中将高级参谋。抗战胜利后奉调任武汉行营办公厅主任；三十六年调任武汉行辕副参谋长。卅七年当选第一届"国民大会"代表。卅八年随政府来台，一九五二年奉令假退役；一九六一年奉令除役。一九七六年一月三日病逝台北，年八十有五。（林泉稿。参考：尹汪纯淑《先夫尹公呈辅行状》、林泉整理《尹呈辅先生访问纪录》。）

尹仲容（1903—1963）

　　尹仲容，名国墉，初字仲固，改字仲容，后以字行。湖南省邵阳县人，清光绪二十九年（一九〇三）三月十九日（阳历四月十六日）诞生于江西南昌天后宫寓次。八岁就读正蒙女校，民国五年入南昌心远中学，民六考入上海南洋公学中院，即交通部上海工业专门学校附属中学。民十毕业，以成绩优良，直升南洋大学，习电机工程。民十四毕业，由校保送北京交通部电政司实习。十六年，任职南昌市公用局，旋赴杭州，任国立第三中山大学助教。十七年赴南京，任军事交通技术学校中校教官，八月改任建设委员会无线电管理处技士。十八年，任安徽建设厅技士兼长电话处工务主任。十九年改任安徽建设厅秘书。二十一年任交通部电政司科长。二十四年兼任电政司帮办，制订电政制度、开辟全国长途电话网、举划报局与话局合设等。二十五年任中国建设银公司协理。二十八年冬赴美，出任我国资源委员会国际贸易事务所纽约分所主任。三十四年六月自美返国，供职资源委员会。三十五年任行政院工程计划团团长。三十八年四月自沪移寓台北，六月，出任台湾区生产事业管理委员会常务委员，旋升副主任委员。一九五〇年一月，任"中国油轮公司"整理委员会委员，五月，以"经济部"顾问名义飞往东京与盟军总部谈判双方贸易事项，九月签订"关于台湾与被占领日本间贸易协定"、"财务协定"与"贸易计划"。一九五〇年十一月，任"中央信托局"局长，仍兼生产事业管理委员会副主任委员。一九五三年任"行政院"经济安定委员会兼工业委员会召集人。一九五四年六月，出任"经济部"部长。一九五五年夏，以扬子公司案被牵累，先辞"中信局"局长职务，十月交卸"经济部"部长及工业委员会召集人职务。一九五七年八月，政府复任为经济安定委员会委员兼秘书长。一九五八年三月，任"行政院"外汇贸易审议委员会主任委员，对外汇贸易作一连串改革，如调整汇率，使接近新台币真实价值；实施单一汇率；取消进口物资预算，由进口管制转变为出口发展等。九月，经济安定委员会撤销，兼任新成立之"行政院"美援运用委员会副主任委员。一九六〇年七月兼任台湾银行董事长。一九六三年一月二十四日病逝台北。享年六十一岁。遗著有《电磁学》，《工程数学》，《吕氏春秋校释》，《我对台湾经济的看法》初编、续编、三编等书。（参考：沈云龙《尹仲容先生年谱初稿》、《尹仲容先生纪念集》。）

毛人凤（1898—1956）

毛人凤，字齐五，浙江江山人，生于清光绪廿四年。与戴笠

（雨农）在江山文溪小学同学。浙江省立第一中学毕业后，入上海复旦大学，旋考入陆军军官学校第四期。复因病休学，病愈，参加革命军幕僚工作。

民国二十三年，戴笠主持情报工作，请为之助，初在浙江省警官学校，及武汉、西安行营第三科服务。二十六年，"七七"事变发生，戴笠复调其入京，掌理机要，"八一三"沪战后，政府由南京迁武汉，主持军委会调查统计局首脑部内勤工作。抗战胜利后，任军统局副局长，民国三十六年，晋升为局长，次第破获苏联和中共在平津、沈阳、西安、兰州等地之秘密通信机关，及其重要组织。政府迁台后，领导部属先后破获重要案件多起。除先后接受政府颁授三、四等宝鼎勋章、胜利勋章、忠勇勋章各乙座外，美国政府亦以其于抗战期间之中美情报合作，著有勋劳，赠以司令级嘉猷勋章一座。

人凤服务情报部门工作，凡二十余年，历任编修、科长、书记、股长、主任秘书、副局长、局长等职。早岁参加中国国民党，曾任中央候补委员。一九五六年十月十四日病逝台湾，年五十九岁。政府追赠为陆军二级上将。（范廷杰稿。参考：国防部史政局编《毛人凤传》。）

史尚宽（1899—1970）

史尚宽，字旦生，安徽省桐城县东乡史家湾人，清光绪二十五年正月初一日（一八九九年二月十日）生。九岁受书，十一岁能文章，十六岁赴日本，由高等学校而东京帝大，毕业于法律系。嗣赴德入柏林大学法律研究所，越二年，转法国巴黎大学研究政治经济。民十六返国，任中山大学法学教授，并应广东建设厅聘，起草劳动法。十八年任立法委员，参预现行民法及其他重要法律之起草。抗战初，任立法院法制委员会委员长。三十年转任考试院秘书长兼法规委员会主任委员。三十六年当选为第一届国民大会代表。三十七年任总统府国策顾问。三十八年来台，执教于东吴大学。一九五二年任"考选部长"。一九五八年任"司法院"大法官，兼"光复大陆"设计研究委员会司法组召集人，及"国民大会"宪政研讨委员会编纂委员。一九六九年任司法官训练所长。一九七〇年十一月十二日病逝台北。享年七十二岁。

遗著行世者有：《民法总则释义》、《民法原论总则》、《劳动法原论》、《信托法论》、《债法总论》、《债法各论》、《物权法论》、《亲属法论》、《继承法论》、《行政法论》、《土地法论》。尚有手著《民法总论》，约六万余字，未出版。（范廷杰稿。参考：史光华等撰《先府君行状》。）

石青阳（1879—1935）

石青阳，原名蕴光，后以字行。四川南里彭家乡人。清末秀才，入重庆府中学堂。旋赴日本，入大野县长町蚕桑学校习蚕业。

一九〇六年，在东京加入同盟会。次年归国，设蚕桑传习所于浮图关。辛亥四川争路事起，与杨庶堪、张培爵、谢持、朱之洪等谋起义重庆。民二年讨袁军兴，苦战武胜合川间，事败走日本，入中华革命党。民四、民五年，在四川参与讨袁之役。民六护法之役，充川北招讨使。民七年任川滇黔靖国联军援陕第一路总司令。民十年冬，国父自粤出师北伐，大本营驻桂林，青阳任参议。十一年春，奉命入川劳军，旋任四川讨贼军第一路总司令，举兵酉阳，略定涪陵，兼川东边防军司令。旋任讨贼军第三军长。十三年，四川讨贼军失利，入粤待命。

民十八年康藏多故，青阳就所知草经营西康计划三万余言，国府以其谙习康事，任为滇康垦殖特派员。二十一年春，特任为蒙藏委员会委员长。国民党第一次及四次全国代表大会两次膺选中央执行委员。其治边事，尤重消弭民族界域。平生磊落，不私其财。以书生历戎马，驭下常疏纵。民二十四年三月病卒，年五十七。国府追赠陆军上将。（蒋永敬稿。参考：党史会编《革命人物志》第一集。）

田培林（1893—1975）

田培林，字伯苍，河南襄城县人。生于公元一八九三年。于民国九年毕业于北京大学哲学系，任教保定育德中学。翌年返豫，任教省立第一、第二中学、男女师范、法政专科等校。十七年，又至北平任国立女子师范大学、北平大学法商学院、俄文法政专门等校讲席。二十一年任河北省立女子师范学校教授。二十四年赴德国就读柏林大学，获哲学博士学位。归国后任西南联大师范学院教育系教授，国立同济大学教授，国立河南大学校长，西北农学院院长。又以学人应召任中央组织部训练处长，河南省党部主任委员，国民党第六届中央委员，三民主义青年团第二届中央干事。其间当选国民参政会参政员，嗣任教育部次长，后当选教育团体国民大会代表。入台后，任台湾省立师范学院教育系教授兼主任。学校改制后，任台湾省立师范大学教育学院院长，一九五五年兼任教育研究所主任，一九七一年九月一日退休。一九七五年五月九日病逝。享年八十三岁。

田氏一生对教育文化之擘画颇足称道。如民九创办《少年河南周刊》，灌输新知识，启发新思想，民十一，力争河南教育经费独立，使河南虽战痕累累，而能始终弦歌不辍；又请梁启超、赵元任、傅桐等至开封讲学，为河南学术界树立一新气象；一九五五年，创办台湾省立师范大学教育研究所等。（陈哲三稿。参考：刘延涛《吾师田伯苍先生行述》，载《大陆杂志》五〇卷六期。）

朱　淇（1858—1931）

朱淇，字季铁，或作季箴，原字篆孙，或作篆生、篆荪，广东南海人，清咸丰八年生，为朱次琦（九江）之侄。年二十，入邑庠，即弃八股业，专肆力于经史，受业于陈澧（东塾）之门。及壮，与康有为及国父结莫逆交。康为次琦高足，朱淇时与过从，思想日新，乃加入兴中会。光绪二十一年，国父与同志筹划第一次起义，谋攻广州，讨满檄文即由朱淇起草。朱淇预知事泄，乃分头奔告各同志，国父得以脱险，而陆皓东遇害，党人误以朱淇告密，颇不谅解，乃避沪半年，始返粤。嗣改变方针，取缓进主义，经营报馆，以开发民智。翌年，在广州市创办岭学旬报、岭海日报。光绪二十四年，岭学旬报停刊，而岭海日报又因同人发生意见，由胡汉民、陈鹿眉接办。朱淇复命其侄通儒办东华报于广州，命其徒张学璟办通报于香港，而己居中主持。时国父在海外，命陈少白回港办中国日报，约朱淇主笔政，荐门人杨少欧代之，己则赴青岛办胶州日报。光绪三十年初到北京，见北方民智闭塞，遂集资创北京报于琉璃厂，至光绪三十三年改名北京日报。当时恐清廷干涉，乃挂德人招牌，并改字季箴。辛亥武昌起义，赴滦州游说张绍曾、吴禄贞两师发难，迫清廷颁布十九信条。及返京，闻肃王良弼等密派刺客往杀张、吴，即派黄英瑞持密函往告，张得函而幸免，吴未及知而被刺。

民国四年，袁世凯谋称帝，愿出二十万金收买北京日报，并请朱淇赴沪另立一报为之鼓吹，经婉辞拒绝，且在报端发表反帝制评论。迨袁氏失败，鉴于国事日非，又年已垂老，乃闭门修道，研究儒释道三教经典，报事遂鲜过问。二十年秋，忽患肝癌，于十一月十五日逝于北平。（参考：朱簿誉《朱淇和北京日报》，刊于一九六三年十一月二十六日中央日报、曾虚白编《中国新闻史》、杨家骆《民国名人图鉴》。）

朱　霖（1896—1967）

　　朱霖字君复，原籍江苏省宝山县，清光绪二十二年（一八九六）生于湖南长沙。民初毕业于北京大学预科后，即赴美留学，先后获康奈尔大学机械工程学士及麻省理工学院航空工程硕士学位。民十二，任职于美国柯克斯与克莱敏飞机厂，时克莱敏教授在纽约大学创办航空工程系，被聘兼任助教。十四年返国，服务于北京航空署，嗣先后任教于北平交通大学、香山慈幼院及北洋大学。二十年"九一八"事变，鉴于我国亟须发展航空事业，乃奔走创设中国航空协会，宣传鼓吹航空建设之重要。廿二年，任军政部航空署技术处器材科科长，任内感于我国盛产丝绸，乃着手研究自制降落伞，历三个月完成，在笕桥上空与外国产品同时试投，结果证明自制品比外国产品并不逊色，于是奉准成立降落伞制造所，大量制造，每具成本仅为外国产品三分之一。二十四年，调任中义飞机制造厂监理处筹备员及中央南昌飞机制造厂监理处筹备办公室主任，先赴意大利考察，继即筹设飞机制造厂，抗战开始，中义厂迁四川南川丛林沟，改称航空委员会第二飞机制造厂，担任厂长，开掘山洞，安装机器，仿制飞机。二十八年春调航空研究所组长，主持利用国产材料编竹篾条造成莱因式教练机及可掷放汽油箱，获美军方重视，五角大楼置有可掷放汽油箱之解剖模型。三十二年调任航委会工业计划室主任，亲拟战后航空工业计划，以年产一千架飞机为目标，制订空军自制飞机远景，呈奉最高当局核准。第一步培育人才，考选优秀工程师二百余人先后赴英美深造。第二步亲自赴英美洽购飞机制造权。第三步在大陆各地陆续建立航空工业相关工厂。所拟计划先后实施，初具绩效。抗战胜利后三十五年出长空军工业局，继续推行原计划，惜未获行政院之支持，计划未能逐一完成。政府迁台后，"空军工业局"改称"空军技术局"，仍任局长，主持编纂技术命令，试制直升机、研究制造不碎玻璃、面罩及橡胶零件，对航空工业多所贡献。并在任内协助裕隆汽车制造公司推进民间交通工业。一九六三年七月以空军中将退役。

霖于一九五八年邀集学术界及社会人士组设"中国太空航行学会"，促使各界对新科学之认识，三任理事长，参加国际太空协会为团体"会员"，先后两度出席国际太空协会年会。此外另于一九五五年在台中创立华美协进社台中分社，沟通"中美"文化，促进"国民外交"。此外并先后兼任"国防部"外语学校、台北工专、台北女师专等校教职。一九六七年一月二十六日因心脏病卒于荣民医院，年七十一岁。夫人熊芷，曾任台北女师专校长；子二、女三。（郁鼎彝稿。参考：《朱霖将军纪念集》。）

朱培德（1889—1937）

朱培德，字益之，云南盐兴人，生于清光绪十五年（一八八九），四岁启蒙，五岁随祖母返安宁就学，七岁父殁，十八岁考入陆军随营学校，1910年该校合并于新成立之讲武堂，1911年辛亥革命时，任西征军第二师一等副官，后改中队长，因学业未竟，乃辞职回讲武堂。民国三年夏，以最优第一名毕业，任新编步兵第三团第一营第一连连长，旋调第七团连长。四年春，升第二营营长，十二月云南起义，归护国第二军指挥，与敌激战于滇桂边境，因功升第二十五团团长。五年，升任驻粤滇军第七混成旅旅长，护法之役因功升滇军第四师师长。八年冬，与赵慧君女士结婚，由国父亲自证婚。九年春，驻粤滇军指挥权争夺事起，助李烈钧抗李根源，失败后率部辗转于湘蜀之间。十月抵重庆，遂辞职赴沪，旋奉国父之命任援桂第二路司令。十年十一月，任中央直辖滇军总司令，十一年春，随国父北伐，任中路前敌总指挥，旋因陈炯明叛变，乃回师讨伐，因失利而退往湘边，辗转入桂。十二年四月，与各军东下入粤讨陈，事后所部改为大本营巩卫军，任军长，兼大本营参军长并代理军政部长。十三年春，任建国第一军军长，是年秋，国父二次北伐，任北伐军中路总指挥。十四年七月，政府成立，任国民政府委员、军事委员会委员及国民革命军第三军军长，十一月二次东征时，兼任南路总指挥，肃清粤南反侧，十五年一月任第二届中央执行委员。十五年七月北伐，任右翼总指挥。十六年四月，任江西省政府主席。十七年一月，蒋总司令复职，任第一集团军预备队总指挥，后政任第一集团军前敌总指挥，十一月任湘赣"剿共"总指挥，全国部队缩编时，所部缩编成第七师、第十二师，并撤消第五路总指挥部。十八年三月，任第三届中央执行委员，八月辞卸江西省政府主席职务，九月任参谋本部参谋总长。二十年冬，任第四届中央执行委员。二十一年三月，最高军事指挥机构改制，转任军事委员会办公厅主任，后又兼代训练总监。二十三年二月，代理参谋总长。二十六年二月十七日病逝。（于翔麟稿。参考：吴相湘《朱培德谦让容众》。）

朱绍良 （1891—1963）

朱绍良，原名宝瑛，以慕汉张良改名，字一民。原籍江苏武进，清光绪十七年九月十一日（一八九一年十月二十八日）诞生于福建福州，时父清泽任福建南台海防同知。十六岁入竟成小学肄业，次年入福建陆军小学，十九岁，转入南京陆军第四中学，以成绩优异，选送日本振武学校。1910 年在东京加入同盟会。辛亥武昌起义，驰往汉口参加，旋入沪军都督府任参谋，冬，返福建陆军小学任教官。民二，二次革命失败，重赴日本留学，民五毕业于日本士官学校，返国参加护国之役。民六冬，随王文华率黔军入渝任黔军总司令部参谋长。民九，川黔两军发生战争，随同王文华搭船东下，抵上海，次年王文华遇刺，治其丧尽礼。民十二，随国父孙先生自上海赴广州，任元帅府高级参谋。民十五，受委为第十师参谋长，随军北伐，参与汀泗桥、贺胜桥之役，民十六，调任国民革命军总司令部武昌行营参谋长，旋升任国民革命军总司令部参谋长。民十七，二月被选为军事委员会委员，九月，调任陆军第八师师长。民十八，率部参加西征武汉之役，旋升任第六路总指挥，率部援粤。次年四月再率部赴粤，参加广西之役，七月参加陇海讨逆战事，十一月，参加江西第一次"剿共"，次年，又参加第二、三次围剿。冬，奉派驻赣绥靖主任。民二十一，调湘鄂赣边区"剿共"总指挥。民二十二，任甘肃省政府主席兼民政厅长及绥靖主任，民二十四，兼"西北剿匪军"第一路总指挥。是年国民党五全大会被选为中央执行委员。七七抗战起，任军事委员会管理部长，调第三战区中央作战总司令兼第九集团军总司令，与日军战于上海，凡三月。冬，奉命主持西北军事，兼主甘肃省政。民二十八，升任第八战区司令长官，民二十九，指挥宁绥前线战争，造成绥西大捷。冬辞甘省主席职。次年，奉派兼陕甘宁边区总司令。民三十一年，绍良四度入新与盛世才协商，新局因以奠定。民三十三年，伊宁事变起，危及迪化，赖氏固守得全。三十六年四月，为中央政治委员会委员，五月为国民政府主席重庆行辕主任，次年重庆行辕改为重庆绥靖公署，仍任主任。三十八年，奉调福州绥靖主任兼福建省主席，五月，福州保卫战起，八月，奉令将军政交汤恩伯，于十八日飞台。一九五〇年，任"总统府"战略顾问。次年，转任"总统府国策顾问"。一九五三年，应聘为中央党史会委员。一九六三年十二月二十五日以脑溢血病逝。年七十三。（陈哲三稿。参考：周开庆《朱绍良先生年谱》，商务印书馆、姚琮《陆军一级上将朱君家传》。）

朱霁青（1882—1955）

朱霁青，原名国升，字纪卿，留学日本时，改名自新，号再造子，以霁青字行。原籍奉天广宁，汉军旗人，入民国广宁改为北镇县，属辽宁省。光绪八年五月六日（一八八二年六月二十一日）生。幼读私塾，十八岁，入沈阳文会书院。二十岁东渡日本，入东斌学堂习军事，并加入同盟会。二十二岁，在东京自行主编革命刊物——《刍报》，仅出二期。二十四岁由日返国，于广宁创办广益学院，策动革命，旋被查封停办。是年秋，在热河苏合营子试验炸药不慎，炸断左手二指。伤愈后，在热河阜新县创办福成金煤矿公司，组护矿队，拟袭击清军营房，事泄，被解散。宣统元年，改名入伍，驻锦州二十镇新军七十八团。武昌起义，出关与蓝天蔚在烟台组关外民军，任民军都督府总参谋长。民元返奉天，成立同盟会奉天支部，继改组为国民党奉天支部，任宣传，兼关外垦殖协会会长，并创办东三省民报。民二冬，漫游中东路，在二面坡、九站、八站等处作垦荒基地，组织广业公司，购地垦荒。民四赴东京，受中山先生命与居正等号召讨袁，去山东潍县，组织中华革命军东北军，任师长，居正为总司令。鲁督张怀芝令调赴小站练兵，途经济南，被缴械，霁青被押济南监狱三年又两个月。民十获释，乃赴俄考察。十一年回国，在哈尔滨主办平民周报。十三年冬，奉命策动东北党务。十四年秋，在沈阳密组国民革命军东北军总司令部，冀与郭松龄倒奉呼应，事败，化装赴粤，在广州招致东北籍黄埔入伍生，予以训练，仍指导东三省党务。十五年元月，国民党第二次全国代表大会在广州召开，膺选候补中央执行委员。是年秋，国民革命军北伐，任前线西路川湘黔点验委员。九一八事变后，出关抗日，指挥辽热抗日义勇军，并成立东北抗日救国军总监部于热河之烧火沟王家营子，破坏北宁铁路交通。二十三年日军入热河，义军始停止活动。又在绥远安北县成立垦区，安置义军眷属。廿四年至二十六年任正太铁路局长。廿九年奉命参加第五军风纪巡察团。卅年在兰州郊外黄河淤滩，建屋豢养牲畜，作牧畜试验，旋为洪水冲毁。胜利后，由农林部委托，再赴绥远经营安北垦区。一九五〇年冬始辗转来台，任"总统府国策顾问"。一九五五年二月十日病逝台北，享年七十四岁。（范廷杰稿。参考：《朱霁青先生纪念集》。）

谷正伦（1890—1953）

谷正伦，字纪常，生于一八九〇年（清光绪十六年庚寅）九月二十三日，贵州安顺人。幼好击剑，考入陆军小学，继入武昌陆军中学。一九〇八年游日本，入振武学校，并参加同盟会。辛亥返国，追随黄兴，效力革命。民元南京临时政府成立，任陆军部少校科员，同年四月仕南京留守府中校科员。旋再东渡入日本陆军士官学校第十一期，与何应钦、朱绍良等同学。民五回黔任炮兵团长，第二混成旅旅长。护法之役率部攻川，陷遂宁，民十奉孙大元帅令，以援桂黔军第四路司令，克柳州。晋谒大元帅于桂林，深蒙嘉许，任为中央直辖黔军总司令。民十五任国民革命军独立第二师旅长，拔九江。以功擢师长。攻南京，调首都卫戍司令。二十一年元月十六日，国府颁布"宪兵令"，成立宪兵司令部，就任首任宪兵司令。加强宪兵教育，建立宪兵人事、经理、勤务诸制度。揭示"不说谎、不作假、守本分、尽职责"为宪兵官兵座右铭，被誉为"现代中国宪兵之父"。

二十四年十一月十二日，国民党第五次全国代表大会开幕。正伦与弟正纲、正鼎昆仲均当选为中央委员，一门三杰，传为佳话。二十六年，对日抗战发生，又奉兼军事委员会军法执行副监。先是，以宪兵司令兼任南京警备司令、防空司令。是冬，适病甚，奉令离京调护。常以不克指挥首都之保卫战为生平遗憾。二十七年冬，宪兵司令部迁湖南芷江。二十八年二月，奉派兼任鄂、湘、川、黔四省边区绥靖主任。湘西向多盗，素称难治，以"剿""缉""清""防"循环运用，期年肃清积匪。二十九年十一月十五日，奉国府任命为甘肃省政府主席。道经重庆晋谒蒋委员长请训时，蒋公特赠以《左文襄公全集》一部。寓意深远，盖希望其效法前贤建设西北。主甘六年又半，凡所设施，胥遵总理遗教，总裁训示，尤锐意建设。如培植兽医以利牧畜；预防麦病以增农功；浚湟惠、沕惠、泾惠等渠，更于湟渠试行耕者有其田制。此外，督修天兰铁道，清丈土地，均田赋，增黉舍，宏奖游学，推行"新县制"，政绩斐然。三十六年，调粮食部部长，调剂军糈民食，厥功尤伟。三十七年，任贵州省政府主席，订施政大纲，期以三年。无如徐淮失守，中共军队西进，时事已非，亦奉令去职，百政中息。一九五〇年扶病来台，任"总统府国策顾问"。一九五三年十一月三日逝于台北。享寿六十有四。临危有曰："一生为党效力，死后墓碣题：'中国国民党员谷某之墓'足矣。"夫人陈氏，精通翰墨。子一，家蕃，留美习建筑。（周剑心稿。参考：姚琮《"总统府国策顾问"谷君家传》、吴相湘《民国百人传》。）

何成濬（1882—1961）

何成濬，字雪竹，初字雪舟。清光绪八年五月初五日（一八八二年六月二十日）生于湖北随县。早年肄业武昌经心书院，一九〇七年留学日本，入东京振武学校，嗣入日本陆军士官学校步科。经黄兴之介绍，加入中国同盟会。一九〇九年回国，初任职于湖北督练公所，继任陆军部军制司科员。辛亥武昌起义后赴上海晤黄兴，民元南京临时政府成立，黄兴任陆军部总长，即任成濬为该部副官长。临时政府北迁，黄兴任南京留守，成濬为总务厅长。二次革命失败，亡命日本。民三年国父组织中华革命党以讨袁，成濬潜赴上海活动。民六年随国父南下护法，奉派长江流域经营军事。民十一年三月奉国父命往云南说唐继尧。八月复奉命往福建说延平镇守使王永泉，与北伐军合作克福州。民十五年北伐军兴，奉蒋总司令之命任驻沪总代表，运动北方各军响应革命，民十七年北伐完成，任国民政府参军长。十八年四月，任湖北省政府主席，因衔命奔走四方，鄂政由方本仁代理，次年二月回武昌主持鄂政，复兼武汉行营主任。二十一年三月，湖北省政府改组。成濬于六月任驻鄂绥靖公署主任，任"剿匪"事宜。民二十五年冬，驻鄂绥靖公署改为武汉行营，仍为行营主任。次年十一月，又兼任湖北省政府主席。二十七年六月卸去鄂省主席职务，武汉行营亦撤销。二十八年一月，任军法执行总监，垂七、八年。迨抗战胜利，呈请辞职；且以年已六十有四因并请退役。民三十五年，由川轻舟还鄂，萧然为一平民。旋膺选为湖北省参议会议长，在职三年。三十七年冬，不慎跌伤，赴上海就医。值时局激变，三十八年春，扶病避居香港，旋来台湾。任"总统府国策顾问"及资政，中国国民党中央评议委员及纪律委员等。一九六一年届八十高龄，撰有《八十回忆》。各方正筹备祝寿，不期于五月七日突以老年病不治辞世。（蒋永敬稿。参考：吴相湘《民国百人传》第二册。）

何炳松（1890—1946）

何炳松，字伯臣，又字柏丞，清光绪十六年九月五日（一八九〇年十月十八日）生于浙江金华，民国三十五年七月廿五日逝世上海，享年五十七岁。

炳松幼受旧式私塾教育，得力于父亲居多，十五岁中秀才，翌年开始接受新式教育，于民国元年毕业于浙江高等学堂，成绩优异。是年以公费留学美国，入威斯康辛大学肄业。民四毕业，得学士位。同年转入普林斯顿研究所，专攻史学，民五得硕士学位即回国。何氏在美求学时间，曾被推为留美中国学生会副会长，及留美学生季报编辑。回国当年，在家乡任省府秘书兼省视学。民六上北京，先任北京大学文预科讲师，后任历史系教授并任北高师英语科教授及史地系主任至十一年暑假为止。

十一年九月初离北京，到杭州继前北大同事马叙伦任省立第一师范校长。翌年三月十日一师全体师生二百余人于饭后中毒，至十一日死学生十一人，校役二人，十二日继死学生十一人。后查出系以砒霜下毒，至八月十日判钱阿利、毕和尚、俞尔衡三人死刑；俞章法五年有期徒刑。一师中毒案当时轰动全国。炳松所受影响亦大。炳松曾以个人资格加入"中华教育改进社"为社员。该社为我国著名之教育团体，成立于民国十年冬季，以调查教育实况，研究教育学术，力谋教育进行为宗旨，社员分为机关与个人两种。

十三年起任上海商务印书馆编辑，不久升史地部主任，至廿一年一二八事变止，其间于十四年秋起兼任上海新建的私立大学如光华、大夏、国民等校教授，十八年起并兼任商务附属机构东方图书馆总编辑兼副馆长。任职商务编辑期间，曾主编有《中国史学丛书》，与编译所中同人刘秉麟主编《社会科学小丛书》；与所长王云五及刘秉麟主编《社会科学名著选读》（英文）；与姜琦、李石岑等同任《教育大辞书》特约编辑。一二八事变时，商务上海总厂及东方图书馆均毁于炮火，炳松参与商务之重建工作，并自廿三年起任副经理及编译所副所长及复刊的《教育杂志》主编。《教育杂志》系月刊，为中国历史最久的教育刊物，创刊于宣统元年，初次停刊于一二八之役，廿三年九月起复刊。

二十二年元月，"中国教育学会"成立，炳松被推为理事。其后又曾任"中华学艺社"理事。廿四年元月，与王新命、章益、陈高佣、陶希圣、孙寒水、萨孟武、樊仲云、黄文山、武堉干等十教授发表"中国本位的文化建设宣言"，提倡中国本位文化运动。廿四年六月继沈鹏飞任国立暨南大学校长。二十六年秋，沪战爆发，暨大校址沦陷，乃迁入租界上课。三十年秋，奉令于闽省建阳设置分校，十二月全部南迁。胜利后，于卅五年六月迁回上海，中枢调炳松继杜佐周长国立英士大学，以李寿雍继长暨大。英士大学创设于二十七年，初名省立浙江战时大学，翌年为纪念革命先烈陈英士，改称浙江省立英士大学，卅二年改称国立。炳松到任二月即因病逝于沪上。

炳松以史学为专业，凡所著作亦以历史为多，全由商务出版，其著作简列如下：《中古欧洲史》（十三年十月）、《近世欧洲史》（十四年七月）、《教育短评》（与他人合著，十四年）、《历史研究法》（十六年七月）、《通史新义》（十九年）、《浙东学派溯源》（廿一年十二月）、

《秦始皇帝》（廿二年）；译有《美国教育制度》（九年）、《新史学》（十三年五月）、《历史教学法》（十五年）、《西洋史学史》（与郭斌佳合译，十八年）；编有《百科名汇》（与他人合编，廿年四月）、初高中《外国史》各两册，师范及高中用《国文》课本各六册（与孙俍工合编）；选注有《历史研究法》（英文本）等。（秦贤次稿。参考：密勒氏评论报廿五年版之英文《中国名人录》、十二年《教育杂志》、《第二次中国教育年鉴》，商务印书馆《图书汇报》等。）

何鲁之（1891—1968）

何鲁之，四川华阳县人，生于清光绪十七年（一八九一）元月二十日，一九六八年四月廿五日逝于香港，享年七十八。

鲁之曾先后入四川英法文官学堂、方言学堂及外国语专门学校，修习法文，准备赴欧深造。民国八年，加入"少年中国学会"，学会的宗旨系"本科学的精神，为社会的活动，以创造少年中国"。七月十三日"少中"成都分会刊物《星期日》（周刊）于成都创刊，由李劼人主持编辑，鲁之任记者。秋，鲁之与李劼人、李思纯、胡助等少中同仁联袂赴法勤工俭学。鲁之入巴黎大学，专攻西洋史，其后曾任巴黎"华法教育会"秘书兼总干事，"巴黎通信社"记者，并服务于"旅法华侨协社"。

十二年五月五日，国内发生临城劫案，列强盛唱共管中国铁路之议，旅法华人，群情激愤，于哲人厅召开法各团体联合会，鲁之被推为主席，商讨救国对策。十二月二日，鲁之与曾琦、李璜等共同发起"中国青年党"，以国家主义、全民政治相号召。鲁之党号为"心弦"。

十五年初，学成归国，历任国立成都大学、成都师范大学、四川大学史学教授及系主任，至抗战前已有《欧洲近古史》（二十二年六月）、《希腊史》（二十三年七月）、《欧洲中古史》（二十六年四月）三书由上海商务印书馆出版。在此期间，鲁之并主持青年党西南党务。

抗战军兴，续执教四川大学、朝阳学院、敬业学院、东北大学及华西协合大学，课余仍埋头于西洋史之著作，间并为成都《新中国日报》及《国论半月刊》撰国际问题专论，及介绍西洋民主政党运动，颇受时人推重。卅四年四月，被遴选为第四届国民参政会参政员，卅五年夏，赴沪创办"中国人文研究所"，任所长，订有刊行"人文丛书"之计划，出版有常燕生之《生物史观浅说》及鲁之编集之《国家主义概论》等书。是年冬，被推为制宪"国民大会"代表，翌年四月，出任国民政府委员，其后并当选第一届国大代表。

三十七年九月，自沪返蓉，筹划成立"人类文化研究所"，并谢绝应酬，埋头整理旧稿。三十八年冬，大陆局势逆转，渝蓉危在旦夕，鲁之乃将毕生心血之结晶，业已全部完成之西洋通史、西洋上古史、西洋近代史、法国史、希腊文化史、罗马帝国史、西洋历史地理图解等七种史稿托人带往台湾，不幸中途失落，为无可弥补之损失。成都易帜前夕，经亲友同志力劝，始携眷飞港。

一九五〇年在港与左舜生、李璜等创办"自由出版社"，发行《自由阵线》周刊，为海外反共宣传中心之一，前后经营十年。其后出任"总统府国策顾问"及香港中国文化协会理事。晚年罹哮喘，病发时，极感痛苦，以是无法执教，因而生活清苦，健康日损，一九六八年初，旧病复发，四月廿五日逝世。（秦贤次稿。参考：《何鲁之先生纪念册》，一九六八年六月出版。）

余家菊（1898—1976）

余家菊，字景陶，又字子渊，湖北黄陂人。生于清光绪二十四年（西元一八九八）三月十九日，逝于一九七六年五月十二日，享年七十九岁。

余家菊出身书香世家，七岁发蒙，受家塾教育六年。宣统元年十三岁时，始入县立道明高等小学，接受新式教育。入民国后，就学武昌，入文华书院肄业。秋考入新创立之私立武昌中华大学预科，肄业三年后，再考入本科中国哲学门，于七年六月毕业。同学中有恽代英、梁绍文、冼震等。

六年秋，中华大学附设中学部主任恽代英，监学余家菊、冼震，教师陈启天（修平）、熊国英均出身中华大学，陈启天系四年六月政治经济别科毕业。至八年冬，因受校内外守旧者之疾视，终相率去职。

七年五月，留日学生为反对中日军事协定纷纷回国，并组"留日学生救国团"，创刊《救国日报》。六月底，留日学生曾琦、张梦九、雷眉生约同王光祈、周太玄、陈愚生商议发起"少年中国学会"。次月，李大钊亦加入为发起人，约定：不请谒当道，不依附官僚，不利用已成势力，不寄望过去人物。"少中"于八年七月一日始正式成立，以"本科学的精神，为社会的活动，以创造少年中国"为宗旨。成立不久后，王光祈自北京来鄂，介绍余家菊、梁绍文、恽代英三人入会。九年二月，家菊考入北高师教育研究科第一班，并致力于西哲著作之中译，先后译有罗素《社会改造之原理》及倭铿《人生之意义与价值》二书，均于同年由晨报社及中华书局出版。

是年秋，余家菊与陈启天同任教长沙一师。十年春，家菊再回教研科，后终未毕业，即于冬季以教育部公费生赴英，入伦敦大学一年，主修心理学。十二年下季转爱丁堡大学研习哲学。同年十月，与李璜合著之《国家主义的教育》一书，由中华出版，主张国家主义，并提出"收回教育权"口号。十三年夏回国，任武昌师大教哲系主任。翌年春，入中华书局，并任《醒狮》周刊教育副刊编辑。回国后曾参加十三、十四年之少中年会，因会中之激变，益使家菊倾向国家主义。终在十四年夏加入中国青年党，并与李璜、陈启天等发起"国家教育协会"，作为鼓吹收回教育权的机关，同年出版《国家主义教育学》及《英国教育要览》两书，均中华出版。

十五年秋，任教南京东南大学，并约前"少中"同人多人编辑《中国教育辞典》，于十七年五月由中华出版。十七年在沈阳冯庸大学，十九年在北大、北师大、及中国大学任教，均讲授教育学与心理学。惟前在冯大曾兼授国文，并主编《东三省民报》副刊。二十四年任中国大学哲教系主任。抗战后，"国民参政会"于二十七年七月在汉口成立，至胜利后，前后共四届，家菊均蝉联当选参政员。卅六年四月，任国民政府委员，卅七年当选"行宪国大"代表，同年五月，又任总统府国策顾问。卅八年来台，寓居台北。家菊晚年病目，故非有必要，不出寓门。早年为反基督教之健者，惟至逝世前三月已入天主教并领受洗礼。

余家菊之译著甚多，除前述译著外，兹择其主要者胪列于下：

（一）著作：《师范教育》（十五年、中）、《伦理学浅说》（十六年、商）、《国家主义概论》（十六年、爱文）、《中国教育史要》（廿三年、中）、《孟子教育学说》（廿四年、中）、《荀子教育学说》（廿四年、中）、《陆象山教育学说》（廿四年、中）、《英国史》（廿四年、中）、《教育与人生》（卅一年、正中）、《论语通解》、《大学通解》（卅三年、中）《人生对话》（卅四年、商）、《理学漫谈》（卅五年，商）、《中国伦理思想》（卅五年、商）、《回忆录》（卅七年、中）、《中国人文检论》（一九五〇年、华国）、《人类的尊严》（一九五三年、自刊）、《我们应该怎样做》（一九六一年，议会杂志社）、《论语今解》（一九五〇年，自刊）、《仁者无敌》（一九六七年，醒狮月刊社）、《复兴爱的文化》（一九六八年，同上）、《孔学漫谈》（一九七六年，三民）。

（二）译作：《教育原理》（十四年、中）、《战后世界教育新趋势》（十五年、中）、《训育论》（二十年、中）、《教育社会哲学》（廿二年、中），《教育哲学史》（廿三年、中）、《道德学》（廿四年、中）、《两性与青年》（廿四年、中）。（秦贤次稿。参考：《余家菊回忆录》、王修明《余景陶先生八十大庆寿序》、中华书局《图书目录》、陈启天《寄园回忆录》。）

余程万（1902—1955）

余程万，号石坚，广东台山人。民国八年（一九一九），年十七，毕业于番禺师范学校，任小学教员，后复求深造。年廿一，毕业于广东铁路专门学校。十三年五月，考入黄埔陆军军官学校第一期受训，是年十二月以优等成绩毕业，先后在教导第一、二团服务，由见习官而排、连、营长、团附。十五年六月，任上校团党代表；同年十一月，调升广东海军局政治部少将主任。十六年十一月，调充石井兵工厂少将党代表。十七年奉调陆军大学特别班，并就读于北平中国大学政治系毕业。二十年十二月，任南京警卫军少将教官，二十一年入陆军大学研究院深造。二十三年，任陆军第四十九师第二八九团少将团长，时年三十二岁。

民国二十五年（一九三六）四月，升任第四十九师少将副师长。二十九年七月，晋升第五十七师少将师长。三十二年，常德会战爆发，五十七师予敌重创，而程万所属一万五千人中，仅余三百人。三十三年七月，晋升第七十四军中将副军长。抗战胜利后，全国陆军整编，第七十四军整编为第七十四师，任中将副师长。三十六年，任粤东帅管区中将司令。三十七年调任第二十六师师长，后升第二十六军军长兼滇东南"剿匪"指挥官。三十八年，大陆军事逆转，十二月九日云南省主席卢汉投中共，程万被扣于昆明，旋获释。程万于一九五〇年一月就任云南绥靖主任新职。同月，发表第八军军长李弥为云南省主席兼绥靖主任。第二十六军奉命退往海南岛，旋被免去军长职务。后程万由海南岛飞往香港，居于新界屏山唐人新村。一九五五年八月二十七日被杀，享年五十四。（关志昌稿。参考：谢应芬《忆说余程万》。）

沈定一（1892—1928）

沈定一，原名宗传，字叔言，后改名定一，字剑侯，号玄庐，别署有沈子丞。清光绪十八年（一八九二）生于浙江萧山之衙前镇。父受谦为清季名进士，定一幼承庭训，熟读经史，及长，留学日本，转研法律，并参加"同盟会"，及乡人蔡元培、陶成章等发起之"光复会"。

辛亥武昌起义，定一已回国，在东南一带指挥民军响应。十一月，浙江光复，汤寿潜被推为都督。浙江第一届省议会于民国元年九月成立，定一膺选为议员，旋被推任议长。省议员本三年一任，中因袁世凯窃国，一度停顿，至七年秋始改选。民二，二次革命失败后，定一亡命日本，潜心研究政治，旁及当时流行的各种社会思潮，其后醉心于社会主义，当系奠基于此时。五年六月，袁世凯死，黎元洪继位，定一即由日回乡，省议会复会，仍担任议长如故。七年秋，二届议员改选，连任至十年。

民六，胡适、陈独秀等人在《新青年》杂志倡导文学革命，定一与刘大白均撰文响应。八年六月八日，《星期评论》于上海创刊，由戴季陶、沈定一、孙棣三主编，用白话文刊行，随民国日报附送。六月十六日，民国日报副刊《觉悟》创刊，由邵力子主编，也改用白话。定一与刘大白之诗文大多在这两个刊物发表，为新文学运动初期南方二位主要诗人。

九年五月间，定一与陈独秀、戴季陶、邵力子、陈望道、李汉俊、刘大白、沈仲九、杨明斋等在上海组织"马克思主义研究会"（总会），该会又称中国共产党临时中央（各地设有分会；亦称小组或支部），实为中国共产党之前身。不久戴季陶、陈望道、刘大白等均因意见不同，先后退出，定一则信念如故，并回浙活动。十年七月，中共在上海秘密召开第一次全国代表大会，定一时已去莫斯科，故未参加。

十二年八月十六日，定一与今"总统"蒋公、张太雷、王登云奉国父之命，组织孙逸仙博士代表团，自上海启程赴俄考察政治、军事及党务，留俄三月，曾深入考察，十一月二十九日启程回国，十二月十五日回抵上海。十三年一月，中国国民党在广州召开第一次全国代表大会，定一当选为候补中央执行委员。定一之参加发起共产党，本系起于对于当时农民劳工生活之同情，初非对共产主义有信仰，自当选国民党中执委后，即与共产党逐渐疏远，同时阐扬三民主义，不遗余力。十四年三月，国父逝于北京，十一月二十三日反共之国民党中委林森、邹鲁、居正、覃振、石瑛、谢持、张继、戴季陶、邵元冲、石青阳、叶楚伧、傅汝霖、茅祖权等集会于西山碧云寺国父灵前，决议分共，世称"西山会议"。定一亦为有力分子之一。会后，定一回浙江，仍努力于党务工作。十六年春，革命军光复浙江，四月，国民党清党，定一是浙江清党委员会主任委员，同时任浙江政治分会秘书长，约三阅月，其后专任浙江反省院院长。十七年八月廿六日，赴莫干山与戴季陶磋商地方自治方法，廿八日下山，在原籍衙前镇被刺死亡，年三十七岁。著有《玄庐文存》一书，遇刺前曾为人书折扇，用于谦诗句："千锤万凿出深山，烈火焚烧若等闲，粉骨碎身都不顾，要留青白在人间。"盖即沈氏最后之谶语。（秦贤次稿。参考：高越天《沈定一先生的一生》。）

杜元载（1905—1975）

杜元载，字赓之，湖南溆浦人，生于清光绪三十年冬（一九〇五）。民国九年春，负笈北上。十一年八月，考入国立北京师范大学研究科第四班，校长为范源廉。十三年获教育学士学位。十四年，任教湖南省立第二师范学校。旋即赴美深造，得美国明尼苏达州立大学教育硕士，及美国私立西北大学法学博士。十七年六月返国，历任河南大学、北平师范大学、北京大学、湖南大学、四川省立教育学院、中央大学、国立西南联合大学、西北大学等校教授、系科主任、教务长、院长等职。在党团方面，先后担任三民主义青年团重庆夏令营教务组长、三民主义青年团中央直属四川教育学院分团筹备处主任、三民主义青年团中央直属国立西北大学分团筹备处主任及中国国民党中央党部组织部党籍登记处处长、三民主义青年团中央候补干事、中国国民党中央候补委员、中央委员等职。

自大陆来台后，历任"考试院"职位分类计划委员会主任秘书，"考选部"、"司法行政部"司长等职。一九五五年，专任台湾省立师范大学教授兼教务长，一九五七年，奉命代理师大校长，一九五八年真除，至一九六八年辞职。其后，专任师大教授，兼任"行政院"国军退除役官兵辅导委员会专业教育中心主任。主持师大校政十年间，使师大之国际学术地位为之提高，例如：工教系与美国宾州大学合作，交换学人，互相研究；琉球政府先后选派主管职业教育人员及工业教育师资百余人来台，委托师大予以专业训练。又为加强家政教学，与美国宾州大学签订技术合作。与美国德州大学合办中等学校英语教师在职训练，以改进中学英语教育。并与韩国庆熙大学建立合作友好关系等。而世界大学校长会议，通过师大为世界第一流大学，使师大跻入世界著名学府之林。

一九六八年，出任中国国民党中央党史委员会副主任委员；一九七一年五月，继黄季陆任该会主任委员，以迄逝世。一九七三年，赴美出席圣若望大学中山堂落成典礼，及出席世界史学会议。一九七五年三月二十日因肝疾病逝台北三军总医院，享年七十二岁。

其著述已出版者计有：《中国刑法研究》、《教育测验与统计》、《社会教育》、《杜威教育哲学》等。其他散见于报章杂志之论著甚多，不下百余万言。（阮隽钊稿。参考：《杜元载先生事略》。）

杜光埙（1901—1975）

杜光埙，字毅伯，山东聊城人，民国前十一年八月十五日生。

早岁随父履平公在任所，毕业于山东省立济南模范小学、省立第六中学。民国九年，于北京大学预科卒业，即考取山东省官费留学，后以省库财政支绌，未获成行，于是再读本科。民国十年赴美，入芝加哥大学攻政治学，嗣转哥伦比亚大学读公法学系，期满获授"荣誉学士"学位（B. A. With Honors），为我国留美学生获得此项殊荣之第一人。民国十五年，获哥伦比亚大学公法学硕士，续攻博士学位。是年夏，博士初试及格。国立中山大学校长戴季陶函邀返国任教，以情不可却，放弃博士学位，于民国十七年束装返国。讵广州暴动，中山大学任教事寝，乃投身革命行列。嗣奉鲁省令派主持山东省教育行政人员训练班。六月，应大学院院长蔡元培聘，担任国立青岛大学筹备委员，时年二十六岁。青岛大学草莱初辟，经始维艰，光垍以教授兼教务长，举凡创立制度，遴聘教授，厘订课程，督导学子，莫不部署周详，谨严将事，期年之间，规模大备。民国二十六年，教育部部长王世杰聘光垍为教育部专门委员兼高等教育司第一科科长。翌年奉部令创设国立湖北中学及教育部战区中学教职员服务团，出任校务委员会主任委员并兼任服务团委员会主任。民国二十九年应西北大学校长陈石珍先生聘，出任教授，历长总务、训导、教务三长，并兼文学院院长。民国三十一年十二月，光垍奉国民政府遴派为监察院监察委员，翌年一月，赴渝莅任。任职近七载。光垍早年即膺选为山东省制宪国民大会代表。三十五年十一月，出席"制宪国民大会"。三十七年，政府行宪伊始，复膺选为山东省第五区第一届立法委员。二十七年来，迭任外交委员会召集委员，对于涉外事务之兴革，重要条约之审议，莫不殚精竭虑，黾勉以赴。光垍自改任中央民意代表以来，先后仍兼中央政治学校公务员训练部教席，"国立"政治大学教授，东吴大学法学院教授兼政治系主任，"国立"政治大学教授兼外交研究所主任，东海大学客座教授，美国加州大学及华盛顿大学客座教授，辛辛纳提客座教授。一九七五年六月十六日，在"立法院"审阅政大、台大二教授海外进修之论文甫毕，返家后，以心脏夙疾复发，延至二十日上午十时，与世长辞，享年七十有五。（王冠吾稿。）

李　弥（1902—1973）

　　李弥，字炳仁。云南莲山人。早岁毕业于腾冲县立中学，继考入黄埔军校第四期步兵科；民国十五年毕业后，由入伍生团见习，半年后调为第二军军官教育团中尉排长。十六年只身入川，隶第二十军第四师。十七年以"剿共"有功，任第二十二军第一师第二团营长。十九年，任第五十九师第三五零团上校团长，参加赣闽"剿匪"诸役。

　　二十二年至二十四年，参加湘、桂、滇、黔、川围剿、追剿诸战役。二十七年至二十九年，在新编第二十三师第一旅少将旅长及第五师副师长任内，曾参加湘北、桂南、昆仑关诸会战。二十九年任第一师师长。三十一年，任第八军副军长兼芷绥师管区司令。三十三年，中国远征军为配合盟军作战及打通中印公路计，命第八军渡过怒江，接替第七十一军攻略松山之任务，李弥率军击溃敌第五十六师团之主力，开滇西胜利之先声，弥以功升任为第八军军长。三十四年七月，率第八军由滇出发，经黔桂赴粤，途次闻日本投降。十一月，奉命由九龙乘美舰北上，登陆青岛，进驻潍县。三十五年，第八军与阙汉骞之第五十四军与中共军队发生激战。三十七年，济南被占领，第二绥靖区司令兼山东省主席王耀武被俘。三十八年，潍县被占领后，弥及时逃出，任第十三兵团司令长官，参与徐蚌会战，第二兵团司令官邱清泉死于河南永城，李弥兵团亦告失利，偕第八军军长王百勋逃至上海。五月，上海撤守后，奉委为第四编练司令，乃与王百勋等收容第八军旧部。八月，蒋总裁飞抵重庆，主持军政人员会议，并令弥回滇部署。同年十二月七日，前西南军政长官张群奉总裁命飞昆明，与云南省政府主席兼绥靖主任卢汉商谈一致对中共军队作战，不意卢汉于九日下午发动兵变，通电投共，张群与李弥及第二十六军军长余程万同时被扣，第八军与第二十六军遂联合将攻昆明，卢汉惧，遂将三人释放。"国府"任余程万为云南绥靖主任，李弥为云南省政府主席。余程万于一九五〇年一月就任新职；同月，"国府"改任李弥为云南省政府主席兼绥靖主任。一九五〇年后，弥率部退至滇缅边区，进行游击战。一九五三年，部分滞留缅北国军撤回台湾，李弥亦于一九五五年返回台北。一九七三年十二月七日以心脏病突发逝世，享年七十二岁。（关国煊稿。参考：傅润华《中国当代名人传》。）

李大本 （1880—1943）

李大本，字培元，清光绪六年庚辰（一八八〇）生于河北省乐亭县。民国三十二年（一九四三）卒于天津。

大本幼年就学私塾，曾应清末最后科考，中秀才，嗣受新式教育，光绪三十四年毕业于天津国立北洋大学师范科，留校任助教。民国元年任省立宣化中学校长，该校成立于民国前七年，校长数易，风潮迭起，大本到任后，充实设备，加强训教，以德智体群四育并重，积极鼓励学生自治与课外活动。设置清寒绩优学生奖助金，校务分层负责，付各主管人员以充分事权，故均克尽厥职。民国四年，图书馆、自然科学馆、学生自习室与大礼堂等，次第兴建完成。自此应届毕业年级实行文理分班教学，校务发展，突飞猛进，与天津南开，保定育德两中学，并驾齐驱。大本每星期周会为学生作专题讲话，先后阐扬颜元（习斋）"学以致用，反静为动，崇尚功利"学说，及民主与科学的真谛。民国八年五四运动后，青年学生思路开放，西方各种主义思潮传入我国，大本于杜威的实验主义哲学，甚表赞许，治与其治学治事不断求新尝试和创造精神，不谋而合。第一次世界大战后，洽承留法勤工俭学会与中法庚款基金会资助，保送毕业学生赴法留学，造就不少专才。

民国十一年，增设女生班，开华北中等学校男女合校之先河，其时中等学校男女兼收，华南亦仅浙江省立第一师范（校长沈定一）与湖南省立第一师范（校长易培基）两校。是年春与高仁山等组织新教育评论社，研讨中国教育问题，以期改进教育制度。暑假后，采行道尔顿制教学（The Dalton laboratory plan），实施两年，因部分保守派教师之掣肘而辞职。其后，应邀于张家口筹办察哈尔区立实业学校（嗣改农业专科学校），侧重农牧课程，与察哈尔区实业厅合作于察北康保、宝昌各县，分设屯垦村，以为学生研究实习及协调垦牧改良示范场所。大本曾与北大教授林傅甲联名上书北京政府与热、察、绥各特区都统署，条陈殖边御侮计划，以建教合作，发展国防经济教育文化等建设，所列专案设计，无不适应现实，切中时需。惜以军阀政客无暇顾此，致成空想。大本热心赞助社会事业，例如民国十年，京兆各县与津沽一带水灾严重，先生发动宣化与张家口教育文化各界人士，筹演义务戏，义卖手工艺品等，募集巨款，捐助华洋义赈会，以工代赈，疏浚永定河床，消弭水患。

民国十七年秋，任河北省平谷县县长，平抑地方派系纠纷，扩增教育经费，创设县立中学。促进职业教育，蒙省府传令嘉奖。二十一年至定县与晏阳初、瞿菊农、孙伏园、陈筑山等致力于中华平民教育促进会工作，并应梁漱溟礼聘为山东邹平乡村建设实验院设计委员。民国二十六年，抗日战起，华北沦陷，大本隐居天津，迭遭敌伪诱胁，终不为动。抗战胜利前二年，忧愤逝世。享年六十有四，无子，有女二，均字人。（张国柱稿。参考：《国立北洋大学毕业同学录》。）

李文范（1884—1953）

李文范，字君佩，广东南海县人。生于光绪十年（一八八四）九月初二日。光绪二十六年，自费留学日本法政大学速成科。光绪三十一年在东京加入同盟会。回国后，任广东法政学堂教员，兼任翻译。庚戌（一九一〇）广州新军之役及辛亥（一九一一）广州三二九之役，均参预其事。民国成立、任广东海军军务处秘书及都督府参议。民二至民五年间，参加讨袁讨龙之役。民七任福建漳州援闽粤军总司令部参议。五四运动后，常为漳州《闽星杂志》撰文。民国九年赴法留学。十三年九月任广东省政务厅长，十四年七月，任广州国民政府秘书长，兼中央政治委员会秘书主任，九月随胡汉民赴俄考察。十五年三月返国，十一月赴美调查党务。十六年三月回国，任中央宣传委员会主任委员，五月任广州政治分会委员，广东省政府委员兼民政厅长。十七年十月任立法院委员兼秘书长。二十一年任内政部长、二十四年为国民政府委员，至三十七年行宪任司法院副院长。二十九年十一月至三十六年七月，任党政工作考核委员会主任委员兼党务处主任。又历任中央抚恤委员会主任委员、党史编纂委员、财务委员、勋绩委员、中央团部指导员等职。一九五〇年以后，连任中央评议委员，兼中央纪律委员会主任委员，及"总统府"资政等职。一九五三年六月二十三日以心脏病卒于台北，享年七十岁。所有著述政论，多毁于抗日"戡乱"两战役。（蒋永敬稿。参考：《李君佩先生哀思录》。）

李少陵（1898—1970）

李少陵，湖南省长沙人，生于清光绪二十四年九月十一日，殁于一九七〇年十二月十四日，年七十三岁。

少陵自曾祖起均业窑工。故幼时亦习窑业、习木匠，并娴农事。初入铜官小学，继进长沙师范，再升上海中华职业学校木工专科，后又转往广州农业专门学校，最后毕业于广东大学，即国立中山大学前身。自小学起，学费食用，多赖师友资助，或公费维持。

少陵入学后知识大开，渐有自由社会主义思想。如在长沙师范前后，即参加大同合作社及青年同乐会。嗣又参加湖南劳工会，担任该会教育部部长。至该会理事黄爱、庞人铨被害，乃代表劳工会赴武汉及上海呼吁各界支援。此皆民国十一年前之事。同年，转赴广州。读书期间并与同盟会会员王祺淮君，创办春雷杂志，风行一时，其笔名则常用嘉本特、三木等。民国十三年，国父在广东大学讲三民主义，少陵由忠实听众而为忠实信徒，并加入中国国民党。

民十六，应邀入黄埔军校任政治教官。民十七，任四十六军第六师政治部主任，及中央军校、中央军官团之政治教官。民十九，应浙江省府主席张静江邀，任保安处科长兼宣传大队长。民国二十一年春，中央军校政治训练班成立，应邀主讲"军队政工"，此系新开之课，无可参考之书，教程须即编即讲。民国二十三年，接受中央军校西北军官训练班之邀，任政治教官，直至二十五年该班结束为止。翌年，改任中央军校第七分校（校址在西安王曲）政治教官。少陵尝谓西北为其第二故乡，因其在七分校达十年之久。其间，复曾任甘肃省党部特派员、监察委员、甘肃省政府委员兼秘书长。民国三十五年返湖南，一度任安乡县示范县长，至三十六年止。

抗战期间，少陵曾赴重庆中央训练团（民国二十八年）及中央训练团党政高级班（民国卅一年）受训。来台后，又于阳明山革命实践研究院十七期（1952年）受训结业。综其一生，从事军事工作三十年，地方党训政训及中央、地方行政工作又二十年。少陵晚年在台，于公，编有《国军政工史稿》二巨册；于私，著有《骈庐杂忆》、《曾左胡故事》等，均有历史价值。（毛一波稿。参考：《李少陵先生事略》、萧天石《李少陵风趣一生》、《骈庐杂忆》等。）

李石岑（1892—1934）

李石岑，原名邦藩，字石岑，后以字行。清光绪十八年（一八九二）十二月二十七日生于湖南醴陵，民国二十三年旧历九月二十一日殁于上海，享年四十三岁。

石岑幼年时受私塾教育，及长，赴长沙求学。民元时，东渡日本留学，在日前后八年，至九年春，毕业于东京高等师范学校。

民七，留日之中国学生感于日本通讯社之操纵东亚舆论，影响中国之国际地位，乃由曾琦、张梦九、易君左、罗益增、刘泗英、周宏业、唐有壬、庄仲舒及石岑等十八人在东京发起组织"华瀛通讯社"，逐日排印稿件，藉供国内报纸刊载。

石岑在日时，曾加入以湘人为主，于民四成立的"学术研究会"，并自八年起主编该会刊物《民铎》杂志垂十一年之久；以及五年成立的"丙辰学社"，该社于十二年起改名为"中华学艺社'。九年春，石岑学成归国，继不久以后出国留学的宗白华主编时事新报副刊《学灯》，该刊系五四时代最出名的学术副刊，在上海与民国日报的《觉悟》齐名，而水准高于《觉悟》。

民十，石岑已入商务印书馆任编辑，并与周予同主编革新后的

《教育杂志》，同年元月四日，民国以来第一个新文艺团体"文学研究会"于北京成立，不久成立"上海分会"，石岑即加入上海分会。十二年元旦在上海与苏州胡曼君结婚。在石岑任职商务期间，前后在江苏省立一中、东南大学、山东省教育厅、上海大学、大夏大学、复旦大学、光华大学等讲学或演讲。

十七年夏，李石岑辞去商务编辑及各大学教席，再度出国留学，在法、德等国研究哲学二年余，于十九年底回国，回国后历任中国公学、暨南大学及大夏大学等校之哲学教授。二十一年一二八事变发生，暨大校区沦为战区，暨大经向广州中山大学洽妥，在该校设立临时办事处，收容部分暨大学生南下借读，石岑时因感情纠纷，便借机到广州中大执教。是年暑假，前往福建教育厅讲演中国哲学，历时二月，秋后回上海。二十二年秋，又回暨大，至二十三年秋因肾脏炎死于上海。

石岑平时喜欢游泳，其处女作即《游泳新术》，民国八年由长沙体育周报社出版，其后所有著作均不脱教育与哲学二者，早期极力推崇德哲尼采的超人哲学，及欧游后，思想为之一变，始倾向于新唯物论。除与郭大力合译《郎格唯物论史》一书由中华书局出版外，其主要著作如下：《学制课程研究号》（十一年，商务）、《李石岑讲演集》（十三年，商务）、《李石岑论文集》（十三年，商务）、《人生哲学》卷上（十五年，商务）、《哲学浅说》（十八年，商务）、《现代哲学小引》、《体验哲学浅说》、《超人哲学浅说》、《希腊三大哲学家》（以上四本均二十年，商务）、《西洋哲学史》（二十二年，民智）、《哲学概论》（二十二年，世界）、《中国哲学十讲》（二十四年，世界）、《人生之价值与意义》（良友）等。又十四年时，教育杂志社为纪念十六周年，曾编辑有"教育丛著"小册子共八十四种一百册由商务出版，其中五种系李石岑与他人合著者，即《美育之原理》、《教育哲学》、《教育独立问题之讨论》、《体育之进行与改造》、《现代教育思想批判》。（秦贤次稿。参考：胡曼君口述、桥川时雄编纂之《中国文化界人物总鉴》；平心编之《全国总书目》。）

李延年（1904—1974）

李延年，字吉甫，山东广饶大王桥镇人。清光绪三十年（一九〇四）夏历正月二十五日申时生。父之权，字谋臣，生子三人，延年居次，兄寿年，弟益年，皆谨饬之士。之权公，博学多闻，名重乡里。延年幼承庭训，聪悟过人，先就读村立小学，继入邻村刘家集高等小学，卒业后，于民国八年，考入济南山东公立商业专门学校，在校品学俱优，深得同学敬爱，师长器重。激于当时强邻压迫，军阀专横，民不聊生，慨然兴救国救民之志，乃弃文就武，于十三年春，潜赴广州，投考黄埔军校第一期。毕业后，历充排、连、营、团、旅长、警卫第二师副师长，八十八师副师长，第九师中将师长兼徐州警备司令，闽南绥靖司令，第二军长，第十一军团长，第三十八集团军副总司令，第三十四集团军副总司令，第三十四集团军总司令，第十一战区副司令长官兼山东挺进军总司令，徐州绥靖公署副主任，徐州"剿匪"副总司令兼第二兵团司令官，福州绥靖公署副主任兼第六兵团司令官及中国国民党中央监察委员，行政院顾问等职。任事负责尽职，明快果断，且沉着机智，勇敢善战，举凡东征、北伐、"剿匪"、抗日、"戡乱"，无役不与，战绩彪炳。民国十六年龙潭之役，时任团长，以一团之兵力，首先迎敌，扼守要冲，扭转战局，卒将来犯之孙传芳部击溃，厥功甚伟。民国十七年，北伐军入鲁，日本藉口保侨，出兵山东，酿成"五三惨案"，延年奉命固守济南，率一团之众，抗拒日寇，达数昼夜之久，北伐军得以绕道渡黄河北进，指向平津。民国三十年抗日之战，攻击敌后，占领宜昌，日军军心动摇，间接造成我军长沙大捷。三十四年，抗战胜利，时任第十一战区副司令长官，负责济南、青岛、德州地区受降事宜，完成遣俘任务，维持地方秩序，勋绩卓著。以功迭蒙政府颁授宝鼎、云麾各等勋章多座及一等忠勤勋章、胜利勋章各一座。三十八年九月，闽海平潭岛失守，慨承一切失败责任，代部属受过；终其生未加辩白。平生沉静寡言，坦荡温文，治军之余，以读书写字为乐，视名利为无物，于富贵若浮云，雍容大度，有儒将风。一九七四年十一月十七日病逝台北，享年七十一岁。（郭易堂稿。参考：《李延年将军事略》。）

李根源（1879—1965）

李根源，字雪生，又字印泉，别署高黎贡山人。清光绪五年四月十七日（一八七九年六月六日）生于云南省腾冲县。六岁在家读三字经，八岁入塾读书。甲午战起，乃父订阅上海新闻报，命逐日阅读。一八九五年，入米凤书院，从赵瑞礼学。一八九八年，应童子试，得中。一九〇一年，阅《云南通志》、《金石萃编》诸书，从此留心乡邦文献，嗜好金石。一九〇三年，考入高等学堂，开始购藏革命书籍。次年，考中云南考送日本留学陆军生，入振武学校。一九〇五年，与罗佩金、唐继尧等加入同盟会；一九〇六年，被推为云南留学生同乡会会长，创刊《云南杂志》。七月，毕业于振武学校。是年，曾回国奔走驱逐云贵总督丁振铎，清廷有逮捕讯，再返日本。一九〇八年初入陆军士官学校，冬，与李烈钧、阎锡山、孙传芳、程潜、孔庚、唐继尧等同时毕业。一九〇九年夏，经朝鲜往奉天，拟刺东三省总督锡良，不果。乃入北京，经上海，回云南，任云南讲武堂监督，次年升讲武堂总办。 九一一年，英人犯片马，奉委办片马防守交涉事务。乃改装深入，实地调查，国人从此知片马为中国土地。辛亥十月，云南光复，蔡锷任大都督，根源任军政部总长兼参议院议长。十一月，任陆军第二师师长兼国民军总统，节制文武官吏，自楚雄以上六府三直隶厅共三十五州县均归管辖。

民元，当选国会众议员，民二年四月，国会开幕，被国民党两院议员会公推为主任。二次革命起，袁世凯下令缉捕国民党议员，乃辗转赴日，入早稻田大学习政治经济。民三，中华革命党成立前，奔走各方沟通意见，但未加入。《民国》杂志创刊，与戴天仇等分任撰述。七月，欧战爆发，乃组织"欧事研究会"，参加者一百余人。主张暂停革命，使袁世凯专力对付日本。及筹安会起，纷纷归国讨袁。民五年五月"两广都司令部"成立，岑春煊任都司令，梁启超任都参谋，根源任副都参谋。旋又改组为"军务院"，根源仕北伐联合军都参谋。六月，袁卒。七月，根源奉黎元洪命为陕西省长。十月北上。因国会选举副总统问题，又倡组"政学会"。民六年二月，抵长安就陕西省长职。五月，督军团变乱起，被拘囚。十月始出陕赴北京。民七年二月，抵广州，任驻粤滇军总司令，阻击龙济光有功。旋奉调为"粤赣湘边军务督办"，与北军相持于大庾岭及信丰、崇义间。又创办韶州讲武学校。九年三月，奉调任督办广东海强防务，兼摄雷琼镇守使。在琼设黎疆拓殖局，拟立开拓之基。八月，岑春煊以粤军回粤，电调防守东江。九月，率军自惠州回广州。十月，通电解职。旋偕岑春煊归上海。

民十一年五月，黎元洪复任总统。九月，特任根源为航空督办。十一月，国务院改组，特任署农商总长。民十二年一月，真除农商总长，致力修订有关农商法章。其中以"商标法"关系尤巨，各国公使群起抗议，不为动，卒以实行，收回国权不少。六月，黎元洪受逼走天津、转上海，根源随之。此后居沪闭门谢客，奉亲读书，惟以收罗古籍珍本金石碑文为乐。

民二十年一月，国民政府聘为国难会议会员，"一二八"淞沪战起，在苏州募义勇军。抗战开始，自苏州经湘鄂，入川。二十八年，出任监察院委员兼云贵监察使。三十一年五月，日军陷腾冲，曾亲至前线与各将领筹战守。此后三年，往来战地，目睹耳闻，成诗百余首。三十四年九月，辞云贵监察使职。三十七年，北上苏州访问。居未一年，局势恶化，仍南下昆明，时卢汉已不稳，张群、李弥皆得其援手而得出险。旋返苏州，于一九六五年七月六日卒，年八十六岁。

编著有：《中华民国宪法史案》、《军务院考实》、《曲石庐藏书目》、《雪生年录》、《腾冲战役记事诗》、《凤里集》、《滇粹》、《赴日旅程录》、《弘前日记》、《青森见习记》、《万里漫游录》、《滇南五名臣集》、《滇西兵要界务图》、《鸡足山志补》、《吴郡西山访古记》、《虎阜金石经眼录》、《镇扬游记》、《曲石精庐丛书汇刊》、《娱亲雅言》、《曲石庐藏碑目》、《苏学金石录》等，均具学术参考价值。（陈哲三稿。参考：李根源《雪生年录》，文海出版社、吴相湘《李根源创立政学会》，载《民国百人传》第三册，传记文学社。）

李嗣璁（1898—1972）

李嗣璁，字荫翘，别号式真。河北省庆云县人。生于民前十四年（一八九八）农历十月廿四日。幼时随父游宦山西，定居太原。民国元年，入山西省立模范中学，民国八年毕业，考入北京大学物理系。在校时与友人筹设私立太原平民中学，为中国国民党重建山西组织之秘密机构，民国十二年北京大学毕业后，参加国民党。遣返山西太原，任教母校，兼课平民中学，并秘密为党工作。民国十五年，山西党部成立，被推选为执行委员。十八年二月，山西省党部召开二次全省代表大会，任大会秘书长，并当选为执行委员兼训练部部长。九月奉调河北省党部整理委员兼常任委员。次年，阎冯叛变，河北省党部及华北各省市党部奉令移往天津租界，继续从事策反、组训工作。逆军侦骑四出，索捕党人，书记长郑国材遇难，嗣璁仅以身免。九一八事变，日寇侵犯日急，北方形势险恶，党务益形困难。乃成立私立大成中学于北平以资掩护。民国二十三年获选为监察院监察委员，仍兼理河北省党部工作。是为嗣璁司监察工作之始。民国二十四年，何梅协定，所有华北各省市党部被迫撤退，河北省党部奉令结束，因之地方党务生涯亦随之告一段落。

民国二十七年二月任河南山东监察区监察使。经常出入战地，抚揖流亡，不辞辛劳。民国三十三年五月，敌陷洛阳，随军撤退。奉调为监察院监察委员。抗战胜利，出任河北区监察使，驻节北平。中央以接收工作紊乱，分区成立清查团，受任河北平津热察绥清查团团长。雷厉风行，无所禁忌。时平津区海军特派员刘某隐匿敌产钜亿，经查属实，报请中央法办，人心称快。民国三十六年兼任平津冀军纪吏治督察团团长。勤求民隐，宵旰忧劳。适天津市警备司令副卢某仗势诈财，为市民控告，证据确凿。时北平行辕主任李宗仁存心庇护，乃径电国府蒋主席核示，卒使卢某受刑。其破除情面，发奸摘伏，为民除害之精神传诵一时。民国三十七年当选行宪监察委员。三十八年来台。一九五七年获任中央评议员。一九五八年当选"监察院"副院长，辅佐于右任院长综理院务。一九六四年于院长病故，代理院务，次年八月被提名获选"监察院"院长。誓以肃清贪污，整饬政风，保障民权，鼓励士气四大任务与全院同仁共勉。一九七二年三月心脏病突发，延医急治无效，卒于同年五月十五日，享年七十五岁。嗣璁毕生从政，清勤谨慎，洁身自好，数十年如一日。公余以书法为乐。字近欧体，兼攻右军。笔法苍彦，刚遒劲拔。惜流传者不多。（刘维屏稿。参考：《李故院长荫翘纪念集》。）

汪　怡（1877—1960）

汪怡，字一庵，亦作怡安，原籍浙江杭州。清光绪三年十二月四日生于湖州南浔镇。父承绪以秀才经商。九岁从父居上海，十二岁移家武昌。十四岁入两湖书院为附读生。十七岁入自强学堂，次年为英文斋正式生。廿岁考入两湖书院。廿二岁中秀才。廿三岁任湖北通城县时务学堂教员。廿五岁入江西学台吴士鉴幕，帮助看考卷。旋入吴父庆坻湖南学台幕。以后受知于湖南学务处总办张鹤龄。卅岁随张鹤龄赴奉天，在提学司任课长。次年任营口商业学校监督，并曾赴日本考察。对日本国语教育与速记术，搜罗很多英日文书，潜心研讨，与其后献身此种学术大有关系。

民国元年夏，感于言论报国之重要，辞去校务，经大连赴北京，应聘中国报社编辑，继而任经理，始撰文鼓吹国语，著《国语音标概说》。二年二月应邀参加全国读音统一会。三年春，北京政府举行县知事考试，应试录取，六月出任直隶省平山县长，民国七年辞职，专心研究速记及国语教育。八年八月，刊行《中国新式速记术》，后经七次修订，名《汪怡速记学》。受聘为教育部国语统一筹备会委员。并为制定国语罗马字的主要起草人。民九及民十一，教育部在北京开办国语讲习所，由怡讲授"国语发音学"，又在北京高师讲授国音科。十三年《国语发音学》由商务印书馆出版。怡在北平师大任教外，尚在北京师范、中国、民国等校讲课，先后应安徽、山东、浙江、河南、天津、上海等教育厅局之聘，为国语讲习所讲授。十一年校改国音字典的颁布与廿一年国音常用字汇之颁布，均为主要校阅参订人。十七年教育部在北平成立中国大辞典编纂处，由怡负责编纂事宜，至卅四年全部出版，共四册。三十八年八月又出版《国音字典》。卅六年五月，自北平经上海来台，时已患眼疾，常感晕眩。一九六〇年七月十日卒于台北市，享年八十有四。遗著除上述外，尚有《诗词曲稿》各一册；《台湾竹枝词》一卷；《攒春词》一卷；《注香词》一卷，《珠尘玉屑词》三卷，皆系稿本。《诗牌新编》一卷、《词名索引》二卷、《曲名索引》一卷、《十韵今读》一书等。（邱奕松稿。参考：梁容若《汪一庵先生的生平》。）

汪振声（1883—1945）

汪振声，字楞伯，原籍浙江吴兴，清光绪九年（一八八三）出生于四川成都。光绪三十年赴日本，入东京早稻田大学，专攻法律政治经济，五年毕业，获法学士学位。宣统元年返国，应学部留学生考试，授法政科举人，殿试授内阁中书。寻任大清银行总行稽核科科长。辛亥革命，大清银行停业，设总清理处，任清理主任。民国元年十一月，北京政府设立审计处，振声充简任审计官，兼第四股第三课课长。民国二年四月，善后五厘金币借款成立，依约政府领款凭单，须由审计处所属之稽核外债室华洋稽核会同签字，方为有效。振声被任为该处第二股主任，兼稽核外债室华室长。民国三年审计处改称审计院，振声仍任审计官，兼第二厅第四股主任。民国四年，加入中国银行，先后任重庆分行副行长及行长。民国七年，调充北京总管理处总司账。民国九年，出任济南分行行长，兼德华银行济南清理处主管员。民国十四年张宗昌入鲁，向中行勒借巨款，振声拒绝，竟被拘扣，释出后，调任总管理处总稽核。民国十七年，中国银行改组为特许国际汇兑银行，总管理处迁驻上海。振声仍任总稽核，协助该行首长，刷新内部，拣选行员，扩充业务，增厚滚存，添设海外机构，推动附属事业。同时担任新华信托储蓄银行，及中国保险、中国棉业、华南米业、中国造纸等公司董事。民国二十六年，应政府邀约，参加庐山谈话会。民国二十七年，出席财政部在汉口召集之全国金融会议，均有建白。民国二十七年，中行总管理处在香港设立驻港办事处，在重庆设立驻渝办事处，振声往来两处料理行务。民国三十年，总管理外全部移设重庆，振声遂长期驻渝，不时出席四行联合办事总处期会。民国三十二年冬，因病退休。次年中行增资改组，由政府指派担任官股监察人。民国三十四年五月，病逝于重庆。得年六十三岁。振声操守严谨，公私分明。在行二十余年，未见引用戚党一人。平日罕与时流往来，而喜接近后生。博闻强识，娴于掌故。对于金融界重要人物之背景，尤所深悉。旧学极有根底，兼擅书法。公暇与同事清谈，议论精辟，发人深省。（姚崧龄稿。资料来源：《最近官绅履历汇编》第一集、姚崧龄《中行服务记》。）

狄 膺 （1895—1964）

狄膺，字君武，原名福鼎，江苏太仓县璜泾镇人。生于清光绪二十一年十一月十九日。民国三年毕业于江苏省立第二师范，民国八年毕业于国立北京大学哲学系，民国十年，赴法留学，入里昂大学研究院，十四年毕业。自清末入学后，即具革命思想。嗣与刘三、叶楚伧、于右任等参加南社，并参与上海光复之役。民国八年，曾为"五四运动"之领导分子。民国十二年十二月，经吴稚晖、张静江之介绍加入中国国民党。民国十四年，总理逝世，开追悼会于里昂。民国十五年八月，由吴稚晖推荐，任中国国民党中央政治会议秘书，掌理机要。十六年国民政府奠都南京后，历任南京市党部宣传部部长，江苏省党部指导委员，十九年一月任立法院立法委员，二十年任国民会议代表，二十五年当选第五届中央候补监察委员，二十九年一月任国防最高委员会第三处处长，三十二年任中国国民党中央执行委员会副秘书长，三十四年被选为第六届中央执行委员、兼中央监察委员会秘书长，国民大会制宪代表，三十六年任中央政治委员会委员。三十七年行宪当选立法院立法委员，来台后于一九五〇年八月，任中央改造委员会纪律委员会副主任委员，一九五二年十一月改任党史编纂委员会副主任委员，并为第七至第九届中央评议委员。

君武任职中央，历掌机要，守正不阿。其诗文书法，造诣均深，所遗诗文、日记等，均存中央党史会。已出版者，有《狄君武先生遗稿》、《狄君武先生墨迹》各一册。其日常生活，不拘形迹；又以妻子，均在大陆，晚年只身在台，家无定居，食无定所，致体力渐衰，由中风而转为肺炎，于一九六四年三月十五日病逝台北，享年七十岁。（郭易堂稿。参考：《狄君武先生事略》。）

吴　永（1865—1936）

吴永，字渔川，一字槃盦，别号观复道人。浙江吴兴人。生于同治四年四月卅日。六岁就傅读。光绪四年丧父，哀毁几以身殉。翌年随母徙成都，家贫无力延师，从友假书读，刻苦自励；涉猎经史之余，工绘事、通音律、摹刻汉印。八年从刘复初习词章。九年应童子试冠前茅。十年从郭绍先游，学益大进；是年，法越构难，投笔从戎，入鲍超幕，治笺折，草露布。翌年清廷与法议和，遂解甲归田；泛洞庭、客长沙，鬻书画镌刻以自给；湘阴郭子瀁聘为记室，闲从侍郎郭嵩焘习古文义法，艺益进。十三年，由湘至京师，郭嵩焘致荐户部侍郎曾纪泽，一见拭目，馆于台基厂邸第。翌年曾纪泽以次女妻之。十九年，以知县试吏直隶。廿一年，李鸿章办理日本换约事宜，以直隶试用知县调充文案委员。翌年经尚书张荫桓密保"堪膺方面"，仍以知县留原省补用。廿三年补授直隶怀来县知县。翌年赴任，以勤廉自矢，颇著循声。廿六年拳乱作，七月，八国联军犯京师，两宫出走，至怀来，吴永以接驾有功，得慈禧眷注，并命开缺以知府随扈，督办行在粮台。翌年五月，简授广东雷琼道缺。两宫自西安启跸回銮，命督办回銮前站事宜；十一月至开封，奉命径赴广东雷琼道新任。廿八年补授广东廉钦兵备道，兼统潮普等八营，督办高州清乡事宜。卅一年调署雷琼道，兼统广东巡防七营，兼督办抚黎局务；旋调授惠潮嘉兵备道；十月继娶邮传部尚书盛宣怀妹为继室。三十二年丁忧去官，入蜀奔丧。卅四年服阕入都；旋授山东兖沂曹济兵备道，兼管黄运两河事宜；诰授赍政大夫，赏二品顶戴。宣统三年，武昌起义，去官之沪。民国元年，鲁都督周自齐召赴济南，委署山东提法使；旋改任都督府秘书长，兼筹备国会省议会选举事务所长。翌年简任胶东观察使，兼外交部烟台交涉使及侨工事务局长，给二等大绥嘉禾章。官制革新，改观察使为道尹，在任历十年之久。八年，与刘治襄初晤于济南，席间畅谈庚子故实，未竟即败。十年以事忤上官，遂挂冠去，从兹息影都门。十六年孙宝琦、潘复先后绾理中枢，一再辟揽，复任国务院秘书；与刘治襄重共几席，赓续前问，遂成《庚子西狩丛谈》一书，凡五卷，都七万余言。十八年，见国事日非，遂杜门养疴，精阐释学。二十四年美教士浦爱德将《庚子西狩丛谈》译成英文，付美国耶鲁大学刊行；后更有德文、日文译本。二十五年十月十七日，逝世于北平，享寿七十二。（邱奕松稿。参考：左舜生《中国近代史话》二集所附《吴渔川先生年谱》。）

吴兆棠（1905—1964）

吴兆棠，字昭谠，安徽休宁人。清光绪三十一年（一九〇五）

十月初三日出生。民国十四年，毕业于上海同济大学德文科。旋印东渡，入日本早稻田大学政治经济学部深造。十七年返国，任职考试院。二十年九一八事变发生，激于爱国热诚，参加民族复兴运动。二十三年夏，奉派赴德国研究教育及考察青年组训，并主持全欧民族复兴运动。以柏林为中心，联合英、法、意、奥、丹等国留学生及爱国侨胞组成反共阵线。同时入柏林大学哲学研究院教育研究所研究。二十七年六月，获柏林大学博士学位。同年十月，返国抵重庆参与对日抗战。奉派主持童子军教导人员训练，历时三年。三十年秋，任中央训练团教务组长，兼国立中央大学教育系教授。三十三年，任三民主义青年团中央干事会干事，兼中央团部训练处副处长。三十四年抗战胜利后，奉派处理光复区青年辅导工作。三十五年，任教育部特设南京临时大学教务长，旋改任训导长。三十八年春，任教育部简任督学，奔走各地，视察高等教育，处理学潮。同年四月，于处理南昌国立中正大学学潮后，任代理校长。旋调任教育部中等教育司司长。三十六年，在休宁当选第一届国民大会代表。是年，三民主义青年团并入中国国民党，以团中央干事改任党中央执行委员。三十八年政府由京南迁，任青年复学就业辅导委员会副主任委员，襄办教育应变工作。及政府由粤西移，任教育部特设澳门中山教育学院院长，收容大陆撤退员生。旋因经费困难停办，辞职来台。一九五〇年，任"交通部"训练委员会副主任委员，主持交通干部训练班。复调革命实践研究院服务。一九五五年八月，任"国立"政治大学训导长。一九五六年，改任"国立"政治大学教育研究所主任。同年五月，兼任"中国青年反共救国团"副主任。一九五六年，兼任革命实践研究院分院主任。一九五九年三月，改兼中国国民党中央委员会第五组代主任。一九六一年六月，兼中央委员会知识青年总党部主任委员。一九六三年八月，出任"台湾省政府"委员兼教育厅长，一九六四年七月病逝台北，享年六十一岁。著有：《童子军教育之理论与实际》、《训练原理与实施》二书及《教育原理》、《研究方法论》、《人格心理学》等三种初稿。（李云汉稿。参考：《吴兆棠先生事略》。）

吴芳吉 （1896—1932）

　　吴芳吉，字碧柳，号白屋吴生，四川省江津县人。清光绪廿二年丙申（一八九六）生于乡。其家素贫，幼时就读于乡之聚奎小学。宣统三年辛亥（一九一一），年十六，考选游美，乃入北京清华学校中等科一年级进修。民国元年秋，校中起风潮，芳吉以言论狂激被革。自是往来全国各地，谋食四方，备尝艰苦。惟其志气亦以是而日见豪放。其间曾一度任四川永宁中学国文教员，后又任上海右文社及文明书局之校对。民国七年，始改任上海中国公学大学部国文教授，稍后并兼任《新群杂志》编辑。芳吉自幼即喜作旧诗，所为以盛唐为宗，兼得力于汉魏乐府，才气横溢，格律深细。惟时值文学革命，新诗初兴，芳吉乃尝试为新诗，然以深研旧诗格律，故其所撰每自具特长。其后复笃志为旧诗，造诣遂日渐宏深。民国九年，芳吉入湘，任教长沙之明德中学。次年兼任主编《湘君文艺季刊》。居湘凡五载，此数年间，遍读古籍，学问由是大进。民国十四年夏，北京清华大学、奉天东北大学、西安西北大学均争相礼聘，芳吉终出任西北大学教席。以其年九月入秦，明年春，则遭西安围城之难。芳吉在西安居年余，遭遇危苦，然其诗亦以此年所作为最工。民国十六年春，芳吉之沈阳，抵埠未久而获家电，急驰归蜀，至而七旬老父已弃养。已而出任成都大学国文系主任。民国十八年春，印行《白屋吴生诗稿》上下卷，柳诒徵为之序，蜚声于时。民国廿年秋，改任江津中学校长。廿一年五月九日，病殁于家，享年卅七岁。芳吉平生述造，除上述《白屋吴生诗稿》外，尚有《吴白屋先生遗书》、《碧柳手写日记》各若干卷，皆芳吉卒后，由其挚友吴宓、周光午二氏整治董理梓行于世。（何广棪稿。参考：吴宓《吴芳吉传》。）

吴忠信（1884—1959）

吴忠信，字礼卿，别号守坚，安徽合肥人。生于光绪十年（一八八四）二月十八日，一九五九年十二月十六日卒于台北。庚子拳乱时，年方十七，觉国难日亟，入江南武备学校，越五年卒业，以成绩优异，任陆军第九镇三十五标第三营管带（营长）。旋加入同盟会。辛亥革命，任江浙沪联军总司令部执法官，兼兵站总监，光复南京。民元年任南京首都警察总监。二次革命，黄兴任南京讨袁军总司令，忠信再任南京警察总监。失败走日本，入中华革命党。民四年十二月四日，在上海参预肇和军舰起义。民六、七年间，参与护法之役，任粤军第七支队司令兼汀州绥靖主任。民八年任粤军第二军总指挥，驻漳州。次年粤军回粤，任第七独立旅长。民十年八月率师克桂林。冬，国父视师桂林设大本营，任为桂林卫戍司令。民十一年以后卜居苏州。

民国十六年三月北伐军克上海，任其为江苏省政府委员，旋改任淞沪警察厅长。十七年二月任中华民国建设委员会委员。十月任华北编遣委员会主任委员，年底结束。民十八年二月与陈光甫同行，考察欧美各国，十月返国。二十年二月任导淮委员会常务委员，旋任监察院委员。二十一年三月任安徽省政府主席，次年五月辞职，任军事委员会南昌行营总参议。二十四年任贵州省政府主席，次年八月调蒙藏委员会委员长。二十九年一月到达拉萨，于二月二十二日会同热振呼图克图主持第十四辈达赖喇嘛坐床大典，即于四月一日成立蒙藏委员会驻藏办事处，此为民国以来，中央首次正式设立驻藏办事机构。六月返回重庆，著《西藏纪要》一书。

民三十年九月，任甘宁青区党政工作考察团长，考察西北，十二月初返抵重庆，成立中国边政学会，任理事长，发行边政公论月刊。民三十三年九月辞蒙藏委员会委员长，调任新疆省政府主席兼保安司令。三十五年三月辞去，任中孚银行董事长。三十六年四月，膺选国民政府委员。三十七年三月任总统府资政。十二月任总统府秘书长。一九五〇年八月以后，历任中央评议委员。一九五三年七月任中央纪律委员会主任委员，以迄一九五九年十二月十六日逝世，享年七十六岁。（蒋永敬稿。参考：《吴礼卿先生行述》。）

吴南如 （1898—1975）

　　吴南如，字炳文，于一八九八年九月二十三日生于江苏省宜兴县徐舍镇之庙头村。十四岁入江苏省立第五中学。十八岁考取国立北京大学预科，次年转天津国立北洋大学法科，二十三岁毕业。旋任天津英文华北明星报记者，翌年转任中美通信社编辑，笔名天生。与新闻界前辈林白水、胡政之在北京创办新社会日报，以记者身份，得识当时外交总长颜惠庆。民国十年，美召开华盛顿会议，颜惠庆派之为中国代表团谘议，俾与外国记者联络。民国十一年留居美国，入乔治华盛顿大学研究法律。是年秋，颜惠庆任国务总理，电召回国，任国务院秘书。迄颜惠庆辞阁揆，亦即辞职离京赴沪。谒国父孙中山先生于沪寓。嗣赴北京就国闻通信社北京分社主任，历四载。

　　民国十五年，颜惠庆受命为驻英公使，发表南如为驻英使馆一等秘书，公暇入伦敦大学研究。从此南如得颜惠庆之识拔，正式进入外交界。自英返国历任外交部条约委员会委员兼欧美司司长，外交部简任秘书、国际司司长、情报司司长。民国二十二年，颜惠庆受任我国驻苏联大使，南如旋发表为驻苏联大使馆参事，任职四年间，曾代办馆务两年半。民国二十六年奉政府令派为驻丹麦公使，民国三十年，因丹麦承认伪满洲国，下旗返国。途经美国，适逢珍珠港事变，交通切断，乃入哥伦比亚大学研究。民国三十二年冬，外交部电促南如返国，任礼宾司司长，翌年转任欧洲司司长。民国三十五年参加巴黎和会，任中国代表团顾问。是年冬，被任为驻瑞士公使，在任内奉命参加在日内瓦举行之各种国际会议，包括关税会议、国际贸易会议、海事会议、难民会议等。

一九五〇年，瑞士承认北京，奉命下旗回国，曾赴美小住，研究美国政情，从事对外宣传，参加纽约华美日报社论写作，冀影响美国对我之舆论。一九五二年美国总统竞选时期，曾致函民主党总统候选人史蒂文森，询问其对华政策，彼复函保证决不承认中共政权或赞成其入联合国。

一九五三年自美返台。于翌年元月一日就任"行政院"新闻局长之职两年，一九五六年，奉命出任"驻伊朗全权大使"，任职八年有半。一九五九年奉命访问科威特谈判建交成功，复奉派兼"驻科威特大使"，越两载奉命专驻科威特，至一九六八年自请辞职回台，"外交部"派为顾问，令筹备外交人员训练所，训练所成立后，"外交部"命兼该所主任，至一九七二年十二月自请退休，时年七十有五。因患有高血压诸症，遵医嘱赴美疗治，终因痼疾难治，于一九七五年五月十二日病逝于华府乔治城大学医院，享年七十八岁。（吴崇兰稿。）

易君左（1898—1972）

易君左，原名家钺，字君左，中年后以字行，号意园，晚号敬斋，笔名有右君、花蹊、二郎神、康訇父、琴意楼、空谷山人、

AB 等。清光绪廿四年（一八九八）八月二十六日生于湖南汉寿，民国六十一年三月三十日逝于台北，享年七十五岁。

君左家世代书香，祖父佩绅为清咸同间名将，父顺鼎为才子名士，诗名满天下。君左幼年随父至广东，宣统二年回湖南，肄业于长沙明德高小，民元冬毕业后，升入中学八班，民二，随父赴北京，转入北京公立第四中学，于五年夏毕业。同年秋，负笈东渡，入早稻田大学，研究政治经济。七年春，君左与曾琦、张尚龄（梦九）、罗益增、刘正江（泗英）等创办"华瀛通讯社"，五月留日学生为反对段祺瑞与日本签订中日共同防敌军事协定而罢学归国，在上海与曾、张等创办《救国日报》。秋天，与黄日葵同入北大肄业，黄入预科一年级，君左入法本科政治门二年级。同年夏，曾琦、张梦九、王光祈与李大钊等于北京发起"少年中国学会"，君左与前述之罗、刘、黄等均加入学会。

八年五四运动起，君左为北大活跃分子之一。其后并致力社会活动，曾先后加入"社会主义研究会"、"马克思主义研究会"。九年，君左与朱谦之、陈顾远等发起"奋斗社"，创刊《奋斗旬刊》；与罗敦伟、郭梦良、徐六几等发起"中国家庭研究社"，创刊《家庭研究》月刊。十年元月，加入新成立之"文学研究会"，文学研究会系民国以来研究新文学的第一个社团。同年夏，北大毕业后又东渡日本，继续早稻田未竟的学业；其间，曾于十一年秋回国，与郁达夫同执教于安徽法政专校一学期；十二年三月早大政经专科毕业。

由日回国后，就上海泰东图书局之编辑，同时与朱光潜分教吴淞中国公学之国文。十三年二月，回湖南长沙任公立湖南法政专校教授，并任教于九年时与罗敦伟由北大回乡时创办的"平民大学"。

同时在长沙岳云中学当文科主任。一年后，回到故乡汉寿办理团防。十五年秋，参加国民革命军北伐，任四十军（军长贺耀祖）主任秘书，继兼政治部宣传科长，后代主任，旋升主任，并任特别党部常委。十六年秋，至南京任总政治部编撰，十七年春，应程潜邀，回湘任湘鄂政务委员会简任秘书。秋，何键任湘省主席，君左任湖南全省清乡司令部少将宣传处长。十八年冬，任湖南全省自治筹备处训练科长，并兼湖南《国民日报》主笔，十九年春至二十年冬，重赴安庆，任安大教授，并兼安徽民政厅主任秘书及安徽《民国日报》主笔。

二十一年元月，周佛海出任江苏教育厅长，邀君左赴任该厅编审主任，直至二十六年秋，共六年之久。其间编印《江苏教育》和《江苏学生》，主持江苏文协，出版《天风月刊》、《文艺青年》旬刊；组织天风剧社。二十三年三月，《闲话扬州》一书出版，曾引起轩然大波。抗战初起，君左回湘任湖南《国民日报》主笔、湖南省政府顾问参事共一年。二十七年秋起，赴重庆任中央宣传部专员、中央文化运动委员会委员，翌年春转赴成都，任四川省政府编译室主任、四川《国民日报》社社长二年之久。三十年初春，由蓉迁渝，任政治部设计委员，卅四年并兼《时事与政治》月刊社社长。

抗战胜利后，于卅五年秋出川转沪，任《和平日报》上海分社副社长，兼副刊《海天》主编。三十六年夏，调升兰州《和平日报》社长，并任国立西北大学师范学院教授，至卅七年十二月辞职。三十八年冬，由台北赴香港，留住十八年，曾任珠海学院教授（一九四九——一九五〇），香港美国救助中国知识分子协会编辑所文艺组主任（一九五一——一九五二）、《星岛日报》副刊主编（一九五四——一九五五）、香港浸信会学院专任教授兼中国语文系主任（一九五七——一九六七）、国际笔会香港分会理事兼出版主任（同上）。一九六七年由港赴台，任教于政工干校，二年后，又任台湾银行监察人，后受中华学术院院长张其昀之聘，为诗学研究所委员，兼中华诗学社社长，出版《中华诗学》月刊。享誉文坛垂五十年，早年为新文化而奋斗，晚年则竭力于弘扬中华诗教，其重要著作，在抗战前出版者有：《中国政治史》、《社会学史要》、《西洋家族制度研究》、《西洋民族制度研究》、《西子湖畔》、《中华民族英雄故事集》等；抗战中及战后出版者有：《杜甫今论》、《中兴集》、《我们的思想家》、《我们的史迹》、《中国社会史》、《战后江山》等。近年在香港出版者有：《中国民族英雄传记》、《祖国河山》、《伟大的青海尽头》、《杨家将》、《牛郎织女》、《中国文学史》、《中国文学纲要》、《祖国江山恋》、《四魂血泪记》、《君左诗选》、《抗战光荣记》、《香港心影》、《回梦三十年》、《彩笔写名山》、《华侨诗话》、《闽粤光辉记》、《中华百美人图咏》、《金冠记》、《易君左诗存》、《易君左游记精选》、《琴意楼词》、《南来香港八年诗》、《爱国诗选》、《爱国文选》、《锦绣山河》、《天涯海角十八年》等。定居台湾后出版者有：《从流亡到归国》、《长相思在南京》、《大湖的儿女》、《火烧赵家楼》、《芦沟桥号角》、《胜利与还乡》、《烽火夕阳红》……等六十余册，不及备述。（秦贤次、张珂稿。参考：《湖南文献》第七期《易君左先生生平事略》、易君左《六十年沧桑》、吴相湘《易君左创现代新体诗》一文及易君左自编之略历及著作简表稿。）

周诒春 (1883—1958)

周诒春（一作贻春），字贻梅，原籍安徽休宁。清光绪九年（一八八三）出生于汉口。早岁肄业上海圣约翰书院。光绪三十三年考取两江官费游美生；先后入耶鲁及威斯康新两大学，专攻教育及心理学，获学士及硕士学位。宣统三年返国，应清廷留学生考试，获授文科进士。寻任上海复旦公学心理学教员。民国元年，任南京临时政府外交部秘书。同年秋，转任北京清华学校副校长兼教务长。次年夏，校长唐国安病故，升任校长，以迄民国七年。际此期间，对于清华校务，尽力改进；提倡学生课外作业，注重体育训练。尝邀美国普林斯顿大学史学教授麦克诺利博士来华，演讲"代议政治真谛"，历时一年，开中美交换教授之先河。对于学校物质设备，增进尤多。图书馆、科学馆、体育馆、大会堂，次第兴筑，规模崇宏，布置周致，奠定后来改建大学之基础。

民国四年夏，接受圣约翰大学所颁文学博士荣誉学位。同年冬，被聘担任美国洛氏基金中华医药理事会理事，对于北京协和医学院之成立，赞助良多。民国六年，因与管理清华之外交部员司意见不合，辞去校长职务。改就华洋义赈会总干事，亘三年之久。对于华北旱灾，以工代赈，筑路造渠，成效昭著。民国八年选任第二届国会参议员，寻充南北和议北方代表团秘书长。和议失败后，任中孚银行董事，兼京行经理。对于华北工商业，多所协助。曾兼任天津仁立地毯公司董事长，推动国货输出；复任永利制碱化学公司顾问，力谋基本工业原料之自给。民国十二至十四年，专任财政整理委员会秘书长，清理历年内外公债本息数目，并厘订还本付息办法，以为召开关税会议之准备。

民国十四至十七年间，担任中美文化教育基金保管委员会常务董事，嗣复专任董事以迄大陆易手。民国二十二年，教育部取缔教会大学外籍校长，被任代理燕京大学校长。民国二十四年，担任实业部政务次长。抗战军兴，南京撤守，改任贵州省政府委员兼财政厅长，计达七年之久。终抗日战争，贵州全省收支逐年平衡。民国三十四年，改任农林部长。会民青两党合作，农林部长由青年党员充任，乃改任卫生部长。交代农林部务时，对于后任，解释经办诸务，不厌详明，极尽协助之能事。在卫生部任内，争取美方援华之药剂器材，不遗余力，公平分配，各方满意。卸职不久，大陆易手，避地香港，困于贫病，顿萌厌世之想。闻曾对至友王宠惠透露自杀意念。其在沪行医之女夫及长子，因特迎返上海供养。终于一九五八年八月以老病谢世，得年七十有五。

周氏为人和达诚挚，精干稳练。非国民党员，未尝隶属任何派系。虽由教会学校出身，并非基督教徒。其服务社团，供职政府，主持学务，咸以国家民族为对象。对于后进，多所提携，然从无树党朋比之想。操守严正，以禄为养，家无积蓄。所交往较密之朋好，如颜惠庆、王宠惠、顾维钧、梁启超、吴鼎昌诸人，若非师生，即系同学，或为服务社会时所结识之同志。彼此尊重，各有立场。出处光明，未尝随人俯仰。（姚崧龄稿。）

邱清泉（1902—1949）

邱清泉，宇雨庵，浙江永嘉人，清光绪二十八年正月二十七日生。民国十年毕业于浙江省立第十中学，十一年负笈上海，入上海大学社会学系。十三年考入黄埔军校第二期工兵科，十四年九月毕业，任少尉排长。十五年五月升任军校第五期入伍生，工兵营上尉连长。十六年黄埔军校迁武昌，转任军校工兵大队第一队上尉队长。宁汉分裂之际，参加"孙文主义学会"，与左派"青年军人联合会"对抗。十七年一月升任第九军第三师少校营长，八月参加龙潭战役。十八年转任第二师中校营长，在开封、郑州一带参加讨冯之役。二十年升任第十师上校团长，二十二年升任军校政治训练处少将处长。二十三年七月派往德国留学，先入工兵专门学校，次年十月入柏林陆军大学。二十六年五月学成归国，任教导总队少将参谋长。抗战军兴，参加南京保卫战。二十七年三月任二百师少将副师长，五月统率机械化纵队参加兰封之役，九月参加信阳之役。十月，二百师扩编为第五军，升任该军二十二师少将师长。二十八年十二月，于桂南昆仑关附近大败日军。二十九年一月，二十二师移驻柳州整训，清泉设战术研究班，训练干部，五月升任第五军副军长，九月调军事委员会委员长侍从室少将参议。三十年三月，转任军训部第十六补充兵训练处少将处长兼重庆第三警备区司令。三十一年调西安陆军官校第七分校副主任。三十二年一月第五军扩编为第五集团军，清泉升任第五军军长。时第五军方自缅甸战场返国休息，驻昆明外围，清泉加以整训，使复成为劲旅。三十三年九月，清泉奉命派二百师支持滇西作战，三十四年一月会合友军打通中印公路。抗战胜利，第五军于昆明将龙云部队解除武装，协助中央改组云南省政府。三十五年三月，第五军奉命调往华中"剿共"，七、八月肃清苏北，九、十月光复鲁南，鲁西，十二月进兵冀甫，并向鲁中伸展。三十六年冬于河南、安徽一带与中共军队角逐，三十七年春夏间，转战于鲁西及豫中一带。是年九月，徐州"剿匪"总司令部成立，第五军扩编为第二兵团，十月任第二兵团中将司令官，驻防砀山，十一月八日移驻徐州。嗣徐州会战失利，第二兵团撤往萧县，遭中共军队围攻，鏖战月余，至三十八年一月十日晨，率部突围失败，自杀，时年四十八岁。（张玉法稿。参考：邱子静"民族战士邱清泉"。）

林庚白（1897—1941）

林庚白，原名学衡，字浚南，一字众难，自号摩登和尚，后改名庚白，闽福州人；入籍江苏。民前十五年出生，享年四十五岁。幼失怙恃，由其姊抚养长成，七岁入私塾，读书能断句，乃有神童之誉，和林景行（寒碧）齐名。

八岁远游北京，始入学校，十四岁肄业京师大学堂（后改北京大学），与同窗杜锡钧、汪国垣等人，时相唱和。除对诗文钻心用功外，尤对政治发生浓厚兴趣。辛亥武昌起义前参加革命，为京津同盟会会员，奔走国事甚力。

庚白毕业后，曾任中国大学及俄文专修馆法学教授，众议院众议员与非常国会秘书长，文名鹊起。民初，与陈勒生等创黄花碧血社，以暗杀牵制余孽为志。二次革命失败，国父开府广州，以护法相号召，惟西南各省若干封建势力之官僚政客作祟，事事掣肘破坏，无法如愿，国父坚辞大元帅，庚白亦拂袖而去。

庚白国学造诣极深，退居后肆力于诗，荏苒十年，为旧体诗开辟新方向，并能卓然有所成，与吴芳吉、黄仲则、苏曼殊等并誉，名噪一时。庚白为"南社"健将，驰骋文坛，胡寄尘著《南社丛选》，陈石遗所选《近代诗钞》，胡朴庵所选《国粹丛刊》，对庚白能以今之意境与情绪入诗，亦如古人诗之能贯通经史诸子，而变化尤多古人所无，赞许备至。

庚白于沪滨曾办《长风》杂志，所撰诗文甚多，情感真挚，深入浅出，且能兼雅俗，新旧并蓄，惟才华外露，曾云："余之处境，杜甫所无，时与世皆为余所独擅，杜甫不可得而见也。余之胜杜甫以此，非必才力凌铄之也。"如此难免有自夸之嫌，时人讥为"诗狂"。

廿一年四月，国难会议召开于洛阳，还都后，庚白被任为立法委员。抗战军兴，淞沪鏖兵，国府仓皇西迁，庚白夫妇亦随而赴汉入渝，辗转奔波之间，篇章益富，不少传诵诗坛。

卅年十二月一日，太平洋战争发生前，陪都重庆常遭敌机轰炸，庚白精于命理，曾著《人鉴》一书，畅谈古今命理，推勘造化奥秘。自测是年必遭横死，深怀戒惧，遂由渝飞港。行装甫卸，未数日间，珍珠港变起，港陷，遁居九龙。是月十九日夜归，日军疑为奸细，被射杀于路旁。时新妇林北丽亦受伤。一代诗人遗体，仓卒求棺不得，草草葬于菜圃之中，亦云惨矣！未亡人林北丽天才超绝，诗画棋琴皆有心得，惜不专精，独对旧体诗擅长，刊有《博丽轩诗笔》一卷。廿一岁与庚白结婚，老夫少妻，伉俪情深，但有才无命，未能与庚白终老。（刘棪琮稿。参考：高拜石撰《古春风楼琐记》。）

林云陔（1881—1948）

林云陔，广东高州府信宜县人。生于清光绪七年正月初四日。幼读乡间私塾，稍长，往高州府城，入海山书院习经史词章。民前三年，赴广州，考进两广方言学堂，习英语及其他科学，即于是时，加入国父倡导之革命党。民元，毕业于方言学堂，奉命回高州起义，高雷道所属九县，同告光复，奉命任高雷都督。国父奖其功，派赴美国深造，入纽约州圣理乔斯大学研习法律、政治。民七，学成归国，旋往上海任建设杂志编辑。时国父著英文实业计划，由云陔译为中文，载于建设杂志。民九，随国父赴粤，任广州大元帅府秘书，兼土地登记局局长，广东教育委员会教育杂志社社长。民十，国父北伐，取道桂林，以云陔为大本营金库部长，兼广西银行行长。民十二，出任广州市长，旋改任广东高等审判厅厅长，高等检察厅厅长等职。民十六，复任广州市长，兼广东省政府民政厅厅长，嗣以不遑兼顾，乃辞民政厅长职，遂即筹建横跨珠江，长千余尺，中有电动启闭，藉便巨轮往来之海珠大铁桥。民二十，任广东省政府主席兼财政厅厅长，未几，改兼建设厅厅长，新建工厂二十有八。复合并广东省立工业专门学校及广州市立师范学校，在广州郊区创办勤勤大学，以推广教育。二十五年，调任审计部长。行宪后，续任审计长，积极推行审计制度，使中央与地方财务收支，纳入正规。三十七年十月三日晨，在部召开审计会议，突发脑溢血症，延至四日晨逝世，享年六十有八。（参考：《林云陔事略》，一九六五年五月十五日中央日报副刊。）

林谋盛（1909—1944）

林谋盛，福建南安县人，清宣统元年（一九〇九）生。幼年就学鼓浪屿华英书院，十六岁至新加坡，毕业于莱佛士书院，后入香港大学商科。精英文。谋盛家境富裕，经营建筑，任福安有限公司总理，后被举为新加坡建筑公会会长，中华总商会董事，福建会馆执委兼教育科主任等职。一九三七年芦沟桥事变以后，联络当地各界抵制日货，募集赈款。并与庄惠泉等发动丁加奴州龙运铁矿罢工，致该矿停工。因该矿为日敌制造军火重要资源之一。太平洋战事发生，任新加坡华侨抗敌动员会执委兼劳工服务团主任。新加坡失陷，撤往锡兰。一九四二年四月至重庆，奉派至印度组织中国留印海员战时工作队。时英军兀非罗上校（Col. Goodfellow）主持马来亚敌后工作，邀谋盛参加。因请于政府，成立中英合作协定。中国政府即委其为马来亚区正区长，庄惠泉副之。与英方人员兀非罗上校、台维斯上校（Col. John Davis）、陶林烈中校（Lt. Col. Tremlett）、布伦中校（Lt. Col. Broome）、方雅图中校（Lt. Col. Fennes）等合作。中国工作人员先后潜入马来亚者达数十人。一九四三年十一月二日，谋盛与庄惠泉偕英军官二人乘潜艇到峇眼那督港登陆，初住森林抗日部队中，后至怡保开设建益栈（怡保马吉街七十七号）。未几来往商号遍及全马。谋盛化名陈春林，住怡保主持一切。不幸机关为敌破获，一九四四年三月二十七日林与吴在新上尉、余天送中尉及陈崇智中尉等四人同时被捕。在狱惨遭非刑，不稍屈服。于同年六月二十九日牺牲，年仅三十五岁。（蒋永敬稿。参考：《故区长林谋盛烈士事略》，东南亚联军总司令中国派遣马来亚区敌后工作队撰。）

林献堂（1881—1956）

林献堂，名大椿，号灌园，献堂为其排名。台湾台中雾峰乡人。生于前清光绪七年（一八八一年）十月二十二日，殁于一九五六年九月八日，享寿七十六岁。

献堂先世居闽南，至乾隆初迁台，父文钦，为癸巳恩科举人。献堂七岁入家塾蓉镜斋，就何趋庭受业。十七岁，改从白焕圃读经史。光绪三十三年春，游东京。秋归，途次奈良，于旅舍邂逅梁启超，遂获订交。宣统二年，加入"栎社"。"栎社"为献堂从兄俊堂（痴仙）、从子幼春（南强）及傅锡祺（鹤亭）等于光绪二十八年组成，为日据后成立最早，规模最大而具有影响力之诗社。献堂自加入后，对于"栎社"日后的发展和扶持，尽最大之努力。辛亥年，迎梁启超及汤觉顿游台，住雾峰莱园作十日游。其唱和多悲歌慷慨之作。启超留别献堂有云："人物自是徐孺子，山林不数何将军。"可见其推许之重。

民国二年，首次返祖国，游历北京。三年，与从兄纪堂、烈堂暨士绅，发起捐款，建议台湾总督府在台中设一中学，专供本地籍子弟入学。初名公立台中中学，后称台中州立台中第一中学，即今省立台中一中之前身。日本矢内原忠雄之《日本帝国主义下之台湾》一书，称其为"台湾民族运动之先声"。

九年秋，赴东京，领导留日台湾学生，向日政府呼吁撤销"六三法案"，该法案系日人禁锢台胞之特别法。时台湾留日学生于是年三月在东京组织"新民会"，至十二月时，推举献堂为会长。新民会之目的，在于作为台湾民族运动之主体。九年二月，"台湾议会设置请愿书"，由献堂领衔，首次提出日本国会，自此时起，默堂一直是台湾议会设置请愿运动之领袖。同年十月十七日"台湾文化协会"成立于台北，献堂又被推为总理。该会系受祖国三民主义与五四运动影响，为台湾知识分子的集合，以蒋渭水、蔡培火两人为中心，展开有组织之民族启蒙运动。

十二年四月十五日，原《台湾》杂志改组，更名为《台湾民报》，在东京发行周刊，献堂膺选为社长。此后，"台湾文化协会"、《台湾民报》及《台湾议会请愿书》成为台湾民族运动之三大支柱，而三者均以献堂为首。十四年十月，献堂与黄呈聪联署提出长篇之《台政改革建白书》于台湾总督。十六年五月，率公子犹龙环游欧美,翌年四月于横滨上陆,前后约一年。此行著有《环球游记》,自十七年八月起至二十年十月止,连载于《台湾民报》周刊。十八年一月十三日,台胞为争取发行日报,创立《台湾新民报》社,以献堂为社长,罗万俥为总经理。十九年八月十七日,以文协阵营分裂,与林柏寿、罗万俥、蔡培火等组成"台湾地方自治联盟"。二十一年元月,辞新民报社长职。四月十五日,新民报发行日刊第一号,去该报正式创立时已三年余。九月二日,台湾议会设置请愿运动被迫解放,溯自民九首次向日国会提出请愿以来,前后凡十六次,历十二年半有余。二十五年三月,以新民报"华南视察团"名义到中国大陆访问,于讲演中称中国为"祖国",为日政府派浪人加以殴辱,煮起所谓"祖国事件"。

二十六年春,为避台湾总督府之迫害,赴日本避难,共三年余,始再回台。二十九年十月,诗集《海上唱和集》由岩波书店出版。三十一年十月,日本政府勒选献堂为贵族院议员,时中日正战争中,辞必获罪,故献堂隐忍接受,以至光复。三十四年八月十五日,日本投降,献堂曾赴南京参加受降典礼。回台后,并于十二月在台中加入中国国民党。翌年起,历任省参议员、彰银董事长、省府委员、省通志馆长等。三十八年秋,以年老多病,旅居日本。一九五一年五月诗集《东游吟草》由岩波书店出版。一九五六年终因老病并发肺炎,逝于日本东京。死后,叶荣钟编有《林献堂先生纪念集》三册,于一九六〇年十二月印行。收有献堂《海上唱和集》、《东游吟草》、《轶诗》及《环球游记》等书。(秦贤次稿。参考:周邦道《林献堂传略》、叶荣钟《林献堂年谱》。)

岑春煊 （1861—1933）

岑春煊，原名春泽，字云阶，别署炯堂老人，广西桂林人。二十四岁中举人，以贵介而居闲曹，二十八岁丁父忧（父岑毓英卒于云贵总督任所），三十岁服阕，补授光禄寺少卿，旋迁大理寺少卿，署大理寺正卿。光绪二十四年（一八九八年），年三十七，任广东布政使，但因与两广总督谭锺麟政见不合，仅七十日而去职；旋任甘肃布政使。庚子之乱，春煊由兰州率师勤王；翌年调为山西巡抚，时年四十。

四十一岁（光绪二十八年）任广东巡抚，未赴任，即奉署四川总督；翌年，调署两广总督，督办广西军务。在粤督四年任内，擢拔龙济光、陆荣廷于行伍之中，又整肃吏治，先后参罢不法文武大小官吏一千四百余人，粤民德之，而恨之者则诋之为"官屠"。四十五岁，调任云贵总督；春煊知此举出于庆亲王与袁世凯诡谋，于是以就医为名，暂居上海。翌年三月，奉旨改任四川总督，春煊突北上入都觐见慈禧太后，五月三日廷旨授春煊为邮传部尚书，但为庆、袁排挤，至五月二十八日即外放为两广总督，岑于南下途中，突奉命开缺，于是静居上海。辛亥革命起后四日，清廷复起用岑为四川总督，因交通中断，未能赴任，时春煊五十岁。

民国元年，任福建宣抚使；二年，任粤汉铁路督办。春煊素与袁世凯有隙，二次革命失败后，岑远走南洋，历时三载，始由旧部、时任广西都督之陆荣廷派员迎归上海，旋赴日本。民国五年，广西陆荣廷、广东龙济光反对袁氏称帝，宣布独立，成立两广护国军都司令部，推岑春煊为都司令，梁启超为都参谋；后设军务院于肇庆，推唐继尧为抚军长，岑春煊为抚军副长，摄行抚军长职务；同年六月袁世凯羞愤而死，军务院亦于七月十四日宣告取消。

民国六年（一九一七年）张勋复辟失败后，段祺瑞筹备新国会选举；旧国会议员云集广州，召开非常会议，决定组织军政府，举孙中山先生为海陆军大元帅。民国七年，军政府改组，举唐继尧、唐绍仪、孙中山、伍廷芳、林葆怿、陆荣廷、岑春煊七人为政务总裁，推定岑春煊为主席总裁。民国九年十月，岑因唐继尧反对与北方议和，加以南方政府危机四伏，内争不已，通电去职，从此隐居上海，不复过问政治。民国二十二年在上海逝世，享年七十三岁。著有《乐斋漫笔》一书。（关国煊稿。参考：沈云龙《清末民初之岑春煊》、吴相湘《民国百人传》、高伯雨《听雨楼杂笔》。）

施肇基（1877—1958）

施肇基，字植之，浙江钱塘人。清光绪三年二月廿七日生。九岁，入江宁府立同文馆，翌年改入上海圣约翰书院，肄业三年，后专习汉文二年。十六岁，随钦使杨儒赴美，任驻美使馆翻译学生。年二十，入康奈尔大学，后因出使俄国大臣杨儒奏调为驻俄使馆随员，辍学一年，并前赴海牙，出席弭兵会议，任中国代表团参赞官。二十三岁，获康大文学士学位，两年后获康大文学硕士学位，时为公元一九〇二年；是年夏归国，任湖广总督张之洞洋务文案兼鄂省留美学生监督，冬，率首批鄂省公费生赴美。翌年，再率第二次公费生赴美入学。光绪三十一年（一九〇五）九月随端方等五大臣出洋考察宪政，任一等参赞。二十九岁署邮传部右参议兼京汉铁路局总办，并应政府考试，得最优等法政科进士。三十岁调任京奉铁路局会办。三十一岁任吉林西北路兵备道兼滨江关监督，后升任吉林交涉使，旋调任外务部右丞。宣统三年（一九一一）转任外务郡左丞，旋简放出使美、日（日斯巴尼亚，即西班牙）、秘大臣，未及赴任，而民国建元，时年三十三岁。

民国肇建，任唐绍仪内阁交通总长兼署财政总长，后因病辞职，病愈后任总统府大礼官。民国三年至十年任中国驻英全权公使，其间曾任出席巴黎和会，为中国五代表之一，余四人为陆徵祥、顾维钧、王正廷与魏宸组。民国十年至十八年转任驻美全权公使；民国十年（一九二一年）美总统哈定召开华盛顿会议，肇基为四全权代表之一，其余三人为顾维钧、王宠惠、伍朝枢。民国十二年一月任北京政府张绍曾内阁外交总长之职，一月署理，四月辞职，间任驻美公使原位。民国十三年任出席日内瓦国际禁烟会议第一、二次会议中国全权代表。民国十四年任中国出席关税特别会议全权代表。民国十五年五月，任颜惠庆内阁外交总长，惟未赴任。民国十八年调任驻英全权公使，在任三年。十九年任出席国际联盟中国全权代表兼国联理事会中国全权代表。二十二年至二十四年任驻美公使，使馆升格后，至民国二十六年止，任驻美大使。二十六年（一九三七年）辞职返国，时年五十九岁。

中日战起，任国际救济会宣传组主任，兼上海防疫协会董事长。民国三十年赴美，任中国物资供应委员会副主任委员。三十四年六月，任出席旧金山会议中国代表团高等顾问。一九四八年至一九五〇年任国际复兴开发银行顾问委员会委员。一九五八年一月四日在美国逝世，享年八十岁。遗著有由施肇基口述、傅安明笔录的《施肇基早年回忆录》（原名《施植之先生早年回忆录》）一书。（关国煊稿。参考：《施肇基早年回忆录》、《当代中国人物志》。）

姜　琦（1886—1951）

　　姜琦，字伯韩，浙江温州永嘉人，清光绪十二年（一八八六）五月八日生。早年留学日本，毕业于东京高等师范学校，以后并得明治大学政治科学士。回国后出任浙江第十师范学校校长。八年十一月，杭州一师学生施存统于《浙江新潮》第二期上发表《非孝》一文，引起轩然大波，一师校长经亨颐时兼任浙省教育会会长，备受攻击，终于离校。琦由当时北大代理校长蒋梦麟之推介，于九年春出任一师校长，在任中曾延聘刘延陵、朱自清、俞平伯等到校任教。十年暑假后，琦转至南京高等师范任教授，一年后，由教部选派赴美入哥伦比亚大学深造，并任"丙辰学社"（十二年六月起改名"中华学艺社"）在美国东部干事。十四年夏，得哥大硕士学位后，回国继赵正平任上海暨南学校校长，到任之初，曾拟有"国立暨南大学改革计划意见书"，并将商科大学扩充为五学系。十六年夏，辞校长职，由郑洪年继任。六月十六日与嘉定朱亚兰女士结婚。秋，任上海浦东中学校长，并兼大夏大学教授。十七年春，任日本留学生监督，在任两年。十九年至二十三年曾先后任大夏大学教育行政学系教授兼主任、安徽大学文学院长、湖北省立教育学院院长。二十三年夏起应福建省主席陈仪之邀，任福建省统一师范校长，同时并兼任夏大教授直至抗战开始。二十七年三月起，转任教育部训育委员会专任委员及参事，一直至抗战胜利卅四年十月止。其间于二十九年十一月起，亦曾出任西北联大教授兼教务长、注册主任及先修班主任；遵义浙江大学训导长；社会教育学院及中央大学等校教授。

卅四年台湾光复后，又应陈仪之请，任行政长官公署简任参议兼台湾省编译馆编纂，并辅助游弥坚，负责筹办台北市教育行政工作。卅五年三月，游氏衔命任台北市市长，黄启瑞出任台北市首任教育局长，琦则专任编译馆编纂，至一九五一年十月一日，因气喘病去世，年六十六岁。

琦一生以教育为其职志，系民国以来有数的杰出教育家，曾先后加入"中华学艺社"（五年成立）、"中华职业教育社"（六年成立）、"中华儿童教育社"（十八年成立）及"中国教育学会"（二十二年成立）等。凡所著述，皆与教育有关。其主要著作如下：《中国国民道德概论》（四年）；《西洋教育史大纲》（十四年，商务）、《中国新教育行政制度研究》（与邱椿合著，商务）、《欧战后之西洋教育》（同上）、《义务教育之研究及讨论》（与他人合著，商务）、《女子教育之问题及现状》（同上）、《福勒伯尔》（十八年，商务）、《教育史》（二十一年，商务）、《知难行易与教育》（十九年，华通）、《三民主义课程论》（十九年，华通）、《教育哲学》（群众）、《普通教育》（与杜佐周合著，廿二年，商务）、《现代西洋教育史》（廿四年，商务）、《中国国民道德原论》（卅三年，商务）、《德育原理》（卅三年，正中）、《教育学新论》（卅五年，正中）、《三民主义哲学》（卅五年，正中）、《三民主义体系释义》（卅八年，台湾书店）、《中国国民道德》（二册，同上）。译有《视学纲要》（瓦格涅原著，与杨慎宜合译，廿二年，商务），《生活管理》（卅五年，正中）。（秦贤次稿。参考：姜琦夫人口述；卅六年版，章子惠编之《台湾时人志》。）

英千里（1900—1969）

英千里，名骥良，字千里，以字行，圣名依纳爵。祖籍北平，民前十二年（一九○○）十一月十一日生于上海，为辅仁大学创办人英华（敛之）之哲嗣。十三岁，赴欧留学，民国十三年毕业于英国伦敦大学，精娴英、法、拉丁及西班牙四种语文，并擅哲学逻辑。自欧归国后，即佐其尊翁筹备辅仁大学，十六年起，任辅大教授，兼任秘书长及西洋语文学系逾二十年，其间并曾讲学于北大及北师大。二十七年，罗马教廷封为爵士。

七七事变后，北平沦陷，辅大奉教部密令，仍维持现状，俾能利用国际关系，培养爱国青年，延续民族教育。二十八年春初，千里与沈兼士及张怀等发起组织知识分子秘密抗日团体，定名"炎社"，以联络华北各大学教授、学生，不与伪校合作，及遣送大专中学毕业生前往后方就业升学为目的。该社嗣与中央取得联系，乃奉命改称"华北文教协会"，以沈兼士为主席，千里为总干事。二十九年，由朱家骅特保，加入中国国民党，藉辅仁国际关系为掩护，负责平市党文教活动。三十一年夏，毅然出任北平市党部书记长兼代主委职务，辅大遂成为国民党在北平之总机关。是年年底，因遭受汪派伪党牵累，千里及辅大同仁多人，均遭逮捕下狱，于次年四月开释。三十三年三月下旬，华北敌伪大检举，其中被认为"罪情严重"者二十六人，由日本宪兵队移送日本军法处，分处徒刑，辅大员生即占十四人。千里于三十四年四月廿九日（日本天长节）获释，间关赴重庆。

胜利后，受命为北平市教育局局长，献替良多。翌年八月，转任教育部"教育研究委员会"专门委员，旋于同月继黄如今任"社会教育司"司长，并兼中华教育电影制片厂厂长，至三十七年九月始辞本兼各职。同年，被选为北平市出席全国代表大会代表。

大陆易手前，追随政府来台，讲学于台湾大学，兼任外文系主任。一九六二年，辅大在台复校，应于斌校长之邀，被任为副校长，后因年事日高，不胜校务繁剧，改任顾问。五十七年，辞卸台大外文系主任，但仍执教于台大、辅大、浙江等校。

抗战时，千里于敌伪狱中饱受折磨，致损体力，来台后，又患胃疾，虽割治得瘥，而体力迄未恢复，一九六九年夏，又患神经痛，延至是年十月八日，旧疾复发而逝。

四十年来，千里从事教育工作，培育英才，提携后进，不遗余力。来台后曾编有《新标准初中英语》、《新标准高中英语》、《高级英文法》、《英汉四用辞典补编》（以上世界书局出版）；《英氏初级英文法》、《最新高级英文法》、《英氏实用文法》（以上大中书局出版）、《最新英汉字典》（环球书局出版）等书。（秦贤次稿。参考：王绍桢《教育家英千里教授》一文及英千里之《私立辅仁大学》一文——《中华民国大学志》）

郁达夫（1896—1945）

郁达夫，名文，字达夫，以字行。浙江富阳人。生于光绪廿二年十一月三日。父早殁，兄弟三人，赖母苦节抚育得至成立。幼体弱多病，母常忧之。小学卒业后，负笈杭垣，入杭州第一中学肄业，后随长兄华（曼陀）奉使赴日。民国二年，入东京一高预科，修业一年。三年春，分发至名古屋第八高等学校为官费生。留日凡八载，十年夏，毕业于东京帝国大学政治经济学部。九年时曾回国与乡间旧式缠足女子孙基结婚。十年，留学时代处女作《沉沦》由泰尔图书局出版，文名人噪。十一年归国与成仿吾、郭沫若等组织文学团体"创造社"，并发行《创造周报》。十二年出版"茑萝行"，与胡适、徐志摩往还甚密。是年秋任北京大学讲师；十三年冬，结束《创造周报》，并与太平洋杂志社合作，出版《现代评论》周刊。十四年任武昌大学教授，不久赴上海。十五年春转任广州中山大学教授。是年底，至沪主持创造社出版部。十六年春结识王映霞，一见倾心，发生恋爱，将恋爱经过记于《日记九种》内，并将之出版，震动文坛，博得男女青年同情。全集第一、二卷出版。十七年主编《大众文艺》日刊；任上海艺术大学教务长。是年初宣告脱离创造社。十九年三月加入新成立之"左翼作家联盟"，不二年即又退出。同年秋任安徽大学教授。廿五年二月任福建省府参议兼公报室主任；同时亦主编福建民报及小民报之副刊"新园林"和"新村"及"抗战文艺"等。是年十二月有日本之行，于十二月十七日绕道台湾返回福州。廿七年任军委会政治部设计委员、汉口中华全国文艺界抗敌协会理事，开始与王映霞闹家庭纠纷。是年四月赴徐州劳军；六月视察第三战区；九月经福州至新加坡，任《星洲日报》编辑。廿八年元旦赴槟榔城。廿九年三月与王映霞协议离婚。太平洋战争爆发，任新加坡华侨抗敌动委会执委及新加坡文化界抗日联合会主席。卅一年一月底新加坡沦陷，开始逃难生涯。是年六月初十居苏门答腊西部巴爷公务市镇，化名"赵廉"，开设赵豫记酒厂；受日本宪兵队迫任通译，其间曾设法摆脱，七月，终又被逼回任，其间曾竭力为被捕侨胞、印尼人开脱。卅二年九月十五日恐受日军之疑遭祸乃与何丽有结婚。卅三年元旦知日军侦悉赵廉即系郁达夫化名，开始暗中监视，达夫于是预作遗言以备万一。是年举一男，取名大雅。卅四年八月十四日军投降，地方混乱不安，二十九日晚为日军设计派人邀其外出，自此即告失踪遇难，享年五十岁。

达夫早年以短篇小说成名，实者其散文风格清新，尤臻上乘，至于日记与游记则更受读者之激赏。其所作之旧诗词，在新文学作家中，亦不可多得。其著作计有：《达夫全集》七卷，后曾改编为《达夫故文集》、《达夫日记集》、《达夫短篇小说集》、《达夫游记》及不列卷之《忏余集》；长篇：《迷羊》、《她是一个弱女子》（又名《饶了她》）；论著：《文艺论集》、《小说论》、《戏剧论》、《文学概论》；散文：《闲书》；日记：《日记九种》；游记：《郁达夫南游记》，《屐痕处处》；选集：《达夫自选集》。译有：《拜金艺术》、《几个伟大的作家》、《达夫所译短篇集》等。日本东京大学东洋文化研究所东洋学文献中心曾出版有《郁达夫资料》三册，收集资料最全，其中并附有达夫在日留学时之日文作品。（邱奕松稿。参考：

刘心皇编《郁达夫与王映霞》一书；东京大学《郁达夫资料》三册；黄得时《郁达夫先生评传》一文）

胡家凤（1886—1962）

　　胡家凤，字秀松，江西省南昌县第二区麻坵乡人。生于光绪十二年（一八八六）八月二十九日。幼聪颖好学，民元毕业于国立北京法政专门学校，任教育部主事，洊刀视学。嗣任江西省教育厅长，亟谋教育经费独立，督军蔡成勋不表同意，遂毅然辞职。返北京后，历任中国大学、华北大学、北平大学农学院、及警官高等学校教授，又任盐务学校教务长兼代校长。民十九，任青岛市政府秘书长，辅佐胡若愚、沈鸿烈两任市长。抗战军兴，青岛撤退，被调任山东省政府委员兼秘书长，随省主席沈鸿烈转徙鲁西南各地，从事敌后作战。未几，任国防最高会议第一处处长。旋调任江西省政府委员兼秘书长，在职六年，历经熊式辉、曹浩森两任主席。抗战胜利后，任军事委员会委员长东北行辕秘书长。东北归来，膺选江西省立法委员。嗣奉派为江西省政府主席，遂辞立法委员。三十七年四月赴赣履新。三十八年五月，南昌失守，先期挈眷由湘而桂而香港暂居。一九五〇年秋携眷来台，应聘为"国策"顾问。一九五一年春，复派兼裕台企业公司董事长，一年间盈余几达一百万元，开党营事业之新纪录。任职十二年，年有盈利，总计三千万元以上。一九六二年十二月廿九日午后十时，猝患心肌梗塞症，病逝台

北，享年七十有七。（范廷杰稿。参考：《胡家凤先生纪念集》）

胡鄂公（1884—1951）

胡鄂公，字新三，号南湖，湖北江陵郝穴人。生于前清光绪十年（一八八四）八月二十三日，殁于一九五一年十月八日，享年六十八岁。

鄂公早年受私塾教育，并曾从事农田操作，至光绪二十九年，二十岁，始就新学于公安，曾与同学十余人倡立"日新社"。二十二年春，肄业于郝穴预备中学堂，与同学宁敦武、熊得山、钱铁如（纳水）等组织"辅仁社"，此为革命团体"共和会"之前身，此后胡之一生与此三人关系至密且深。卅四年二月中旬赴北京，入"江汉学堂"，因无力缴纳学费，一月而止。翌年正月，再入"江汉"，惟是时校名已改为"湖北旅京中学堂"。暑假，考入保定"直隶高等农业学堂"（入民国后，改名"国立北京高等农业学校"），肄业林科。宣统二年夏间，鄂公曾代编校刊《农务官报》半月刊二三月之久。

鄂公在前一年暑期中，获悉至友熊得山、钱铁如自日学成归国，特函请彼等至保定，意欲组织同盟会保定支部以便进行革命活动，因故未成，乃于是年四月八日先行成立"共和会"，鄂公任干事长，得山任干事，铁如则负责北京分会筹备事宜。拟一俟机会来到，再举全会加入同盟会。宣统三年二月，鄂公为发展"共和会"，由保定转学江西高等农业学堂，仍插班入农业林科肄业。四月，与邝摩汉等成立"共和会"江西分会。

辛亥武昌起义后，鄂公急由赣回鄂，任鄂军都督府高等侦探科科长，旋兼摄军法科长及鄂军水陆总指挥，统率武汉水陆师与清军激战。不久辞职，奉派为鄂军政府全权代表，前赴京津一带，主持北方联络事宜。鄂公至北京曾加入京津同盟会，任军事部部员，因愤会长汪兆铭（精卫）垄断自专，乃以鄂军代表名义，联合熊得山、钱铁如等筹设北方革命军总司令总指挥处于天津，鄂公兼领总指挥；得山任秘书长；铁如任北京总司令；刘仙舟任保定总司令；施从云任滦州总司令，向清军进攻，以滦州军起义失败而解散。鄂公不屈不挠，迅即又联合北方各革命团体"同盟会"、"铁血会"、"振武社"、"急进会"、"克复堂"、"北方革命总团"、"共和革命党"等合组"北方革命协会"于天津，自任会长，继续扩大革命工作。

民国元年二月十七日，鄂公创刊《大中华日报》于天津，声讨袁世凯之攘窃政权，终以经费不继，维持四十五天即停刊。四月自津回乡，任"荆州荆旗善后局"督办。二年四月，当选为第一届湖北国会议员。先是，民国成立后，改共和政体，政党林立，前共进会分子组织"民社"拥护黎元洪为领袖，于元年四月改组为"共和党"，鄂公时亦隶籍该党。二年五月，共和、民主、统一三党合并为进步党。未几鄂公及前共和党人张伯烈、彭介石等脱离进步党，成立新共和党。三年，任荆州法政专门学校校长，总统府谘议。四年，任四川将军署秘书，时将军为袁世凯心腹陈宧，其后陈宧之反袁独立，曾受鄂公之影响。六年十一月任广东潮循道尹，至九年十二月止。十年四月回湖北任政务厅长，仅半年而辞。后再至北京，于十至十一年之交，与熊得山等联络湖北青年组织"马克思主义研究会"，并发行《今日》杂志，由熊任主编。其后，其组成分子被中共北京支部吸收，但胡、熊终未加入共产党。

民国十一年八月，第一届国会复会，鄂公又回任国会议员，至十三年十一月止。其间，于十一年十二月曾任教育部次长，时部长为彭允彝。在鄂公末到任前曾由沈步洲代理，至十三年元月底辞职，时部长为张国淦。同年七月十三日，鄂公曾联合参众两院议员百五十名在北京中央公园发起"反帝国主义大同盟"，并创刊《反帝国主义运动》旬刊，前后共八期，进行反帝国主义及要求废约运动。此事颇受南方孙中山先生之赞赏。

国民政府北伐并统一全国后，鄂公因前与汪精卫不洽，故自此终汪氏一生，未曾出任国民政府官职。抗战前居于上海，曾任孔祥熙私人之政治经济方面顾问。抗战后，仍住沪上，其后曾得我方许可，长期与日方海军及陆军方面进行和平谈判，并将研判之敌情动态通知我方情报部门，直至太平洋战争爆发后半年，谈判完全终止。抗战胜利后，时事新报由孔祥熙投资，于卅四年冬在沪复刊，由鄂公任发行人兼总经理。该报于三十六年起改出晚报，维持至国军撤退上海时为止。来台后，因身体日衰，终于一九五一年冬因心脏麻痹去世。

鄂公精于古文辞，且精娴农艺。著有《五十家论文书牍》一卷、《古文词粹》八卷、《原农》一卷、《原林》一卷、《辛亥革命北方实录》一书。（秦贤次稿。参考：胡公迟口述资料、《民国之精华》胡鄂公条及《辛亥革命北方实录》。）

胡毅生 （1883—1957）

　　胡毅生，名毅，字毅生，号隋斋，以字行。广东番禺人。民前二十九年十月十八日（一八八三年十一月十七日）生于广东电白。一九五七年十二月四日卒于台北，享年七十五岁。毅生七岁就外傅，九岁至十四岁，从读于商殿臣及堂兄青瑞、汉民。十七岁入广雅书院西学堂，十九岁，考取两广大学堂肄业，是年以倡言革命被削除学籍，乃转赴日本留学。一九〇二年，初谒国父孙中山先生于横滨，赞成革命。一九〇五年，国父组同盟会，创民报于日本，毅生奉命偕法籍武官，白上海潜赴南京，而九江，而南昌，而广东，翌年转赴广西，而贵州，而重庆，先后与各地同志会晤，密查清廷虚实及军事布置。辛亥年三二九之役，任储运课长，职司购运军械。发难进攻，氏任第四路队长，届期则不知何故并末赴难，事败逃港。十月广东光复，胡汉民任都督，毅生任军务处长，管辖巡防港水师及民军。民三，加入中华革命党。民四，助朱执信在粤讨袁。民五，代表朱执信赴沪接洽饷械。民六，国父率海军南下护法，任士敏土厂总办，负巩卫之责。民十，任大元帅大本营参军，曾衔命赴湘，商衔道北伐事。民十一任大本营粮食处长。民十三年八月，当选广州民选市长，以堂兄汉民任省长，辞不就。民十四，与赵公璧等创《国民新闻》日报于广州，宣传反共，并以"共产主义不适宜于中国论"为题，悬赏征文。为俄国顾问鲍罗廷及共产派所忌，称与廖仲恺被刺案有关，下购缉令，乃逃亡香港。民十五，以忧患余生，思摆脱俗缘，归依三密。民二十八年，随政府入川，任国府委员。三十五年，任国民大会制宪代表，三十七年任总统府顾问。一九五一年，自港来台，任"总统府""国策"顾问。一九五七年以脑溢血去世。其诗画皆卓然成家，尤工书法，自成一体。著有：《绝尘想室诗草》、《香肌集》、《集易林》等。（陈哲三稿。参考：中央日报《胡毅生生平事略》、辑采《胡毅生其诗其事》、蒋永敬《胡汉民先生年谱》、郎昌浩《黄花冈革命纪念日访问胡毅生先生》。）

胡朴安（1879—1947）

胡朴安，原名韫玉，字仲民，又字颂民，号朴庵，又号朴安，后以朴安行。安徽泾县人，生于清光绪四年（一八七九），卒于民国卅六年七月九日，享年七十。

朴安自幼攻习经史，精文字学。民前在沪参加同盟会，为南社及《国粹学报》之编辑。民国成立后，曾先后服务于上海民立报、太平洋报、中华民报，并中国公学、复旦公学等校教授。民国五年，出任交通部秘书，嗣出任福建省巡阅使署秘书兼教育科长，及编辑部主任，后复任福建省立图书馆长。后回沪，任京沪、沪杭甬两路管理局编查课长，同时教学不辍，兼任国民大学及持志大学国学系主任。十九年，任考试院专门委员。同年又应至友江苏省主席叶楚伧之邀约，出任江苏省政府委员兼民政厅长，江苏省党务整理委员会委员，二十一年辞职回沪。

朴安早年服务民国日报，为国民党机关报，至廿一年元月廿六日，即一二八事变前夕，因不堪日人压迫而停刊。是年五月，叶楚伧另创《民报》，由朴安任社长，管际安任主笔，三人皆为"南社"社员，前民国日报同事。其后朴安又曾任暨南大学教授，中国国民党文化事业部计划委员会专门委员。抗战时，留居沪上，孜孜于教育工作，先后任正风文学院教务长，校长为"南社"社友王蕴章（西神）；新中国学院文学院长；上海女子大学教授等职。廿八年四月，朴安患脑充血，半身不遂，病废家居，专心著述，所著《周易古史观》、《庄子章义》、《儒道墨学说》、《中庸新解》等书，推陈出新，成一家言。时敌氛嚣张，中央宣传部在上海密设主持舆论之机构，名"正论社"，专以诛伐敌伪社论，供给抗战报纸，朴安受任为社长。抗战胜利后，上海通志馆复员，又被任为馆长。其后通志馆改组为文献委员会，复任主任委员，备极辛劳，暇时仍著作教学不稍倦，如《儒家休养法》、《文字学讨论》等，允称佳作。其于儒家学说，身体力行，通明达观，虽久病，然坚信其本身之卓越精神，足以克服病魔之侵扰。迨民国卅六年，始发现其所患为肝癌绝症，群医束手，终于去世。

朴安早年系"南社"干部，弟胡怀琛（字季仁，号寄尘），兄子胡惠生亦均为南社社员，而朴安之一生受南社社友影响甚大，布衣蔬食，生活朴素，晚年则浸淫佛学，为文亦多含禅意。其著作除前述者外，另有：《校雠学》、《墨子解诂》、《俗语典》、《离骚补释》、《泾县方言考》、《六书学》、《太古政说考》、《荀子学说》、《中华全国风俗志》、《寒山子诗》、《中国习惯法论》、《文字学ABC》、《文字学研究法》、《中国文字学史》、《中国训诂学史》、

《唐代文学》（与怀琛合著）、《朴学斋读书记》、《撰学斋诗文集》。十二年列行之《朴学斋丛刊》共四十一种，十一卷册，其中包括有：《包慎伯先生年谱》、《奇石记》、《周秦诸子学略》、《周秦诸子书目》、《律数说》、《读汉文记余墨》、《历代文章论略》、《纸说》、《笔志》，《论文杂记》等。二十三年曾与郑啸厓合译日人五来欣照之《儒家政治哲学》一书，由商务出版。（秦贤次稿。参考：《教育通讯》六卷五期《教育家传记》胡朴安条、日人桥川时雄编之《中国文化界人物总鉴》。）

胡礼垣（1855—1916）

　　胡礼垣，字荣懋，号翼南，晚号逍遥游客，原籍广东三水。父献祥服贾香港，乃流寓焉。生于清咸丰五年乙卯（一八五五），卒于民国五年丙辰（一九一六）。得年六十一岁。年十岁通四书五经，应童子试，辄冠其曹。惟累就院试不售，遂弃举业，专研经史，肆力诗古文辞。及冠，肄业香港大书院（港大前身）。卒业后，充该院教习二年，创办粤报，并译《英例全书》。光绪四年及六年，陈兰彬、郑藻如先后出使美洲，聘其参赞使节，均辞不就。嗣与英商某赴南洋，开辟北般乌地为商埠。至则披荆斩棘，定经界，设官署，治道路，建市尘。数年之间，闽粤侨胞纷纷移殖，商贾辐辏，寝成巨埠。旋返香港，料理家务，遂不复往。光绪甲午春，东游日本，值中日失和，钦差大臣李经方率领参随领事人员返国，我国留住神户侨民，及各国领事群推礼垣权摄领事职务。经固辞不获，乃勉力任事。调和抚戢，侨众赖之。和议成，始返港为香港文学会会员三年。退职家居，闭户著书。与何启（香港议绅，伍廷芳妻兄）考究中外政治法律，认为中国图强，必先变政，因合著《新政通诠》一书。主张开设议院，民选议员。光绪二十七年（一九〇一），该书出版，风动一时。嗣复增著《新政始基》、《新政安行》、《新政变通》三书，补所未备。读者服其卓识。礼垣博学强记，间好为诗，有《梨园娱老集》、《伊藤叹》、《满洲叹》、《民国乐府》等。其论中外政教，所著书不下十余种。由其子恒升（僖堂）辑成《胡翼南先生全集》行世。（姚崧龄稿。参考：新会陆廷昌撰《胡礼垣先生事略》，刊《大陆杂志》第二十九卷第三期。）

律鸿起（1908—1974）

律鸿起，黑龙江省克山县人，生于民国前四年十一月十五日，逝于一九七四年七月三日，享年六十七岁。

鸿起民国廿四年毕业于天津南开大学，即赴南京加入中央通讯社，担任记者职，经常采访京沪一带政治、军事、体育等新闻。

民国廿六年，卢沟桥事变爆发，中央通讯社社长萧同兹以鸿起勇于任事，且擅长英语，遂付以采访首都防守战、大武汉保卫战等新闻之责。鸿起不避战火危险，将我国军民勇敢抗战、败而不馁、拼死缠斗日军的精神，传播国内外各地，并为我国最后撤离大武汉人员之一。

政府西迁重庆后，以记者身份，连年奔驰各战区最前线，足迹遍于川、陕、康、湘、黔、滇、桂大后方及印缅各地。胜利后立即抵达芷江、南京等地，首先报道国军接受日军投降新闻；其间并随空军名将张廷孟飞抵台湾，为中国第一个来台采访新闻之记者。

民国卅四年十一月十六日，国军打出山海关外接收东北国土，鸿起随军前进，自山海关、绥中、兴城、葫芦岛、锦州、打虎山、新民到达沈阳市郊之皇姑屯，并立即进入犹为俄军占领之沈阳采访新闻。卅五年三月国军接收沈阳后，出任中央社沈阳分社主任，并当选沈阳市议员。卅七年六月，东北"剿匪"总部成立政务委员会，鸿起与万福麟、马占山、董文琦、高惜水等，同时被政府遴选为政务委员。

民国卅八年，大陆"戡乱"战争逆转，鸿起随中央社撤退来台，行政院聘为设计委员，后又改任光复大陆设计委员，其间并先后主持民航空运公司、亚洲航空公司、飞虎航空公司公共关系及新闻连络工作二十余年。

鸿起为名军事记者，且被誉为中央通讯社能深入高阶层、接触关系广泛、采访能力最强的三大记者之一。（陈嘉骥稿。）

邢契莘（1890—1957）

邢契莘，浙江嵊县人，先世业农，父讳乃文，兄讳契陶，均习举业，成庠生。契莘幼负壮志，初就学杭州及本邑，旋入上海南洋中学，校长王培荪深寄厚望，清宣统二年（一九一○），应清华第一期官费留美学生考试获隽，感于我国海军不振，航莱亦为列强攘夺，深信建造船监为挽救国家危亡之急务，乃入美国麻省理工学院选修造船造机系，四年卒业得学士学位，继续选修造舰系，兼习航空机械二年，得硕士学位。

归国后服务于大沽造船所及马尾福州船政局，从事造舰之设计工作，继两任北平航空署机械厅厅长，并历充东北航空处厂长及机械处处长、东北航务局及东北联合航务局总经理。其在大沽马尾北平期间，曾以余力嘉惠学子，执教于天津工业专门学校、福州马尾海军飞潜学校、北平农业专门学校及中国大学，旋任东北造船所所长，值九一八事变爆发，不受日人利诱势迫，间道入关，任青岛市工务局局长，二十六年四月蒙先总统蒋公在军事委员会委员长任内调充航空委员会机械处处长，未几抗战发生，转任中央飞机制造厂监理官，以工厂地处滇西，时方创设，契莘于监造飞机外并发动建造大型机场，曾经美军据以击落日机八十余架。旋因目疾，返重庆休养，曾充农林部总务司司长，及抗战胜利奉派大连港务委员会主任委员，嗣以接收大连之计为苏俄阴谋阻挠未果，复蒙派充交通部塘沽新港工程局局长，该港原为日人设计建筑，自投降后，工程停顿，将及一载，几成废址，至尽力图重建，首成船闸，蒙行政院于三十五年年底传令嘉奖，其后各重要工程如浚渫航道、添筑防波堤、修整码头、建设仓库船坞电厂等，均有具体成就，又蒙交通部在三十六年年底嘉奖，并于三十七年获颁五等景星勋章。是年秋间奉调为水利部珠江水利工程总局局长，曾以数月辛劳重开封闭已及百年之沥滘航道，旋奉交通部令兼广州港工程局局长，方期大有施为，不料，三十八年间广州不守，乃取道香港，撤退来台，奉"交通部"派充设计委员会委员，已而复奉"经济部"派充台湾省渔业增产委员会委员。晚岁信奉基督教，以表身心。契莘生于清光绪十六年，一九五七年七月十日去世，享年六十八岁。（李猷稿。）

侯家源（1896—1957）

侯家源，字甦民，江苏吴县人，清光绪廿二年重九日生，交通大学唐山工学院毕业，清华官费留美，获康奈尔大学土木工程硕士学位，即入麦克令钢梁厂工作，民国十一年返国，任教母校。会政府接收胶济铁路，任该路工程兼段长四年余，重返母校执教。十六年任鄂东省道工程司。十七年张静江主浙，筹筑杭江铁路，家源任桥梁工程司、总段长、副总工程司等职历五年，二十二年石瑛长首都市政，家源任工务局长，拓筑市区干道，辟住宅区，完成自来水工程，成绩斐然。二十三年杭江铁路改组为浙赣铁路局，自江山向西展筑，家源任副局长兼总工程司，并主持玉山至南昌段工程，"剿匪"军事，赖此新成铁路克敌致果。二十五年任湘黔铁路工程局长兼总工程司，仍兼浙赣路务，抗战军兴，中枢以军事需要，赶筑京赣铁路，家源先兼赣境工程处长，后任局长兼总工程司，全线六百余公里，工程垂成而南京撤守。旋又兼湘桂铁路公司总经理并兼衡桂段（衡阳至桂林）工程处长。二十七年秋，湘黔略已通二百公里达安化县之蓝田，蓝田以西至辰溪之路基隧道及湘资沅三大桥墩座，亦均完成，复因军事破坏，幸衡桂段三百六十公里于一年间完成。家源主张先筑湘江便桥以接通粤汉，桥成而武汉弃守，两湖物资，赖以西撤。是年冬，任黔桂铁路工程局长兼总工程司，施工地段多属山陵瘴疠之区，物资又日益匮乏，不得不降低建筑标准，力克困难，三十三年已自柳州通至贵州之都匀计四百七十余公里，迤西迄贵阳之重要工程亦皆完成，又遭日寇西犯，未竟全功。三十五年，以尹仲容之推荐，任行政院工程计划团团长，率中美工程专家三十余人考察全国铁路港埠，完成规复计划。三十六年应交通部俞大维部长之召，再任浙赣铁路局长兼总工程司，该路战时破坏至巨，胜利后一年间仅恢复杭州至诸暨一段六十余公里，家源接事两年而全线千余公里连南浔（南昌至九江）支线迅告通车，分头钉道之纪录，凵逾四公里，其间樟树大桥所购钢梁未到，又决定赶筑便桥，桥成匝月，政府南迁，三十八年五月中共军队攻克杭州，家源先期由沪飞穗，指挥浙赣西段员工维持军运数月。一九五〇年四月自港奉召来台，任省府顾问，继长交通处，在任完成全省战备交通工程，督导铁路公路港埠之拓筑改善，同时兼筹西螺大桥，横贯公路等巨大工程，对于日后经济起飞，贡献甚大，一九五一年并兼任"国防部"军事工程总处处长，总绾美援军事工程历四年余，积劳日久，一九五七年二月以心脏病逝于台北，享寿六十二岁。其一生尽瘁交通工程建设，经其手筑铁路公路逾二千余公里。（章甘霖稿。参考：《自由中国名人传》。）

柳亚子（1887—1958）

　　柳亚子，原名慰高，号安如；改名人权，号亚庐；再改名弃疾，号亚子，江苏吴江人。十六岁中秀才，次年（一九〇三），入上海爱国学社读书，识章炳麟、邹容等人；迨爱国学社解散，转往自治学生社求学。一九〇六年，入上海理化速成科学堂肄业，专攻化学，未毕业，即任教于健行公学；同年，加入中国同盟会，并负责主编第一至十一期的《复报》，及《复报》被禁，逃回黎里结婚。

　　一九〇九（宣统元年）冬，与陈去病、高天梅创办南社，第一次集会在苏州虎丘举行，被选为主任，南社主张以文学鼓吹民族革命，后由柳亚子汇刊为《南社诗文诗集》一百二十册。辛亥革命成功，被委为临时大总统府秘书，旋托病辞返沪，任《天铎》、《民声》、《太平洋》三报主笔，并在《天铎报》署名"青兕"，著文反对南北议和，排击北洋军阀甚力。"南社"因内部意见分歧而解散，前后历时六载。民国二年起，亚子转而致力于新剧运动，与冯春航、陆子美相友善，出版《春航集》和《子美集》，后陆死，冯亦脱离剧界，柳对戏剧的关系遂亦中断。民国十二年，与邵力子、陈望道等发起"新南社"，自任社长，提倡新文学和社会革命。十三年，中国国民党改组，柳以同盟会会员资格重新加入。十四年，任江苏省党部执行委员会常务委员兼宣传部长。十五年，被选为中国国民党中央监察委员，同年，被五省联军总司令孙传芳下令通缉，于是改名"唐隐芝"，匿居上海，致力《曼殊全集》的编辑与曼殊研究等工作。

十六年，亡命日本，与日人桥本关雪等往来酬唱，后将所作汇刊为《乘桴集》一卷。十七年，由日回国，任上海通志馆馆长。二十年，第四次全国代表大会在南京举行，被选为中央监察委员。二十四年，再获选为中央监察委员。抗战胜利后，任"民主同盟执行委员"。三十八年十月，中共政权成立，曾出任职。晚年患长期全身动脉硬化及支气管肺炎症，于一九五八年六月二十七日在北京去世，年七十二岁。著有：《乘桴集》、《怀人集》、《柳亚子诗文选》等；并编有：《曼殊全集》、《曼殊余集》、《曼殊遗迹》、《迷楼集》、《迷楼续集》、《乐园吟》、《陈勒生烈士遗集》、《孙竹冈烈士遗集》、《阮梦桃烈士遗集》等二十余种。（关国煊稿。参考：柳亚子《自传》、日文《现代中国人名辞典》。）

柳诒徵（1880—1961）

柳诒徵，字翼谋，号劬堂，又号希兆。江苏镇江人。清光绪五年十二月（一八八〇年一月）生。幼年丧父，家贫，母鲍太夫人督促甚严，为其文史要籍的根底打下基础。十七岁为秀才时，已崭露头角。深受在南京钟山书院及江阴南菁书院讲学之王先谦、黄以周、缪荃孙诸人之影响。后卒业于三江师范学堂。几次东渡日本，和日本汉学界尝有接触，故治学方法间接受到西方的影响。光绪末年，曾游江楚，并供职编译局。诒徵于南京复成桥创办思益小学堂，又先后任教于江南高等商业学堂、江南高等实业学堂、宁属师范学堂、两江师范学堂。民初，任镇江府中学堂校长。民五年，任南京高等师范国文历史部教授。九年，南京高师改为东南大学，任历史系教授，主讲中国文化史与中国史。十四年，东南大学发生学潮，乃自沪北上，讲学于清华大学及北京女子大学，次年至东北大学。后返京再任中央大学教授，民十六年至三十八年，任江苏省立第一图书馆（后改名国学图书馆）馆长，垂二十年之久。十七、十八年，参加中国图书馆协会，任行政组副主席。二十二年秋，讲学河南大学。抗战期间，曾讲学第三战区及浙江大学。在陪都发起筹组中国史学会，被选为首任会长。三十三、三十四年，任中央训练团高级班讲座。三十五年，镇江成立江苏省文化运动委员会，诒徵为主任委员。同年，膺选江苏省临时参议会参议员。三十六年初，国史馆成立，任纂修，撰有清史艺文志稿、列传等，并主编馆刊。三十七年三月，膺选中央研究院第一届院士（历史组）。三十八年，任考试院考试委员。

晚年息居沪上，曾传其于五十年代逝世。其治学讲求经世致用，著述甚丰，约五百万言。遗著有：《中国历史教科书》、《中国文化史》、《国史要义》、《国立中央大学国学图书馆小史》、《艺林通考》、《劬堂读书录》。其他论著散见各学术性刊物。所编及主持编辑之书，则有：《重修清史艺文志》（尚未定稿）、《江苏省立国学图书馆图书总目》、《补编》、《现存目》、《盋山书影》、《陶风楼藏清季江宁局署档案目》、《名人手札目》、《拓本影片目》、《书画目》等。所重印善本书类十种。且对《学衡》、《国风》、《史地学报》、《史学与地学》、《国学图书馆年刊》等刊物，亦费心擘画经营。（赵南雍稿。参考：乔衍琯《柳翼谋先生传略》，国语日报社编《书和人》一五二——一五三期。）

段锡朋（1897—1948）

段锡朋，字书贻，江西永新人。生于清光绪二十三年（一八九七），殁于民国三十七年，享年五十二岁。

民国五年，锡朋毕业于江西省立高等师范学校英文科。秋天，考入北京大学商科，时北大商科仅办一年，其后并入法科，改名商业学门，但仍三年肄业，故锡朋于八年六月毕业。当其在校时，为学生运动领袖。七年五月，留日学生千余人为反对段祺瑞与日本秘密签订中日共同防敌军事协定事，罢学归国，曾琦、王宏实、张梦九、罗益增、王希天等组织"留日学生救国团"，设总部于上海，支部于天津，曾琦更北上，策动北京各校学生声援。二十一日，学生二千余人赴新华门游行请愿，并推派段锡朋、雷国能、许德珩、易克嶷、方豪（傲新）、熊梦非、夏秀峰等十三人为代表，面谒冯国璋总统。在这次运动后，组成"学生救国会"，并于十一月一日发起"国民杂志社"，八年元旦，发刊《国民杂志》月刊，由锡朋担任杂志社之评议部部长。

八年五四运动起，锡朋由"北大学生干事会"总务股主任，而"北京中等以上学校学生联合会"会长，而"全国学生联合会"会长。如日中天，在学生界中有"段总理"之称。夏天毕业后，留校任职，九年十月，由穆藕初捐款，与罗家伦等赴美留学，肄业哥伦比亚大学研究院两年多，得文学硕士。其间"华盛顿会议"在美国召开，锡朋联络同学多人，组织"留美中国学生华盛顿会议后援会"，从事国民外交工作。其后由美赴欧，前后肄业于伦敦大学政治经济学院、德国柏林大学、法国巴黎大学约三年。在伦敦时，因雾浓而得气管炎，竟成为终身痼疾。十四年秋回国，于国立武昌大学教历史。年底因校长石瑛以政治关系去职，锡朋也转赴广东大学（不久改名中山大学），任史学系主任。

十五年七月，北伐起，锡朋毅然投身于国民革命工作，在中央组织部秘书陈果夫手下任事。十一月，由粤之赣，任江西省党务指导委员，改组当地党务，旋出任省党部执行委员。为抵制江西之共产党势力，与刚回国不久的程天放等组织 AB 团，大力捕杀共产党，终激起四二南昌事变，程天放被共产党捕获，锡朋则逃往上海。其后锡朋曾任中央清党委员会委员，南京特别市党部整理委员及执行委员，并任教于中央党务学校两年。

十九年，任陆海空军总司令部党务指导处长及导淮委员会委员。二十年十一月，国民党四全大会时，被选为中执会候补委员。二十一年元月九日，继陈布雷任教育部政务次长，并在部长朱家骅未视事前，代理部务。六月末，曾以政次身份暂行代理中央大学校长，因学生误会反对而未果。二十七年元月，锡朋辞政务次长职。二月起，任中央常务委员至逝世时为止。

抗战期间，政府迁都重庆，锡朋出任中央党部训练委员会主任委员，常川驻于复兴关中央训练团，兼任该团教育委员会主任委员，专心致志于为党国训练拔擢人才。

抗战胜利后，政府于三十五年还都南京。同年八月，中央执行委员会议决，中央政治学校与中央干部学校合并，改称为政治大学，以锡朋为教育长。至三十六年春末，因病辞职。旋赴沪养病，终因积劳宿疾，于三十七年十二月二十六日逝于上海第五医院。

锡朋早年锋芒毕露，同学傅斯年曾许之为天下才，但留学回国后，因其秉性耿直，且嫉恶如仇，在政治上，不随波逐流，致无法尽展其才。（秦贤次稿。参考：罗家伦《书赠天下才，我为苍生哭》、刘兆瑸《记段锡朋先生》、段永兰《我的父亲》、刘修如《忆段锡朋先生》、哥大《民国名人传记辞典》之《段锡朋》篇。）

姚雨平 （1882—1974）

姚雨平，原名宇龙，字雨平，自参加革命，即以字行。世居广东平远超竹乡（后并入大柘乡），祖、父均以耕读为业。生于清光绪八年二月初五日（一八八二年三月二十三日），七岁入塾，九岁学作制艺。在乡得读中西书报，遂有革命思想。一九〇三年，中秀才。同年赴广州应乡试，不售。次年，徇父老之请，在乡设馆授徒。一九〇五年，走汕头，考入岭东同文学堂肄业。在校三月，退学回家。秋间赴广州黄埔，考入陆军中学肄业。一年后转入陆军速成学堂。在校宣传革命，物色同志，同学中与刘古香、何克夫、张醁村最相得。一九〇七年，因涉革命嫌疑，退学。是年，以姚汉强名字加入同盟会，始识胡毅生、朱执信、胡汉民、许雪秋等。从此，更尽心于革命。

一九〇七年，黄冈起义失败，乃集资筹办松江体育会，藉以养成军事人才。一九〇八年，清帝后相继卒，与姚万瑜等谋在广州起义，事泄而败。一九一一年，三二九之役，任调度课长，掌运动新旧军人。届期，因日期屡改，联络不良，未参加战斗。四月一日（农历）以无辩被捕，旋获释。九月，广东光复，组织广东北伐军，受命为总司令，率军北上。民元一月上旬，沿津浦路北伐，连克固镇、宿州，进占徐州，清廷大震，乃于二月宣布退位。三月，北伐军改编成第四军，任军长。五月，解散全军，袁世凯聘为总统府顾问。八月，与叶楚伧等赴北京，见袁世凯、段祺瑞等，留两月余，漫游市郊各名胜。嗣奉派为考察东、西洋各国军政专使，乃循京漠路南归，至汉口，谒黎元洪，由汉抵沪，转粤返乡。

民二，宋案爆发，二次革命起，在沪助国父讨袁。民六，随国父南下护法。民九，赴漳州策划返粤军事。民十一，任中央直辖警备军司令，六月陈炯明叛，随国父赴沪。民十二年二月，再随国父返粤。八月，受命为特派惠州安抚使，以事不可为，辞。十三年，奉派为广东治河督办。冬，国父北上，卧病北京，雨平入京侍疾。

十四年七月，国民政府成立，任参议。十六年，清党之役，奉派为潮汕军事特派员。冬，中共军队入广州，脱险抵港。二十年春，出任国民党中央执行委员会训练部党员训练科科长。任职数月，奉简为监察院监察委员。抗战军兴，南京沦陷，回籍参加广东省自卫团统率委员会工作，并致力乡里慈善事业。广州沦陷，奔走于韶关及兴梅各县，协助政府，致力自卫与救济难民。廿八年春，赴陪都供职。三十年以广东粮荒，返粤协助当局。三十二年再赴陪都。次年，任国民政府顾问。旋以母丧回籍。三十五年四月，奉命还都。三十八年十月，走香港，寓九龙，后因生活困难返粤。居未久，以三二九私哭黄花冈七十二烈十之墓，又吟诗纪事，被认为系国民党顽固分子，予以革职。一九七四年九月十五日病逝。年九十有三。（陈哲三稿。参考：朱浩怀《姚雨平先生革命史》、一九七五年十月十七日朱浩怀致沈裕民函。）

俞鸿钧（1898—1960）

俞鸿钧以字行，籍隶广东省新会县。父俞廷桂在沪经营猪鬃厂。鸿钧生于民国纪元前十五年十二月十二日（一八九九年一月四日）。在上海读完小学，民国四年毕业于上海民生中学后，考入上海圣约翰大学。在校英文造诣甚佳，曾多次获得英文比赛优胜，并在校担任《约翰声》报总编辑。民国八年毕业，即留校担任助教，并在中学部教课。旋任陈友仁创办之英文《大陆晚报》记者。民国十六年国民革命军克复武汉，陈友仁出任外交部长，被任为英文秘书。后辞职回上海。适国民革命军已克复上海，张定璠继黄郛为上海市长，由秘书长周雍能引荐任市府英文秘书，兼任宣传科长，主编《市政周刊》，后调任代理市财政局长。旋张群继张定璠任市长，被调任为参事，后复兼代秘书长职务。民国二十一年吴铁城继任市长，即被真除为秘书长。民国廿五年吴铁城调任广东省主席，被任为代理上海市长，三个月后即真除为上海市长。计在沪任职十年，综理机要，收回上海租界越界筑路，贡献尤大，并迭经二一八，及八一三诸役，力任折冲，从容肆应，卒折强梁之气，深为友邦人民同情与敬佩。迨沪市沦陷，被召赴汉述职，被任为中央信托局常务理事，驻香港办理外交事务。中经被征召拟任为第四战区秘书长，以不谙军事谦辞未就。廿八年被外交部长宋子文电召赴渝，拟任为外交部政务次长，同时财政部长孔祥熙亦发表任命为财政部政务次长，此为其入财经界之始，后复兼任中央信托局局长。卅三年继孔氏为财政部长，卅四年复兼任中央银行总裁。卅七年行宪开始，内阁改组，辞去财政部长职，专任中央银行总裁。曾密将中央银行库存黄金于数夕之间，以海关舰艇悉数运台。复任财政部长、中央银行总裁并兼交通银行及农民银行董事长。一九五三年四月受任台湾省政府主席，首先解决日趋严重之粮荒。一九五四年"总统"蒋公第二次连任，被提名为"行政院长"。一九五八年七月辞职，专任中央银行总裁，从事复业准备，不意规划甫成，竟以积劳触发宿疾，于一九六○年六月一日病殁于寓所，享年六十四岁。（王绍斋、陈哲三稿。参考：《俞鸿钧先生纪念集》。）

马伯援（1884—1939）

马伯援，以字行，湖北枣阳县东北乡鹿头镇人。生于清光绪十年甲申阴历二月初八日。家道小康；幼受业于鹿头镇宿儒郭正清（醴泉）之门，因之国文极其流畅，而书法尤秀劲。

清末张之洞总督两湖，在武昌开办了一系列的学校——两湖书院、自强学堂、文武两种普通中学，以及省垣五个地区的高等小学。伯援闻风自山乡出至省城，但其时年已十八，不合高小年龄，只好改习兵事。因身体结实，考入新军，与同邑卫公武（邑附生）同营同哨同棚，甚为相得。不久公武远赴贵州，受省立学堂体操教员之聘。伯援获业师郭醴泉自日本函招，乃决东渡留学，时为一九〇五年。

伯援到日本后在东京市神田区一间日语高等学堂修习日本语文，约于一年后，报名早稻田大学专修部政治学系。至明治四十三年（一九一〇）毕业。先是，一九〇五年，孙中山先生由欧洲到日本，召开同盟会筹备会，并对留东学生欢迎会发表演说。伯援与会亲聆中山先生有关三民主义救中国的讲演，表示由衷向往。因而加入同盟会。

辛亥革命前夕，伯援由日返抵沪滨。是年十二月廿九日，参加在南京举行之中华民国临时大总统选举会。内务总长名义上为程德全，事实上居正则以次长摄行总长职务；因居正忙于整个民党的党务，于是伯援以总务司长负责内务部事宜。及临时政府北迁，内阁随而解组，伯援于卸去内务部总务司长一职之后，终其一生不再登仕版，而改就基督教社会服务事业。

伯援于民元四月退出政坛后，即至美国芝加哥，入西北大学进修，民三归国，于十一月二十日与南京汇文女学毕业生湘人劳远懿结婚。随即赴日，担任中华留日基督教学生青年会早稻田分会干事。不久，神田区本会总干事孔祥熙离职，伯援遂继其任，一直为留东学生服务二十余年，至七七卢沟桥事变，中日邦交断绝为止。

民初北洋政府派出驻日本公使，往往不受留学生界拥戴欢迎，故逢留学生出事，总由青年会应付。一九二三年九月一日，日本关东大地震，神田区青年会所悉毁于火，伯援回国，透过中国青年全国协会向北美青年协会捐得款项，重新兴建，一年告成，会务益为开展。伯援于滞留国内期间，曾膺西北军冯玉祥之邀，襄助军中德智体群四育工作。民十三，冯在北京发动"首都革命"，曾纳伯援之献策，邀请中山先生北上会商国家统一大计。

九一八事变前后，中日关系日趋紧张，国内排日风潮迭起，社会各界，尤其教会人士，总想透过彼邦有力信徒，影响其军政当局使勿迫中国太甚，酿成大战，两败俱伤。上海基督教青年全国协会总干事余日章两度赴日，由伯援陪同往晤日本社会名流鸠首商讨如何避免此一悲剧。然日本军国主义者吞并"支那"之规划成竹在胸，终致铸成大错。伯援与国内诸同道所奔走呼吁转圜之苦心瘁力，悉付泡影。伯援于民廿七安顿家眷于成都后，尚衔孔院长祥熙的密令，由渝飞港，暗向在港的日本人士，探询谋和条件。当时我政府的立场，只要日本军队全部自中国本土撤退，我便可以考虑和谈。然而暴日其时正在兴高采烈导演汪伪沐猴而冠之一幕，自无意于全面撤军。伯援回旋乏术，心力交瘁，于民廿八仲春某日，以脑溢血猝然昏倒而长逝。存年五十五岁。

伯援生三子六女，长子必阳，习农艺，曾供职台北农复会，今移加拿大。其余子女皆立业成家。（谢扶雅稿。）

马其昶（1855—1930）

马其昶，字通伯，晚号抱润翁，安徽桐城人。少劬学，习为古文辞；从同邑方柏堂、吴至父、武昌张濂卿等游，而文益工。及游京师，交郑东父、柯凤荪等辈，并进而治经。自兹始，于学不务表襮，归于自得。所治经尤邃易、诗、书。易宗费氏，诗宗毛氏，书宗大传，旁列众说，折衷去取，潜思而通其故，往往获创解，为前儒所未发。于文亦然，不逾乡先辈所传之法，而高洁纯懿，酝酿而出，其深造孤诣，亦为诸乡先辈所互名其家者莫能相掩。始以诸生入资助河工奖叙中书科中书，数应乡试不获举，乃以其业教授，为榆树于槛亭、合肥李仲轩延课子弟，主仲延家尤久，其子国松文章尔雅，最号为能传其学者也。前后曾选长庐江潜川书院、桐城中学校师范学堂。当是时，其誉望日隆，向慕者众。总督建德周公举经济特科，巡抚金坛冯公荐人才，宁州朱公荐通儒硕学，皆未应。宣统二年庚戌（一九一〇）始就学部聘任编纂。既入都，会中外大臣所荐人才有续至者，吏部汇列奏闻，知友强其随众引见，遂授学部主事。民国二年，主安徽高等学校。三年又入都，主法政学校教务，兼备员参政院。会袁世凯设筹安会，议更国体，重其名，遣使翩之为助，陈说百端，坚拒之。即日治装归。五年又入都，应清史馆总纂之聘，日夜撰述，绩最著。久之，病痹，乃还桐城。越三年，卒于里第，时民国十九年元月，享寿七十有五。由此上溯，盖生于清咸丰五年乙卯（一八五五）也。

平生勤于述作，所著书已刊行者曰：《周易费氏学》、《诗毛氏学》、《中庸篇义》、《三经谊诂》、《老子故》、《庄子故》、《屈赋微》、《桐城耆旧传》、《左忠毅公年谱》、《抱润轩文集》、《金刚经次诂》。特刊者曰：《尚书谊诂》、《桐城文录》、《存养诗钞》、《佩言录》、《抱润轩续集》、《抱润轩尺牍》，都十七种、三百余卷。（何广棪稿。参考：陈三立撰《桐城马君墓志铭》。）

马鸿达（1892—1970）

马鸿达，字少云。甘肃临夏县人，生于清光绪十八年（一八九二），一九七〇年一月十四日卒于美国。

鸿达于一九一〇年毕业于兰州陆军学校。民国三年任昭武军营长，驻防宁夏。民四年至九年，积功升宁夏新军统领，旋赴绥远任第五混成旅长。民十三年调驻宁夏，升陆军第七师师长。民十六年五月，随冯玉祥军出潼关，响应北伐。民十八年冯抗命中央，负隅西北。乃毅然睨离冯部，回师郑州，拥护中央。因功升第十五路军总指挥兼十一军军长。是年冬，石友三叛变，进逼首都南京，时鸿达驻节徐州，向石晓以大义，始偃旗息鼓。民二十二年任宁夏省政府主席。民二十五年西安事变生，鸿达即联络西北高级将领马步芳、马步青等二十六人，领衔通电讨伐张杨。是年，日酋板垣征四郎潜赴定远营，企图以居延海地区为根据地，建一"蒙古共和国"，经鸿达抄没其武器弹药，捕主其事者日人三名，押送兰州绥靖公署处决，乃破其阴谋。抗战发生，受命任第十七集团军总司令兼第八战区副司令长官，派大军拒敌于绥西一带，保卫西北。三十六年，榆林二次被包围，奉命以宁夏兵团往援，袁大滩一役，榆林之围遂解。鸿达主宁夏省政十六年。笃奉回教，任中国回教协会理事兼宁夏分会理事长。民国三十八年，中央任命为甘肃省政府主席，以大局遽变，未能就任。旋随政府播迁来台，以病赴美就医，僻居美国西部普马拿（Pomona），以养马自娱。病势终未好转。一九七〇年一月十四日卒于美国。（蒋永敬稿。参考：《马鸿达将军事略》，见《革命人物志》第十集。）

桂永清（1900—1954）

桂永清，字率真，江西贵溪人。卒业于江西第一中学，走广东，投革命军。民十三年，以军政部军官入伍生，考取黄埔军官学校第一期。卒业后任教导团之连党代表，继任连长，迁革命军第一军特务营长。十五年秋北伐入闽，升团长。十六年龙潭之役，以功进上校，旋授少将，迁警卫师第三十一旅旅长。十九年留学德国。凡四年归国，任中央军校教导总队长。继调安庆警备副司令。二十四年授中将，迁七十八师师长，寻复为军校教导总队长，兼首都警备副司令。西安事变，任第五路第一纵队指挥官。二十六年抗战发生，守上海。二十七年任四十六师师长，继升第二十七军军长。二十九年任驻德武官。三十三年调驻英武官兼军事代表团长。旋兼驻德代表团长。抗战胜利，任海军副总司令，并代总司令，旋即真除。一九五一年特授上将。在海军七年，转任"总统府"参军长。又二年，特命参谋总长，视事四十五日，于一九五四年八月十二日卒。年五十有五。（蒋永敬稿。参考：国防部史政局编《桂永清传》。）

夏斗寅（1885—1951）

夏斗寅，字灵炳，湖北麻城人。清光绪十一年冬月初十日生。父母早逝，赖祖父母抚育成人，体格魁伟，膂力过人，唯不喜课读，适鄂督张之洞在武昌编练新军，乃决计从军，投入武昌第八镇第三十二标为二等列兵，因秉性豪放渐获上级赏识而屡获升迁。

时革命思潮澎湃，乃秘密加入共进会，与同志积极策划行动，卒于辛亥年八月十九日夜与段海山等率队会攻总督衙门，全城光复后晋任总稽查部稽查。民国二年因部队裁编而退役经商。不久，因经营不善而倒闭，一度远走北京入讲武堂，因孔庚在晋北任大同镇守使，即在孔部任排长，不久解职回鄂。民国六年护法之役，奔走于荆襄之间，与张笃伦策动鄂军响应，拥湖北第一师师长石星川为总司令，斗寅为新兵训练总督。后因吴光新军自川回师，石部因众寡悬殊而溃散，斗寅见机收容，得数百名，率之退入湖南津市，旋为新任鄂军总司令李书城编为第二梯团长。

民国九年，夏团扩编，为鄂军司令，卫戍长沙，极受湘军总司令赵恒惕器重，民国十年随赵军援鄂以驱王（占元），惜功亏一篑而未果，仍回长沙原防。

民十二，延万耀煌为鄂军司令部参谋长，并创办鄂军军官研究所，培植本军干部。民十五，偕万耀煌参谋长赴粤，谒蒋总司令，衔命赴衡阳就鄂军第一师师长职。同年参加北伐，隶唐生智第八军，率部进占湘乡，复击溃敌宋大霈师；继冒溃堤之险，渡江奇袭蔡甸，此役为导致汉口汉阳重光之关键。十六年初接防宜昌等七县，所部改称为国民革命军独立第十四师，仍以斗寅为师长，万耀煌为副师长兼参谋长。

宁汉分裂，发表"元电"，首先揭橥反共，长沙许克祥部亦同声呼应；嗣升任新编第十军军长，武汉方面对之威迫利诱，不为所动。

十六年七月，加入北伐行列，何总指挥应钦以新十军战绩辉煌，呈请国府明令改为国民革命军第二十七军，仍由其统率。十七年九月奉编为中央军第十三师，十月调驻皖北。

十八年春，参加西征，旋兼任湖北全省警备司令，所部十三师调防鄂东"剿匪"。不久，唐生智在郑州叛变，斗寅受任第十三军军长兼总指挥。十九年，中原大战起，则兼任武汉警备司令，旋调任第二十一路总指挥、第十三军军长兼领十三师师长等职。

二十一年元月任湖北省政府主席，于二十二年辞职。

二十四年任重庆行营总参议。抗战军兴，以退休之身，任国民党三、四、五届中央委员。胜利后返鄂经营煤矿，后当选第一届立法委员。大陆弃守后脱险抵香港。一九五一年病逝，享年六十七岁。（贺德旺稿。参考：《夏斗寅先生传略》，载《湖北文献》第八期。）

夏敬观（1875—1953）

夏敬观，字剑丞，一字盟人，又号缄斋，晚号映庵，江西新建县人，光绪元年（一八七五）五月初十日生于长沙。十七年（一八九一），入新建县学，廿年（一八九四）乡试中式，廿一年（一八九五）赴礼部试，不第。适善化皮鹿门（锡瑞）以名经师主讲南昌经训书院，乃从游治群经之学。廿八年（一九〇二），鹿门坐言变法罢党禁以去，敬观遂用府道官，入两江总督南皮张文襄（之洞）幕府参新政。文襄锐意兴学，派其兼办两江师范学堂，卅三年（一九〇七）监督上海复旦、中国两公学，以功保署江苏提学使。宣统元年（一九〇九）丁内艰去官。三年（一九一一），武昌军兴，民国肇建，敬观以嬗递至正，首去发辫，不以遗老自居。民国五年受上海涵芬楼聘，承校雠撰述之任。八年任浙江省教育厅长。十三年苏浙构兵，遂弃官，移居上海，筑室沪西康家桥，将著书以终老焉。先后成《词调溯源》四卷、《古音通转例证》二卷、《经传师读通假例证》一卷、《今韵析》四卷、《汉短箫铙歌注》一卷、《历代御府画院兴废考》一卷、《忍古楼画说》六卷、《清世说新语》三卷、《郑康成诗谱平议》一卷、《诗细》一卷、《太玄经考》二卷、《西戎考》二卷、《梅宛陵集校注》及《王荆公陈简斋杨诚斋诸家诗选注》各若干卷。遭日寇之难，家渐困乏，遂货康家桥居宅，移寓短巷湫隘之中，屋小才容膝，而著述愈勤，复成《八代诗评》一卷、《唐诗评》一卷、《词律拾遗补》二卷、《汇集宋人词话》二卷、《春秋繁露考逸》二卷、《戈顺卿词林正韵订正》二卷、《毛诗序驳议》六卷、《六续疑年录》四卷、《手定忍古楼文》四卷、《忍古楼诗》廿卷、《映庵词》四卷等。敬观早岁工山水花竹，后中辍。五十六岁后复常作。每出游遇佳山水，必对景点染，澹逸隽雅，佳趣无穷，若不食人间烟火食者。三十八年，以衰病之身，走避无及。又五年，自知不起。病革，家人遵其预戒环侍诵心经，安详而逝。一九五三年四月初二日，年七十有九，葬上海闸北宝兴路联义山庄公墓。（何广棪稿。参考：章斗航《新建夏先生传》。）

徐　堪（1888—1969）

　　徐堪，字可亭。四川三台县人。生于清光绪十三年十一月十八日（一八八八年一月一日）。徐家世业儒。一九〇四年十七岁，考取秀才。次年至成都就学四川通省师范学堂。一九〇七年在成都加入同盟会。九月参与成都起义，失败，变姓名走武昌。溷迹武昌工艺厂为学徒，习染织。一九〇九年以前案已解，回成都，入四川高等警官学堂。辛亥四川光复，任第四标统带。民元年三月，任夔州关监督。满岁，征解银四十余万两，二次革命重庆讨袁军资，多赖于此。民八年，当选广州国会补选议员。十三年任北京农商部商品陈列所长，以迄十六年初。国民政府建都南京，任金融管理局副局长，管理上海金融。十七年三月，金融管理局改为财政部钱币司，任副司长，旋升司长。民二十年并兼公债司长。二十四年五月升财政部常务次长，仍兼钱币司。二十八年兼四联总处秘书长，始卸钱币司长兼职。二十九年任财政部政务次长，迄于三十年六月。其间以辅弼孔祥熙为最久。徐长钱币司多年，民国二十四年之币制改革，实施法币政策，其奠定长期抗战之经济、财政基础，贡献至大，其间策划，实出徐之所拟方案。二十四年冬，国民党举行五全大会，徐当选为中央执行委员，旋兼中央政治会议财政专门委员会主任委员。三十年夏，政府成立粮食部，徐任部长，先后五年有半，军糈民食，无或匮乏。世以萧何转粟之功拟之。抗胜战利后，曾任主计长、财政部长及中央银行总裁等职。一九六九年七月二十九日以微恙卒于台北。

其生平著述，由"四川文献"社发行人阎开庆编为《徐可亭先生文存》，约十八万字，分为四类：（一）自述六篇；（二）财政上的四大建树八篇；（三）粮食问题十一篇；（四）呈请褒扬文等三篇。（蒋永敬稿。参考：文守仁《徐堪传》及复荣《徐可亭先生文存》，见《革命人物志》第十集。）

徐永昌 （1887—1959）

徐永昌，字次宸。山西崞县人。清光绪十三年（一八八七）十一月一日生。襁褓中随父庆母赵氏赴大同，期年而母亡。稍长，入塾受书，不幸兄姊三人连年病殁，光绪二十六年复丧母丧父，时年甫十四，孑然一身，穷无所归，执役曹氏旅店。适武卫左军过大同，后路卢葵卿营驻店内，有书记官徐椿龄见而怜之，携以入营执勤务，苦读自励。一九〇八年入武卫左军随营学堂，一九一一年卒业，授副军校（中尉），任副哨长，旋升哨长。民元年夏，辞哨长入陆军部将校讲习所，二年冬毕业，派南京预备军官学校任连长。未久，入陆军大学第四期。五年春，讨袁军起，至山东加入讨袁军。袁死返京继续学业，冬毕业。任陆军训练监编辑官。六年冬，孙岳办直隶军官教育团于廊坊（旋迁保定），任教官。九年七月，孙岳成立直隶保卫团，任营长。孙任第十五混成旅长，徐任参谋长。十一年夏任十五旅第二团长。十三年十月第二次直奉战争，孙岳任国民军第三军长，徐任第三军第一混成旅长，驻保定。十四年，孙任陕西督办，徐任第三军第一师长兼陕西警备司令。十五年春国民军受奉军压迫撤退西北，徐代理第三军长驻包头。十六年春以客军入山西，驻汾阳。民十七年阎锡山任国民革命军第三集团军总司令，任徐为第十二路军总指挥，五月克保定，六月入北京。时孙岳已病卒，徐将第三军改编，属阎锡山所部。是年秋，徐任绥远省政府主席。十八年八月调任河北省政府主席。十九年中原之役以后，辞职赴太原。旋任晋绥警备总司令。二十年秋，仟山西省政府主席，二十五年五月卸职。二十六年三月任军事委员会办公厅主任，佐蒋委员长整军经武。七七事变，任委员长保定行营主任，指挥第一战区抗日军事。二十七年春，任军令部长，以迄抗战胜利，在职八年。三十四年八月，日本投降，国民政府派徐赴东京湾美舰密苏里号，代表中华民国参与盟国受降典礼。三十五年六月任陆军大学校长。三十七年十二月任国防部长。三十八年徐率陆大员生迁至台北。一九五一年初陆大改制，卸校长职务。一九五二年任"总统府"资政。十月晋授"陆军一级上将"。一九五四年十一月兼任"光复大陆"设计研究委员会副主任委员。一九五九年七月十二日卒。生平著述有《求己斋日记》、《回忆录》、《杂记》、《言论集》等，皆关当代史实，弥足珍贵。（蒋永敬、赵正楷稿。参考：《徐永昌先生纪》，见《革命人物志》第三集。）

徐悲鸿（1894—1953）

徐悲鸿，原名寿康，斋名为应毋庸议斋。江苏宜兴人。清光绪二十年生（或作二十一年生）。父达章，字成之，为前清秀才，以书画驰名江南，在家中设馆授徒，悲鸿于九岁随父习画，十三岁，家乡遭遇大水，被迫离乡，此后三年，随父在附近各县依卖字画为生。十七岁，担任宜兴女子师范、彭城中学及思齐女子学校图画教员。民国三年，父死后，走上海，入复旦大学攻读。时犹太富商哈同为其夫人公开征求绘南海观音像，悲鸿绘数帧应征，被录取，并被哈同夫妇收为义子，使在仓圣明智大学一面做学生，一面教人图画。五年，开始习法文，其画渐被重视。六年，曾偕夫人蒋碧薇赴日本研究西画九个月回国，在北京师范学院新设之艺术系工作。七年，经蔡元培推荐，由教育部资送赴巴黎深造，从画师达仰（Dagnan Bouveret）专习素描，兼及油画，继入朱利安艺术学院及巴黎国立美术学校。十年赴柏林，十二年再回巴黎。十三年冬，经马来亚返国，十五年再度赴欧。十六年冬自欧返沪，即以改良国画、发扬中华艺术为终生事业。时中大新设艺术系，聘为教授，同时担任上海南国艺术学院绘画系主任。十八年，任北平艺术学院院长，同年秋辞职，重回中大。此时，放下西画，重习中画，中西合璧，产生一新画风。十九年春，在北平举行画展，为中国现代艺术在该地展出之第一次。二十一年秋，游庐山。二十二年，携中国近代名家作品六百多件，举办欧洲各城市巡回联展，五月展于巴黎国立法国美术馆，法政府选购十二幅作永远陈列。十一月展于柏林及法兰克福，继展于意大利米兰皇宫。二十三年五月，展于莫斯科，七月展于列宁格勒。旋回国，率中大艺术系学生至浙江天目山写生。二十四年秋游桂林，为白崇禧、李宗仁、黄旭初绘"广西三杰"，并被广西省政府聘为美术顾问，于桂林独秀峰建美术馆，创广西艺专。二十六年，举行个展于香港、广州及长沙。抗战军兴，随中大迁重庆。二十七年，游印尼及马来亚，并在新加坡举行画展。二十八年，应泰戈尔之邀赴印度，十二月举行近代画展于印度国际大学，二十九年，展出于加尔各答，并游大吉岭、喜马拉雅山至锡金，绘成"愚公移山"。三十年，复至吉隆坡、怡保、槟榔屿等处举行画展，将所得捐出赈济饥荒。三十一年，在昆明举行劳军展，登鸡足山，访点苍山。返重庆，于磐溪成立中国美术学院。三十三年，大病，健康日损。三十五年七月，任国立北平艺专科学校校长。一九四九年后，仍留居北平，于一九五三年九月二十六日去世，年六十岁。

悲鸿工西画，善写动物，国画以马最驰名。成名之作有：九方泉、巴人汲水、会师东京、田横五百壮士、愚公移山、雄鸡一鸣天下白等。其画集有：《悲鸿绘集》、《悲鸿素描集》、《徐悲鸿画范》、《徐悲鸿画选集》、《徐悲鸿的彩墨画》、《徐悲鸿油画》。编有《初伦画集》。论文有《美与艺》及《中国画改良论》等。（参考：《雄狮美术》月刊三十一期《徐悲鸿特辑》、英文《民国名人辞典》、林建同编《当代中国画人名录》。）

袁世凯（1859—1916）

袁世凯，字慰廷，号容庵主人，河南项城人。光绪七年，年廿二，以事积迕族里，至登州任职于"庆军"吴长庆军中，并随张謇习制艺。翌年，随吴率师渡海援朝鲜；年廿四，以援韩之役有功，奉旨以同知用；二十五岁，奉命总理庆军营务处会办朝鲜防务，并由总理各国事务衙门檄委为驻扎朝鲜总理交涉通商事宜，至光绪二十年（一八九四年）始奉调回国，时年三十五岁。翌年，甲午战败，袁奉命于小站督练新军，将校俱为北洋武备生，号新建陆军。光绪二十四年，帝锐意变法，新党谭嗣同建议利用袁世凯，夺旧党直督荣禄兵权，袁以语荣，荣遂据以上呈，谓新党不利太后，太后大怒，引致戊戌政变，袁以告密有功，升任山东巡抚。

庚子之乱，袁加入东南自保。光绪二十七年（一九〇一年）袁于李鸿章死后署直隶总督，翌年，实授直隶总督兼北洋大臣。光绪三十三年，奉调入京，任外务部尚书，旋与张之洞同入军机，权势益盛。

光绪三十四年十月，德宗崩，以醇亲王载沣之子溥仪入嗣，慈禧随崩，载沣摄政，欲诛世凯，得张之洞解救始得免，是年十二月，袁奉命以足疾开缺回籍养疴，时年四十九岁。

宣统三年（一九一一年），武昌起义成功，清廷为势所迫，起用袁为湖广总督，袁以"足疾未痊"为藉口，拒不受命；后清廷委以全权，任为内阁总理大臣；袁遂入京。袁组阁后，暗示前方将领段祺瑞等通电主张共和；民国元年一月，再由段祺瑞等四十六人通电要求清帝退位；二月，复通电欲统率前敌将士北上，以求最后解决，电至北京，亲贵王公皆失措，乃由内阁复电赞成共和，南北和议几经波折，终于达成协议，清帝于民国元年二月十二日宣布退泣，首任临时大总统孙中山先生随即辞职，二月十五日参议院举袁为第二任临时大总统，政府北移，袁于三月八日在北京宣誓就职。

民国二年三月，宋教仁被杀，成为二次革命之导火线；七月讨袁军兴，旋皆失败；同年十月，袁世凯当选第一任正式大总统。民国四年八月，杨度倡组"筹安会"，鼓吹君主立宪，又由所谓"国民代表"拥戴袁氏为中华帝国皇帝，同年十二月十二日袁世凯叛国称帝，定明年为洪宪元年，元旦行登极大典；十二月二十五日云南护国军兴，局势为之大变。由于军事失利，加以众叛亲离，先将登极之期押后，复于民国五年三月下令取消帝制，仍图保留其大总统职位，但为护国军所拒，袁氏羞愤成疾，于六月六日暴毙于北京新华宫内，享年五十七岁。著有《圭塘唱和集》、《洹邨逸兴》。（关国煊稿。参考：沈祖宪、吴闿生合编《容庵弟子记》。）

袁同礼（1895—1965）

袁同礼，字守和，河北徐水人，一八九五年三月廿三日生于北京，一九六五年二月六日卒于美国华盛顿，享年七十。

民国二年九月，同礼考入北京大学预科第一部（以后升入文、法科者）英文甲班，肄业三年，于五年六月毕业，同班同学，以后成名者有傅斯年（时字梦簪，入文科后始改字孟真）、周炳琳、毛以亨、沈雁冰（茅盾）、陈治策、朱一鹗等。在校时，于三年春加入"预科文学会"。会中分国文、英文两部，每部复分演讲、著述二科，同礼任英文部文牍兼著述编辑长，翌年秋，任英文部部长，并改演讲科为言语科。五年春言语科与北高师、清华、汇文、协和举行五校联合辩论会，同礼为英语辩论员之一，因此次辩论会，受知于清华王文显教授。预科毕业后，即由王氏介入清华图书馆，担任参考部工作。八年七月一日，"少年中国学会"正式成立于北京，同礼加入为会员。

九年，得哥伦比亚大学奖学金及清华、北大津贴，于八月廿三日搭中国邮船"南京号"赴美，入哥大历史系三年级，肄业两年，得文学士学位。十年九月至十一年二月，应我国参加"华盛顿会议"代表团顾问黄郛之请任其秘书，并代为搜集资料，相与研究各项问题。十一年哥大毕业后，转学纽约州立图书馆专科学校，翌年毕业后，曾在华盛顿国会图书馆任职数月，其后离美，赴欧考察一年，参观各国图书馆及博物院，并在英国伦敦大学，法国巴黎古典学校研究。十三年下半年归国，任广东岭南大学图书馆馆长。十四年改任北京大学目录学教授兼图书馆馆长。十三年三月底北京图书馆协会由戴志骞发起组织成立，戴任首届会长，十四年间改选同礼为会长。同年四月，中华图书馆协会成立于上海，同礼被选为董事，五月，董事会举梁启超为董事部部长，同礼为书记，七月间改任执事部部长。

十五年三月，中华教育文化基金董事会创立北京图书馆，聘同礼为图书部主任，极受正副馆长梁启超、李四光之倚重，一切规划组织，悉由其一力主持。十六年六月升副馆长，十八年一月升馆长，时已改名为北平北海图书馆。同年二月，政府任命易培基为故宫博物院院长，三月五日又派庄蕴宽及同礼为该院图书馆正副馆长。

十八年六月下旬，北海图书馆与原有国立北平图书馆合组为国立北平图书馆，八月二十九日，教育部聘蔡元培及同礼为正副馆长，蔡元培兼有他职，不常到馆，馆务悉由同礼以代理馆长名义，主持一切，至三十一年始真除。北平图书馆建筑堂皇，设备周全，不独为中国最大之现代图书馆，在国际上亦别具风格，极享盛誉。该馆曾先后出版书目索引多种，皆为学术界所推重。

二十六年七七事变起，同礼一面选择善本藏书二千八百种，装一百〇二箱运往美国国会图书馆寄存，一面偕一部分同仁南下，与长沙临时大学，及昆明西南联合大学，先后合办后方大学图书馆，俾抗战后方学术研究不至中辍。并发起国外征书运动，主持国际学术资料供应委员会，创设中日战事史料征辑会，搜藏西南文献。二十八年三月，在昆明恢复出版《图书季刊》中文版，次年恢复英文版，并任两刊主编。三十三年底，又奉派赴英美考察，并参加旧金山联合国首次会议。次年五月，接受美国匹茨堡大学法学博士名誉学位。九月返北平，回任北平图书馆馆长。三十五年春，奉派赴伦敦出席国际教育科学文化组织会议，并赴德国及北美考察。三十七年十二月，北平被围，同礼乘政府所派专机南下，到南京后不久便去美国。

三十八年九月十九至十月十五日，联教组织第四次大会在巴黎举行，同礼为"我国"五代表之一。会毕仍返美，在国会图书馆工作，重订国会图书馆藏中国善本目录（一九五七年出版）。一九五一至一九五三年，任斯丹福大学研究所编纂主任。一九五三年由罗氏基金会资助，赴欧研究汉学西文书目，期年而返。一九五七年参加国会图书馆编目部工作，直至一九六五年元月退休。一月六日清晨，因癌症不治，与世长辞，葬于华府石湾公墓。

同礼好学不倦，博闻强识，生平著作等身，为目录学权威学者，毕生尽瘁图书馆事业，手创国立北平图书馆，树立我国现代图书馆之楷模。其主要著作为：《西文汉学书目》（一九六〇年）、《俄文汉学文选书目》（一九五九年）、《俄文汉学书目》（一九六〇年）、《俄文日本研究书目》（一九六〇年）、《中国留美同学博士论文目录》（一九六一年）、《中国留英同学博士论文目录》（一九六三年）、《中国留欧大陆各国博士论文目录》（一九六四年）、《中国经济社会发展史目录》（一九五六年）、《现代中国数学研究目录》（一九六三年）、《胡适先生西文著作目录》（一九五七年）、《国会图书馆藏中国善本书目》（一九五七年。王重民辑录，袁同礼重校）、《新疆研究丛刊》十种及《中国美术学目录》等。（秦贤次稿。参考：吴光清《袁守和先生传略》、李书华《追忆袁守和先生》。）

秦毓鎏（1879—1937）

秦毓鎏，字效鲁，自号天徒，晚号坐忘。清光绪五年（一八七九）十二月初五日生于江苏无锡。光绪二十四年入南洋公学，二十七年入江南水师学堂。次年东渡日本，入早稻田大学。鼓吹民族主义，与同学张继等发起青年会。继发起拒俄义勇队，办《江苏》杂志。三十年正月办丽泽学院于上海。五月赴长沙，任高等实业学堂教务监督，兼明德、经正学堂历史教习。与黄兴等组华兴会，谋革命。失败离湘。次年任安徽高等学堂西史教习。三十二年任广西龙州边防法政学堂监督，编《中国历代兴亡史略》二卷。次年随黄兴参加镇南关之役，事败往沪，任神州日报编辑。辛亥九月，无锡、金匮光复，被举为锡金军政分府总理，继称司令。民国元年元旦，南京临时政府成立，任总统府秘书，仍兼锡金军政分府司令。四月回锡结束军政分府，任无锡民政长。民二年七月，参加讨袁，被捕系狱，至民五年十月出狱。在苏州狱中三年研读庄子，撰《读庄穷年录》二卷。民十六年三月，北伐军抵锡，任无锡县长。十九年任江苏民政厅长，未久去职。十九年任党史会编纂，对革命史实，献替良多。民二十六年四月五日卒于无锡。（蒋永敬稿。参考：锡金光复同人编《秦效鲁先生革命事略》。）

席德懋（1892—1952）

席德懋，字建侯，江苏吴县人。清光绪十八年壬辰（一八九二）出生于太湖洞庭山，一九五二年壬辰一月病逝于美国纽约市。年得六十一岁。清末毕业上海南洋公学，授内阁中书。民国元年，自费赴英国伯明罕大学进修，获商科硕士。并时同学如徐振飞（新六）、胡祖同（孟嘉），后均闻名于金融界。民国五年返国后，任上海华义银行经理。旋与胞弟德柄（彬儒）合营国际汇兑业务，颇著声绩。民国十七年十一月，中央银行建制上海，被任为发行局副局长。寻当选为该行理事会理事，兼外汇局局长。嗣外汇局并入业务局，改任业务局局长以迄抗战军兴。主持该局后，即集中资力，管理关金，全国外汇买卖，悉照中央银行关金挂牌行市。打破过去外商银行对我国国际汇兑市场之垄断。抗战期间，奉命驻劄香港，参加财政部平衡、平准两基金委员会安定法币币值工作。经常往来港渝，向当局洽理有关事务，时冒敌机袭击之险。民国三十年春，与陈光甫奉命赴美，接洽经援事项，筹设世界贸易公司。驻美期间，并受中国银行董事会之委托，以董事资格任纽约经理处区监理，督导一切。民国三十五年，奉命兼任国际货币基金中国代理理事。民国三十七年春，中国银行董事会改组，以官股董事当选任总经理。是年八月，政府发行金圆券，事前未曾参预谋议，事后发现缺点甚多，经向行政院院长建议补救方案，不获要领。民国三十八年春，"戡乱"失利，时局倥扰，中行总处奉命移驻广州办公。惟以结束上海行务，安顿总分行职员，迟至四月二十四日，始克离沪飞港转穗。八月，国际货币基金及世界复兴建设银行将在美京举行年会。时中枢播迁，政府解纽，无人过问此事。德懋以中国代理理事名义赴会。

德懋担任中行总经理职务之五六年间，无日不在危疑患难中渡过，卒能临危不乱，颠沛不移，终以积劳病故任所，可谓鞠躬尽瘁也矣。（姚崧龄稿。资料来源：姚崧龄《记席建侯先生》，《传记文学》第十四卷第四期、胡适《纪念常德懋先生》，全文镌在席氏墓碑、一九五二年二月二十一日，"总统"所颁"褒扬令"。）

孙桂籍（1911—1976）

孙桂籍，哈尔滨市人。生于民国前一年七月，逝一九七六年七月，年六十六岁。

桂籍幼年值国家多难，秉承庭训，立志报国，民国十六年冬，由龚介民、王崇熙、孟十远等介绍，加入中国国民党。廿二年自国立北平大学经济系毕业后，任中央宣传部助理干事、干事，因其擅长俄语，廿四年奉派赴苏俄参加一九三五年国际电影展览会。

抗战军兴，参加中央党部宣传视导工作，在豫、鲁、苏北驰骋数月之久；嗣奉调军事委员会外事局苏俄顾问处上校编译、股长、科长、秘书、总顾问、办公室主任等职；继转任外交部亚西司专员、科长等职。

抗战胜利，桂籍辞去外交部职务，奉派遣赴东北任地方行政工作。历任哈尔滨市接收委员、社会局长，在哈市工作三个月，形势恶化后，奉令撤守沈阳待命。留沈期间，一度出任东北物资调节委员会常务委员，嗣经行政院任命为旅顺市市长，准备随军接收未果，后出任第四届国民参政会参政员。卅六年秋，调任长春市市长。卅七年政府实行宪政，当选哈尔滨区立法委员，乃交卸长春市长职务。

卅八年，大陆局势逆转，桂籍追随政府播迁来台，除"立法院"委员职务外，并先后当选中国国民党第七届及第十届候补中央委员。一九七〇年至一九七二年任"立法院"立法委员党部书记长，一九七三年任中央党部文化工作会委员。其间，曾应"中国广播公司"之聘，兼任海外部评论室总主笔，"国际"关系研究所成立之初，即兼任该所职务，参与实际工作。

桂籍为一经济学者及苏俄问题专家，任"立法委员"廿八年间，参加经济委员会，历年来对"政府"经济政策不断提出积极性之建议。对"国际"问题亦深有研究，除参加"国际"关系研究所外，并经常在杂志、学术团体、广播电台、电视台发表文章与专题演讲。

桂籍著有《国父对俄外交政策之研究》、《总裁手著〈中国经济学说〉之研究》及《苏俄外交政策之剖视》等书。（陈嘉骥稿。）

高志航 （1908—1937）

高志航，安东通化县人，清光绪三十四年（一九〇八）五月十四日生。先世务农，昆仲六人，志航居长。十七岁毕业于沈阳中法中学，考入东北陆军军官学校，习炮科，于民国十四年毕业。同年八月赴法，入莫拉诺高等航空学校，期年而成。翌年九月再入义斯特陆军航空战斗学校，习高级飞行。十一月至法国夜间爆击第二十一团任少尉见习飞行员，奠定毕生献身空军之基础。十六年返国，任东北空军飞鹰队少校队员。翌年参加敉平蒙变之役，因功升东北航空队少校中队长。二十年十月，赴南京受命为军政部航空署第四队少校飞行员，翌年二月升中校。二十二年二月，入中央航空学校第一期高级班肄业。六月，调任中央航空学校飞行教官。十二月，兼任该校暂编驱逐队队长。二十三年七月，调任第六队队长。二十四年八月，赴意大利考察空军。二十五年四月返国，任空军教导总队总队附。七月，调升第六大队大队长。十二月，调长第四大队。二十六年八月十四日，率队由周家口进驻杭州，任战场制空，甫行着陆，日本木更津空军联队，由台北蹿入笕桥上空，志航仓卒升空，与敌重轰炸机十八架应战，击落敌机二架。是役共击落敌机十三架，我机无损失，首开我国有史以来重创强敌于空之纪录，是为"八一四"空军节之由来。志航在此役受伤，以指挥优越，升上校。十月，不待伤愈，即返南京担任空防，并漏夜改装霍克三式俯冲轰炸战斗机为纯战斗机。十二日上午十时许，敌援来袭，志航亲率机起飞，拦截敌机于镇江上空，将其侦察机二架一并击落，迫敌空军侦察中断。午后一时许，敌又来重轰炸机三批各九架，另有驱逐机掩护。志航率队凌空应战，敌终铩羽而归。是役，志航击落敌机一架，但旧创发作，幸终安降溧水。十月末，升空军驱逐司令，仍兼空军第四大队大队长。十一月，奉命赴兰州接收俄机，即率机六架东旋，因天气恶劣，迫降安康机场，机毁人安。嗣复赴兰州再度接机，十五日，率机十三架，进抵周家口，以天气恶劣，留原地待命。至二十一日，忽传敌机九架来袭，各飞行员跃上座机，不及开伡，敌机已临空投弹，志航奋不顾身，冒弹强行登机，未获发动而敌弹已密如雨下，机毁，遂壮烈成仁，享年仅三十岁。国民政府追赠空军少将，并明令褒扬优恤。（参考：国防部史政局编《高志航烈士传》。）

高奇峰（1889—1933）

　　高奇峰名嵡，广东番禺人，生于清光绪十五年六月十三日。七岁丧父，九岁丧母，由兄剑父授之以画，剑父尝师事粤中大画师居廉（古泉）于啸月琴馆中。年十五，入基督教美瑞丹会。年十六，从剑父营花玻璃业。年十七，剑父资助东游，加入同盟会，又肆力绘事，颇受日本画之影响。宣统三年，学成归国，时年廿一。

　　民国肇建，从剑父在上海，主持《真相画报》。民国二年，因与谢英伯、马小进为文，揭宋教仁案血迹秘密，为袁世凯下令通缉，于是出亡日本，学制版术。民国五年六月，袁氏暴卒，奇峰归国，创"审美画馆"，提倡美术教育。七年回粤，先后任教于广东工业学校、岭南大学，又创"美学馆"，从游者甚众，黄少强、赵少昂、何漆园、周一峰、叶少秉、容漱石并称高弟。十五年广州中山纪念堂落成，政府求其所作海鹰、白马、雄狮诸图饰壁，缘平日刻苦自励，折衷中外画法，以瑰奇雄浑见胜，声誉鹊起。画风与乃兄剑父相近，世称"岭南派"，或"折衷派"，与剑父齐名，论者以"岭南二高"称之。虽染肺病，仍不忘绘事。十八年，养病于珠江颐养园，后筑室于珠江之二沙岛，颜所居曰"天风楼"，与陈可钰将军养疴之"可庐"、梁培基医师之"江滨一屋"合称三家村，平日杜门少出。民国二十二年，德国首都柏林举行中德美术展览会，高氏奉委为代表，以十月十一日至上海，候船出国，不意登岸时失足受伤，引致旧病复发，于十一月二日卒于大华医院，享年四十四岁。葬于南京栖霞山。著有：

《新画学美术史》、《美感与教化》、《奇峰画集》。（关志昌稿：参考：李健儿《广东现代画人传》。）

高拜石 （1901—1969）

高拜石，字懒云，别号般若，笔名散见各报章杂志者，有芝翁、南湖、芝叟、介园、难云等等，生于清光绪廿七年（辛丑）元月十四日，一九六九年四月廿三日以肺癌不治，享年六十九。拜石先世为浙江镇海望族，以游宦而落籍闽省福州。幼年勤奋力学，深得其父杰藩公钟爱，年六岁入塾，通四书六艺，为名师朱敬亭、林子冕之得意门生。十一岁入省垣商业学校，课余常投寄稿件于报章，多为采用，文名乃彰。学成随叔荫午游赣，服务九江县政府处理文书函牍。旋以荫午调长山东栖霞县，始北上赴故都，民十年间毕业于北京平民大学文科。

拜石因受安吉吴缶庐（昌硕）艺术成就熏陶，终身醉心于书法与篆刻，不遗余力。篆刻以朴刀为多，字与字之间的章法，显出平稳、均匀之美，同时具有雍容的气度。此种特色，实吸取钟鼎、拓文、彝器的精华。所谓"书从印入，印从书出"，盖其对书法各体兼长，浑朴天成。严谨稳健自成一家。

拜石以文字鼓吹革命，挽救世风，曾创办《心声晚报》于北平。迨抵闽省后，复创《华报》、《寰宇新闻》，并曾出任福建《民国日报》编辑，并主持福建《中央日报》笔政。

来台后，公暇从事艺文，为台湾《新生报》撰《古春风楼琐记》，十年如一日未尝间断，成稿四百万言，以春秋之笔，虽纪野语村言，然必谨严以求征信，张其昀有谓："自梁任公、林琴南以来，罕见其伦比，诚足列于现代中国一大文豪而无愧色。"

拜石系一位多才多艺者，曾发起组织中国书法学会，获选为理事；并组"东冶艺林"，集八闽书法、绘画、金石冶于一炉，每月集叙，未尝间断；与马绍文、尤光先、谢宗安、陈其铨、石叔明、施孟宏、鄞济荣，组"八俦书展"，复与王孟潇、杨士瀛、李普同、张迅作"五人书展"。（刘棨琮稿。）

高鸿缙 （1891—1963）

高鸿缙，字笏之，原籍湖北沔阳人，清光绪十七年（一八九一）七月二十八日生。少习"四书"、"五经"及《说文解字》。年十二，赴省垣就学武昌公立东路高等小学堂及普通中学肄业。民国四年考入国立武昌高等师范学校英语部深造。八年夏毕业，抡派湖北省立小学中学及教育厅服务。十二年春奉派美国旧金山任中国代表团代表，出席第一届世界教育会议。寻补公费额，留学美国哥伦比亚大学，专攻教育。十五年春学成归国，取道欧西，考察英法诸国战后新教育及社会状况。返国后，任教于国立武昌大学、国立武昌中山大学及湖北省立教育学院。抗日战起，举家西迁重庆，先后执教于国立社会教育学院、四川省立教育学院及国立杭州艺术专科学校。胜利后复员到杭州，卜居西湖，专心著述约两年。三十六年夏，受聘台湾省立师范学院任国文系系主任，并教授文字学、古文字学、训诂学、诗经、论、孟诸科。前后历时十四载，桃李盈门。一九五二年暑假，应聘担任"国立"中央及故宫博物院联合管理委员会古物清点委员，长住台中雾峰北沟，监督清点殷周铜器。一九六一年夏，新加坡南洋大学慕名敦聘，传薪海隅。不意于一九六三年六月十八日，竟以肾结石症，遽归道山，享年七十有二。越日安葬于新加坡基督墓地。

鸿缙幼承庭训，读"说文"而好之；长习外语，因考中西语法之异同。返国以后，专心文字之学，以许氏之书为经，上溯甲骨钟鼎，下及近世边民象形楔文。乃据六书纲领，将"说文"所载九千三百五十三字分类部勒，每字复按甲文、金文、篆、隶、楷五体排列，以明字形之源流，以考字音之变迁，以断文字之本意与借意，辑为《中国字例》八篇，分订上下两册，通古今之变，成一家之言。殁后，其零星遗稿，由杨树人携回台湾，而经汪中、李鎏、林明波整理，陆续出版。（何广棪稿。参考：程发轫《高鸿缙君事略》。）

曹亚伯（1875—1937）

曹亚伯，原名茂瑞，字庆云，十六岁受洗为基督徒，礼名亚伯，人遂以亚伯称之。湖北兴国州（民国改称阳新县）人。生于清光绪元年。父衍森，好学，严于礼教。亚伯幼受庭训，勤奋向学。十八岁，为邑庠生。一八九八年，张之洞创办两湖书院于武昌，入肄业，与黄兴、周震麟同学。毕业后，回故里设帐授徒。讲授中多晓以民族大义，厥后辛亥革命，武昌起义之青年干部，其学生竟有百人以上。

一九〇四年六月，与吕大森、胡瑛等组织"科学补习所"，为革命机关，任宣传。时亚伯已在长沙"求中"、"宁乡"、"长沙"三中学执教，受黄兴命为湘鄂联络员。计划十月十日（农历）起事，后事泄失败，与张继、黄吉亭等掩护黄兴脱险赴沪。冬，黄兴函促赴日共襄大事，即往。在日初谒孙中山先生。次年，加入中国革命同盟会，任评议部议员。在东京，积极学英日文。当其赴日也，日知会于一九〇六年二月，在武昌开成立大会，此会之成立，其功为多。是年返国，因梁鼎芬推荐，夏秋间，以官费留学英国。道经香港，冯自由（时主《中国日报》）请其任驻英义务通讯员，慨然允。在英积极鼓吹革命，介绍吴敬恒入同盟会。一九〇九年，中山先生自南洋赴英，亚伯向留英同志筹款四十金镑助中山先生旅费。亚伯以热心革命，为驻英公使馆侦悉，革其学籍，断其经济，幸赖友人及英人约翰逊之助，财用得以不匮。一九一〇年，卒业于牛津大学。辛亥武昌革命军起，中山先生复至伦敦，尝邀结伴归国，亚伯以随其研习中国文化之英人颇多，不欲遽归辞。民元，归国。民二，二次革命失败后，东渡日本，参加讨袁工作。民三，中华革命党成立，陈炯明在南洋另创水利公司，乃衔中山先生命与陈耿夫至南洋各埠，向华侨宣布改组宗旨。旋，再度赴英，致力文化交流。民五欧战剧烈，回国，民六，中山先生与程璧光商率海军南下护法，而乏开拔费，卒由亚伯自德人处得百万元，于是海军开拔费与参议员之旅费，皆有着。中山先生南下组军政府，九月任亚伯为大元帅府参议，辞不就。

十年夏，中山先生被举为非常大总统，促亚伯南下。秋，亚伯由沪赴港转广州，受聘为总统府高等顾问。十月，中山先生督师北伐，驻节桂林，亚伯随行。尝因细故与胡汉民不协，陈炯明知之，遂多方联络推崇，陈少白、冯自由力说之，始决然归沪，惭悟社会道德沦丧，自是厌闻时政，在昆山经营农业。

十五年，国民革命军入江苏，亚伯号召乡民起义响应，革命军某疑其投机，诱禁之于上海司令部，蒋总司令闻之，立令开释。亚伯既脱罪，谓国民党改组后，一般青年多数数典忘祖，鄙视前辈，皆由不知革命历史所致，遂发愤撰成《武昌革命真史》一书，凡数十万言，于十八年由中华书局印行，但旋被禁。亚伯遭此打击，决意摆脱世事，专心学佛。

二十年，九一八事变作，恒发为忧愤之言。二十六年，七七事变起，突觉心痛，体益不支。二十六年十月二十七日卒于昆山寓庐。享年六十有三。国府明令褒扬。著作除《武昌革命真史》外，尚有《第一次欧战中世界旅行记》、《游川日记》等。（陈哲三稿。参考：曹文锡《先严曹亚伯与中山先生的交谊》，载《湖北文献》第三十、三十一期；冯自由《兴国州人曹亚伯》；曹志鹏《五湖烟水暮云高——曹亚伯先生》，刊《畅流》半月刊第二十六卷第五一六期；曹文锡、曹昭苏致陈哲三函。）

梁敦厚（1906—1949）

梁敦厚，字化之，山西定襄人。清光绪三十二年（一九〇六）

十一月一日生。民十九，毕业于山西大学。二十一年任太原绥靖公署秘书。二十四年创设主张公道团，襄助阎锡山组训山西民众。二十五年秋任公道团政训处长，十月任军政训练委员会办公室主任，组训青年干部，充分准备抵御日军侵略行动。

二十六年七月抗战军兴，率领受训干部成立民训干部教练团，旋组织决死纵队四队，建立抗日游击武力，并发动政治保卫队、人民武装自卫队等协同作战，克敌致胜。十一月，山西为配合中央达成持久抗战国策，组成民族革命同志会，敦厚任总干事暨组织处长，并兼战区政治处处长、随营军事政治学校与民族革命青年训练学校教育长。旋任山西省政府委员、战区政治部副主任，全面展开军队政治工作。二十八年三月任山西省党部执行委员暨三民主义青年团中央临时干事会干事。民三十一，领导所属干部，加以武装，投入"晋西大保卫战"的阵营中，民三十二，升任第二战区政治部主任。民三十四，任民族革命同志会主任委员，五月，膺任国民党第六次全国代表大会中央候补执行委员。三十五年五月，当选三民主义青年团山西支团部监察会监察。民三十六，奉派为山西省党团统一委员，兼监察委员会常务委员；是年冬，当选第一届国民大会代表。

三十七年夏，任总体战行动委员会主任委员，负责督导前线作战。三十八年三月，奉命代理山西省主席职务。四月九日，与共产党相拼；二十四日，弹尽力绝，伤亡殆尽，遂饮药自尽。（刘筱龄稿。参考：《革命人物志》第九集）

崔震华（1886—1971）

崔震华女士，字哲云，河北庆云人。生于清光绪十二年（一八八六）八月十一日。天津北洋女子师范学堂毕业。父光篪公，为清末硕儒，思想开明，于子女教育督责甚严。震华昆季五人，长次两兄皆谨饬之士，三兄留学日本，恒以家书勉两妹。负笈天津时，因接受新潮流，思想卓然超群，目睹清政窳败，民不聊生，奋然投身革命，结合校内外有志青年数十人，暗中组织团体，从事革命宣传，藉以救励人心。师范学堂毕业后，继在保定、北京等地，以担任教习为掩护，从事反清运动，因经费困难，先后偕妹返籍筹款并吸收女同志参加革命，颇有所获。辛亥秋，滦州之役，王金铭为都督，施从云为总司令，白雅雨为参谋长，首举义旗，不幸失败，三公俱以身殉。震华与白烈士有师生之谊，尤感悲痛，遗体运津之日，挺身而出，为之协助办理丧葬。未几，东北同志起义奉天，被捕者二十余人，天津方面急谋营救之计，由震华姊妹携款二千余元，前往海城劫狱，二十余人果皆获脱。其姊辣复化装返津。民国肇造，于民元八月，在天津与张继（溥泉）结婚。迨同盟会改组为国民党，规定新党不收女同志，凡前隶同盟会者，皆除籍，女同志闻之哗然，群起反对，震华专程南下，至沪谒国父力争，国父以温语相慰，后果又复籍。民国二年，二次革命失败后，溥泉随国父赴日，继转往欧洲各地，震华则仍留北方，观察时局。民国四年冬，溥泉由欧经美东归，先至东京，震华由天津至日本相会，共商讨袁大计。民国五年七月，由日返国，以迄北伐，为国事奔波，往来于北京、天津、上海、广州等地，无间寒暑，抗战期间，抚辑流亡，翊赞中枢，贡献尤多。胜利后，溥泉任华北宣慰使，震华与鹿锺麟为宣慰副使，三十四年冬，偕溥泉遍莅华北各地，宣示中央德意。三十六年于北平创设宏仁产科学校及宏仁产科医院，进行甫有头绪，于十二月某日突得溥泉在南京病逝噩耗，即行离平飞京。震华承家学，重礼法，治家勤俭，律己以严，相夫教子，以正义为依归，秉性刚烈，嫉恶如仇。历任"制宪国民大会"代表、国民参政会参政员、中国国民党中央监察委员、监察院监察委员等职。三十八年随"政府"来台，卜居台中，将溥泉之遗稿及所藏之顾亭林《日知录》原抄本，傅青主、张廉卿墨迹，重新付梓，以保存国粹。在台二十余年，治事之暇，惟礼佛诵经不辍，每值"监察院"会期，从不缺席。一九七〇年七月中旬，因肠胃炎症住院，延至一九七一年三月九日五时，病逝台北。享年八十六岁。（郭易堂稿。）

盛 文（1906—1971）

盛文，字国辉，湖南长沙人，生于清光绪三十二年六月廿三日。民国十年，入湖南公立工业专门学校附设中学，旋被推为学生会长，自第二学期起，皆以"特待生"（可免学费）之优异成绩，名列前茅，直至毕业。十二年，考取黄埔军校一期，以父命未就，续在工专读书。十三年，毕业于工专，旋入北京大学政治系。十五年，入黄埔军校六期。廿年，任职第十师，在赣南"剿匪"。廿四年，毕业于陆军大学十一期，分发于程潜之第六军第十七师见习。廿六年，任第十师三十旅副旅长兼代旅长，自是年秋至廿八年春，曾参加晋北忻口会战，晋南灵石会战及曲沃侯马之役诸战役。廿八年二月初，任驻节于西安之天水行营少将高参（主任为程潜），并兼西北参谋补习班战术教官。三月底，代理天水行营总务处中将处长。六月杪，调参谋处中将处长。廿九年三月初，出席全国第二次参谋长会议，于会中揭发第十八集团军（参谋长为叶剑英）在晋冀察方面阻挠抗战袭击友军。会后蒙蒋委员长召见两次，并获"头脑清楚，见解卓越"之评语。十月中旬，任第三十四集团军参谋长（总司令为胡宗南）。卅一年秋，任第三十七集团军第三十六军五十九师师长（总司令为陶峙岳）。卅二年春，西北大后方汉回匪乱，遂兼前敌总指挥，自六月五日起，历时四十日，大小十一战，歼灭刘羽、张英杰等匪。卅三年，五十九师改编为陆军一二三师，仍任师长，续任陇东防务（改属第一战区，司令长官为陈诚，副长官为胡宗南）。卅四年十二月初，调为第一战区长官部中将副参谋长（司令长官为胡宗南）。卅五年二月底，升任参谋长。卅六年一月初，与胡宗南同受蒋介石召见，商讨占领延安计划，自三月十四日至十九日晨占领延安，费时五日零三小时，因获三等云麾勋章。与郭寄峤、赵家骧同被誉为国军三大参谋长。时第一战区长官司令部改为西安绥靖分署（主任为胡宗南），仍任参谋长。卅七年四月杪，奉召至京，调为国防部中将部附。卅八年一月二日，奉谕即日与胡宗南赴陕，就汉中指挥所主任并兼第三军军长。五月准辞汉中指挥所主任。十二月六日"行政院"院务会议决议，任命为成都防卫总司令，于七日就职。自六日之外围序战开始，迄卅日蒲江突围结束，激战匝月，陷于孤绝，全军覆没，于混战中仅以身免，于一九五〇年二月一日抵达香港。二月十一日，搭船抵台。旋任"国防部"参事。一九六五年，退伍。任高雄六国大饭店董事长。一九七一年八月八日，以慢性肝炎病逝台北荣民总医院。享年六十有七。（沈铿稿。参考：盛文撰《我与刘戡将军》，载《湖南文献》季刊第四期；盛文撰《天涯归梦》，未发表之回忆录）

张　冲（1904—1941）

　　张冲，字淮南，亦字怀南。浙江省乐清县人。生于一九〇四年二月八日（清光绪二十九年癸卯十二月廿二日）。幼时失怙，赖其母金氏为之抚养成人，家贫，在乐清馆头镇经营一小饭铺为生。幼从郡宿儒高性朴启蒙。民国五年，入县立第三高等小学肄业。八年卒业，考入温州省立第十中学肄业。时五四运动起，冲在校组醒华会。十二年毕业，考入北京交通大学，攻俄文，旋以公费转入哈尔滨法政大学，始任中国国民党哈尔滨市党部委员，兼青年部部长。奉军在东北声势甚壮，冲处危难中秘密工作，绩效最著。不久为奉军逮之入狱，迨东北易帜，始得出狱。嗣任哈尔滨市党部特派员，调天津市党部委员，中央组织部调查科总干事，破上海国际匪谍牛兰案。廿三年，奉派考察欧洲政治经济，归国后，调中央宣传部电影事业处处长。廿四年冬，当选为第四届中央执行委员，奉命出国，参与中苏复交谈判。廿五年冬，奉蒋委员长电召，随行备咨询，西安事变作，亦被羁押；事平，任甘肃省建设厅长，辞不赴。此后奔走国内，团结御侮，不遗余力，与孙科、陈立夫、邵力子等，发起组织中苏文化协会，复独力创设俄文专修学校。抗战军兴，移任军事委员会第六部主任秘书。廿六年冬，任考察苏联实业团副团长，归国调任军事委员会办公厅顾问事务处中将处长。卅年三月，兼代中央组织部副部长。冲深得蒋委员长信赖。参与密勿，有非局外人之所知者。卅年六月廿一日，冲偶撄风寒，本不足介意，惟以忠于职事，虽在休养医疗中，犹不肯废簿书，气体本充，渐以羸损。至八月七日晚，症象猝恶，终于十一日寅刻不起，临终以有负蒋委员长有负老母为言。冲逝世后，蒋委员长亲临祭奠于重庆夫子池，并亲笔为之撰诔词云："赴义至勇，秉节有方，斯人不永，干将沉光！"来台后，尚于《苏俄在中国》一书中，述及其对奔走国事，团结御侮之经过，可谓永垂不朽矣。（叶会西稿。）

张　炯（1879—1959）

　　张炯，字星舫。湖南常德县人。清光绪五年六月一日生。少随父焕丞习制艺，然不为科举所囿。光绪三十一年，入北京京师大学堂优级师范科理化系，于宣统元年四月毕业。先后任湖南西路师范学堂、黑龙江齐齐哈尔两级师范学堂及山东省立高密工业学堂理化教员有年。辛亥革命后，离鲁赴沪回湘，主持同盟会常德分会，兼任县行政厅教育科长。民国二年，赴衡阳，任第三女子师范校长。

民国四年返里，任常德劝学所长，创立莲湖中学于常德。九年，谭廷闿第三次督湘，受命为湖南第二师范校长。十二年，应谭邀，任湖南讨贼军总司令部文书委员。十六年秋，任国民革命军第二军政治部主任。翌年春，军长鲁涤平乘荆门大捷之后率军入常沣，继续扫荡唐生智余部。前锋抵常德，时唐部叶琪以一军之众，踞常德闭城固守，鲁氏计与友军围攻。星舫不忍城郭人民毁于兵燹，乃请独自入城；向叶晓以大势，劝其输诚离常。叶感而从之，与鲁氏晤于城郊，互相谅解，叶部撤离，全城免于涂炭。旋由常德进驻长沙，鲁氏受命主湘。星舫被任为湖南省党务指导委员会委员及组织部长，招考干部，建立各县党部组织。复由中央任命兼领省教育厅长。成立各县教育局，并增设师范学校及职业学校数所。二十年秋，当选省执行委员。二十一年，赴南京，任教育部社会教育司司长。二十五年，改任中央政治会议教育专门委员。二十七年回湘，任第四区行政督察专员兼专署驻在地乾城县长。二十八年，为实行其劳动教育之理想，于乾城创立屯区中学，躬任校长。三十二年，一任国民参政员。是年底，中央任命为湖南省党部湘西办事处主任。三十四年八月，任命为湖南省党部主任委员。于战后救荒诸政，不遗余力。复于南岳创设组安中学，以纪念故人谭延闿。三十七年三月，程潜主湘，对党务多所牵制。七月辞卸省党部主任委员。三十八年春，应湘鄂川边区绥靖主任宋希濂之邀，参赞机要。同年八月，黄杰主湘，省府移芷江，被任为省府委员，赴芷江共襄省政。未几，仍回宋幕，任绥靖公署特种会议委员。嗣以局势突变，离军赴渝。十二月，辗转抵台湾。一九五〇年，受聘为“国策”顾问。复殚力于中央日报，历任董事、监察等职。一九五八年七月一日无疾卒于台北寓所，享寿八十一岁。星舫以连年奔走革命，无著述行世，但于三民主义与马克思、恩格斯之学说具有精深研究。（张珂稿。参考：喻焕生《张星舫先生言行实录》。）

张　云（1896—1958）

张云，字乐纬，号子春，广东开平人。生于西元一八九六年，卒于一九五八年十月二十七日，享年六十二岁。

早岁失怙，赖母教养成人。民六毕业于国立武昌高等师范学校，民八考取庚款公费留法，获里昂大学天文学博士。民十六，由法返国，任教国立中山大学，以迄三十八年。二十年间，先后任教授、天数系主任、天文台主任、理学院院长、教务长，民三十年及三十八年，两任校长。此外，并历任广东航空学校天文教官、中央研究院评议员、立法院立法委员、中央研究院天文研究所所长。

民三十四年，抗战胜利，奉委为教育部广州辅导委员会特派员，接收两广大学教育机构，顺利完成接收中山大学工作，使全部图书仪器等设备，得以保存。

民三十五年冬，应美国哈佛大学之聘，赴该校讲学。曾检阅逾八百张之底片，卒于此时发现一颗位于鹿豹座南端之新变星，此消息于三十六年十二月，由哈佛天文台台长向全世界宣告，因此名震世界，为太空科学创下新页。

民三十八年六月，再度接长中大，当南京失守，广州危急之时，把历年档案，分装十箱，先运海南，继运台湾。十月广州失守，乃卜居九龙，迄一九五八年卒于九龙医院。

其一生先后在中山大学任教及主持行政，时逾二十载，对提高中大之学术地位，贡献良多。专门与普通天文学之著作特多，对国内天文学之提倡，功不可没。平居俭朴，勤于著述，并喜种植花木，对旅行、登山、游泳亦乐为之，兴到时尤好作诗填词。其重要著作有：《高等天文学》、《普通天文学》、《廿世纪之科学》、《天文学讲话》、《地球》、《月球》等。（陈哲三稿。参考：戴诗成《张云校长的生平》，载《国立中山大学成立五十周年特刊》、钟贡勋《母校沿革史稿》，载同上书。）

张定璠（1891—1944）

张定璠，字伯璇，江西南昌县人。年十七，入江西陆军测绘学校。辛亥（一九一一）投武昌革命军，尝充敢死队攻城，事定，入武昌陆军预备学校，升保定军官学校工兵科。卒业后入赣第四军任连长。民七年孙传芳部攻赣南黄冈，为定璠所却走，以功擢军参谋，军长伍毓瑞奇之，妻以女弟。昆明设讲武堂，延其教授兵工学。明年广东第一路司令黄大伟召为参谋。十一年北伐，任参谋长兼第七团团长，率军入赣转闽。旋任广西第一师师长。十四年任黄埔军官学校办公厅主任。十五年革命军北伐，任总司令部参谋处长。革命军克南昌，任江西省政府委员兼全省警务处长，省警察厅长，南昌市长。十六年白崇禧任革命军东路前敌总指挥，定璠为其参谋长。自赣入浙，连克淞沪，领淞沪卫戍司令部参谋长，兼十三军军长。旋兼任上海市长。十八年以疾求去。抗战军兴，任军事委员会第一部副部长，移军政部常务次长，兼抚恤委员会副主任委员、党政委员会委员。三十三年患膀胱瘤，赴印度多里就美军医院治疗，稍愈复剧。十二月赴美就医，十二日途次北非卡萨布兰卡港，卒。年五十有四。（蒋永敬稿。参考：夏敬观《张定璠传》，载《国史馆馆刊》创刊号。）

张知本（1881—1976）

张知本，字怀九，湖北江陵人，生于清光绪七年（民前三十一年、一八八一）正月二十二日。年十三，应试获隽，入县学为秀才。越二岁，考入武昌两湖书院，时黄兴亦肄业于该校，时相切磋，历六载以文科优等毕业。毕业后官费选赴东瀛，入日本法政大学。翌年（一九〇五）同盟会成立于东京，乃率先加入，受知于国父孙先生。法政大学毕业，归国执教乡梓，旋出任同盟会湖北支部评议长，参与实际革命工作。

辛亥（一九一一）革命，武昌起义后，被推为中华民国军政府司法部长，树立民国司法基础。民国二年膺选为第一届国会参议员，到北京后，不旋踵而甫经选出之大总统袁世凯，竟非法下令解散国民党，取消国民党籍国会议员之资格，遂返武汉任教于私立武昌中华大学，并致力著述。六年追随国父南下护法。十二年任教上海法政大学，次年一月赴穗出席中国国民党第一次全国代表大会，膺选为第一届中央执行委员，二月国父任为大本营参议，旋受任负责国民党汉口执行部，主管陕西、湖北、湖南党务。及闻鲍罗廷密议审判冯自由、刘成禺等反共志士，乃电国父，愿一并辞职，同受审判，审判之议遂罢。同年出长湖北法科大学。

民国十五年国民革命军北伐，次年宁汉分裂，知本电责汪兆铭与陈独秀联合宣言，词严义正。时上海法政大学复校，受聘为校长，不久出任湖北省政府主席。十九年应邀参加北平扩大会议，次年出席广州中国国民党第四次全国代表大会。二十一年中央委派为民众训练委员会主任，翌年任立法委员兼宪法草案委员会副主任委员，负责撰拟宪法草案，历半年而成初稿，为是后五五宪草之所本。二十五年出任北平朝阳大学校长，惨澹经营，造就法界人材綦众。次年任司法院秘书长，二十八年当选第五届中央执行委员，三十一年调任行政法院院长。三十四年抗战胜利，出任苏浙皖敌伪产业接收清查团团长。

民国三十五年当选"制宪国民大会"代表兼任国务会议法制审查委员会委员。三十七年当选"行宪国民大会"代表，三十八年奉调司法行政部长，不久首都失守，"政府"播迁来台。增设台东、屏东、澎湖地方法院三所。一九五〇年改聘为"总统府""国策"顾问，一九六〇年改聘为"总统府"资政。一九六二年兼"光复大陆设计委员会"副主任委员，一九六三年受任中国国民党第九届中央评议委员，一九六八年中华学术院授予法学哲士。一九七六年八月十五日病逝于台北，享年九十八。

知本毕生从事法学研究与司法工作，遗著计有：《社会法律学》、《宪法论》、《土地公有论》、《民事证据法》、《宪政要论》、

《宪法僭拟》、《辛亥革命论》、《中国立宪故事简篇》、《张知本先生言论选集》、《张知本先生孔孟学说言论集》，其他论文演讲词散见报章杂志。（卓遵宏稿。参考：《张怀九先生事略》、张文伯《张知本先生年谱》、孙镜《江陵张怀九先生言行略述》、卓连宏《张知本先生访问记录》。）

张宗昌（1881—1932）

张宗昌，字效坤，山东掖县人。生于清光绪七年。出身微贱，但为人豪爽，事母至孝。早年曾充任衙署门卫，后辗转由烟台往关外谋生，自抚顺而至哈尔滨，一度穷途潦倒，沦为胡匪。后被聘为商团队长。

武昌首义后，张由哈尔滨率二百余人经大连乘船至沪，由民党李徵五之介，投入陈其美部下，被任为光复军骑兵独立团团长。民国成立，光复军改编为第三师，张归冷遹统率，任骑兵第三团团长。二次革命失败后，冷遹弃军遁逃，张部乃由苏督冯国璋收编为第二军。嗣获得冯之赏识，于主入新华宫时，以张为侍从武官。民七，护法之战再起，张政属直系，随同曹锟、吴佩孚、张敬尧等入湘，驻在湘西，归吴佩孚指挥。九年五月，吴佩孚自湘之衡阳返北后，张被湘军击败；孤军入赣，又为赣督陈光远缴械遣散。张西走洛阳见吴自效，吴拒不纳；复谒曹锟求职，又不见用，乃出关投奔张作霖，被任为巡署高等顾问。

民国十一年四月，直奉第一次战争，张作霖铩羽而归。为求湔雪前耻，乃大事整军经武，以张为旅长。张即在哈尔滨招募新军，并收编白俄散兵。在一次军事演习中，张部表现突出，深获张作霖所激赏。十三年九月，直奉战争再起，奉军获胜。翌年，张奉命假道山东进攻江苏，一战将苏督齐燮元驱走。张作霖以张作战甚力，经向段执政力荐，于是年四月，任张为山东督办兼省长。十六年六月，张作霖自任"海陆军大元帅"，组织七个军团以对抗国民革命军，以张为第二方面军团长。革命军由江苏向北进攻时，张军首当其冲。斯时日本军阀蓄意阻止革命军北上，曾派人向张示意，愿以精锐日军一师团改装为山东军，担任第一线与革命军作战，遭张坚拒。

民国十七年一月，蒋总司令复职，继续北伐。当革命军进抵济南时，张部即退出山东；后在长城以南，又图负隅顽抗，终被彻底解决。迨奉军撤出关外，张未随同前往，一度亡命大连、日本。此后，日方时思利用张与国民政府及张学良捣乱，终被婉拒。"九一八"变起后，张方离日返国，潜居天津租界。

民国二十一年九月，张因思乡心切，欲返乡一行。张母闻之，力诫弗听。时韩复榘主鲁政，对张颇有戒心，闻张欲返乡，遂佯示友好，邀约其至济南一行。张到济南逗留数日，于九月三日夜宴后，韩复榘率警卫送张至济南火车站登车，然后由时任省府参议之郑继成对张开枪。张因身上手枪已被石友三骗去，只得由车上跳下而逃，终被郑继成追及击毙。按郑继成之父郑金声曾任国民革命军第二集团军副总司令，于十六年冬在鲁西南与张宗昌作战被俘，后被押解济南枪毙。（赵立成稿。参考：陈锡璋《北洋沧桑史话》。）

张莘夫（1900—1946）

张莘夫，名春恩，字莘夫，以字行。吉林永吉人。生于民前十二年（一九〇〇）一月二十四日。幼读吉林青华小学及中学（嗣并入省立第一中学）。民国五年毕业。入北京大学文学系。民九年膺吉林官费留美，入芝加哥大学习经济，民十一年入密西根矿务大学攻矿冶工程，并在美各大矿厂及炼冶厂实习二年，民十六年返国。初任吉林穆棱煤矿工程师兼工程股长。十七年任总工程师兼技术室主任、吉林省实业厅技正。九一八后化名萧舜圃入关，组织东北协会，从事救亡工作。旋任天津北洋大学工学院教授。民二十二年后任中原煤矿工务课长等职，寻任李河煤矿矿长。抗战后，任四川天府矿长。二十八年任昆明复兴建筑公司经理。次年冬任川湘黔三省汞业管理处长（在湖南晃县）。不二年，水银生产竟由年产数吨而达百余吨。民三十三年春，调钨业管理处长（在大庾岭）。民三十四年日本投降，任东北区工矿接收委员兼东北行营一矿处长，十二月去长春。三十五年一月七日偕随员七人自长春赴沈阳准备接收抚顺煤矿。十四日前往抚顺，不时受武装人员干扰，致无法接收。遂于十六日晨乘车返沈，但行抵李石寨（距抚顺二十五公里），突来军人多人，张及随行人员均遭枪杀。生前著作有《我国汞矿及国营矿厂》、《天府煤矿概况采蓁集》、《颠沛纪实》等书。（蒋永敬稿。参阅：党史会编《革命人物志》第五集《张莘夫事略》。）

张海平（1900—1965）

　　张海平，原名步瀛，江苏高邮人。幼以聪慧见称于侪辈。民十年毕业于北洋大学。时北洋已并入北京大学，故毕业证书上之校长为蔡元培。旋赴美深造，进康奈尔大学专修土木工程，得硕士学位。

　　民十二年，海平学成归国，即往东北工作。先在奉海铁路任工程师，旋升工务段长，再升正工程师。民十九年，经其妹玉田之介绍，在苏州与管芝瑞女士结婚。时芝瑞执教于其母校苏州二女师之附属小学。婚后仍回东北服务。

　　九一八事变后，海平偕同铁路员工撤退入关，转任浙赣铁路正工程师兼总段长。民廿四年应交通部次长兼新路建设委员会主任委员曾养甫之邀，担任新路工务处长。嗣以东南沿海军情紧急，奉调任京沪与沪杭甬两路之杭（州）曹（娥江）工程处处长，指挥若定，限期完工。继又奉调往海南岛，任琼崖铁路工程局局长，携眷前往。在此期间，海平患伤寒症，经夫人悉心侍护调养，不久告痊。嗣因政府放弃海南筑路计划，乃奉调赴广西任三（水）荔（埔）铁路筹备处处长。

　　政府长期对日抗战，决计在云南兴建叙昆铁路及滇缅铁路，俾建立西南后方之国际交通路线。因此海平又经调任，携带眷属至滇西祥云，任滇缅铁路西段工程处处长，旋复受命为第三工程处处长，主修祥云以西全部工程，而缅滇境内腊戌至滚弄边境一段之最艰巨工程，亦交由海平主持。迨日军侵入缅甸，此路功败垂成。政府乃赶筑中印公路以济眉急。海平所主办者，为缅境密支那至边境腾冲一段之工程。不料战局逆转，路为日军截断。海平不得已，率部自缅境八莫越高黎贡山之峰，徒步退返。沿途艰危困苦，殊难言状。

政府此时，以陆路国际通道，全为日军封锁，乃决定取给于空运，成立军事工程委员会，由曾养甫总其事，并遴聘海平为总工程师，掌理全部工程。例如云南境内之羊街机场以及四川境内之成都机场，均由海平亲自督率员工，赶期完成。因而海平之才能名望大著于交通工程界。海平对同乡同学高孟起（高明之胞兄），因其人品清高，长于文学，素所器重，故自浙而滇而蜀，经常延为幕宾，处理文书，交谊久而弥笃。孟起之卒于蜀中，海平为之料理丧事。真诚待友，肝胆相照，于此可见一斑。

民三十四年海平膺命为全国铁路测量总队长，其目的在准备胜利重建，为推行国父实业计划之张本。及胜利来临，又奉命接收各机场之整建工程，皆于三十六年竣事。

"政府"来台以后，海平先后担任公路局顾问，工矿公司营建部经理，工程委员会工程总处副总处长兼总工程师等职。民四十七年二月，经美方友好之邀，举家赴美。初曾短期担任工程师职务，约两年后告退，终于一九六五年五月九日突以高血压症与世长辞。海平子女三人。长子天生（在奉天出生），娶刘懿姜，次子长生（在杭州出生），娶杨晓华，三女立讷（出生于祥云），适浦大祥。二子一女均曾获得博士，分别服务，各有建树。

综海平一生，诚如高明先生在其所撰《张海平先生事略》中所云："于国家危疑震撼之时，忠贞不贰，矢志靡它，展其所学，用其所能，赴汤蹈火不辞，卒能化险而为夷，转危而为安，此则忠于国而又长于才者，稽诸往史，亦不多观，而吾乡张海平先生，则其人也。"（浦薛凤稿。参考：高明《张海平先生事略》。）

张贵永（1908—1965）

张贵永，字致远，浙江鄞县人。清光绪三十四年五月十六日（一九〇八年六月十四日）生于马来亚槟榔屿，一九六五年十二月二十三日，卒于西柏林，年五十七岁。

幼时读书于姜山小学、效实中学，后考入清华大学。年二十，留学德国，民二十二年得柏林大学博士学位，再赴英国研究。次年返国，即应国立中央大学之聘，任教十五年之久。授西洋史、西洋史学史、西洋外交史等课，曾任系主任，史学研究所所长。民三十六至三十七受英国文化协会邀请，赴英讲学，在伦敦大学及皇家国际关系研究所与汤恩培诸名家上下其议论。大陆易手，任"国立"台湾大学历史系教授，兼"中央研究院"近代史研究所研究员。迭次奉派出席国际史学、汉学、东方学及联教组织会议。一九六五年受聘往德国西柏林自由大学为客座教授，主讲中国思想史与中国近代史。是年冬，病逝德国。著作有：《曼纳克及其思想史的研究》、《德国霍尔斯丹的外交政策》、《西洋通史》、《史学讲话》、《张致远文集》等。（陈哲三稿。参考：张其昀《敬悼张贵永教授》、艾仪《悼张贵永教授》、张贵永《结婚三十周年》。）

张道藩（1897—1968）

　　张道藩，字卫之，贵州盘县人。原籍江苏江宁府（南京）。生于清光绪廿三年七月十二日。自五岁至十四岁就读其父家风公所办崇山私塾。宣统三年春入盘县高小。民国三年以首名毕业，家贫未能升学。四年任教邻县普安县罐子窑易氏私立小学。次年六月随族叔赴天津，考入南开中学，时加入中华革命党，因资斧不继，赴绥远包头烟酒公卖分局任征收员，年余归南开复学。八年十一月克服万难赴欧，次年正月抵伦敦，先在私立维多利亚公园学校补习英文，暑期后考入兑乃佛穆学院。十年秋考入伦敦大学的大学院美术部思乃德学院专攻美术，三年毕业，为该校美术部第一个得到毕业文凭的中国学生。十二年在伦敦加入国民党，并膺选驻伦敦总支部评议部长。旋赴法入巴黎最高美术学院深造。十三年圣诞节认识法国小姐 Suzanne Grimonprez（中文名郭淑媛）。十五年四月在巴黎订婚。五月，以三幅油画入选法国国家沙龙一年一度举办之春季展览会。六月返国，出任广东省府农工厅秘书。十一月中任贵州省党务指导员。十七年春到南京，任中央组织部秘书。九月与郭淑媛结婚，十月兼任南京市政府秘书长。十八年三月国民党三全大会，当选中央候补执委。十九年六月，因病携眷赴青岛休养；八月，受聘青岛大学教务长；十二月奉派为浙江省府委员兼教育厅长。廿年六月兼任中央组织部副部长。廿一年与叶楚伧等发起成立中国文艺社；十一月任交通部常次并膺选中央执委。廿二年四月兼任中央电影事业委员会委员。廿三年夏发起组织公余联欢社话剧团。廿四年创办国立戏剧学校任校委会主委；十一月调任内政部常次，兼中央文化事业计划委员会副主委。廿五年秋国大选举事务所成立，兼任副总干事。廿七年正月调任教育部常次；三月发起成立中华全国文艺界抗敌协会于武汉；五月兼任中央社会部副部长；六月教育部成立教科书编辑委员会，兼任主委。廿八年九月任中央政治学校教务主任；十二月兼任中央文化运动委员会主委。廿九年八月继任中央政校教育长。卅一年二月随蒋委员长访问印度；十一月任中央宣传部长。卅二年九月改调中央海外部长。三十三年底赴贵阳组织战时服务督导团任督导长。次年二月返渝复命，专任中央文化运动委员会主委。三十五年五月赴沈阳协助国军；六月中央电影企业公司成立，膺选董事长；八月丧母；十一月拜名画家齐白石为师。三十六年发起成立国际文化合作协会；是年秋任南京市文化信用合作社理事主席。三十七年正月当选贵州第二区立法委员；三月中训团设民间艺术训练班，为指导委员会主委。一九五〇年三月创设中华文艺奖金委员会；旋任"中国广播公司"董事长；七月任国民党中央改造委员；十月兼中华日报董事长。一九五二年三月膺选"立法院长"，至一九六一年春辞职。一九六五年任中山学术文化基金董事会副董事长兼文艺创作奖助审议委员会召集人。一九六八年六月十二日逝世于台北市，享年七十二。遗著有：《近代欧洲绘画》、《自救》、《蜜月旅行》、《自误》、《狄四娘》、《密电码》、《最后开头》、《杀敌报国》、《我们所需要的文艺政策》、《再相逢》、《忘记了的因素》、《三民主义文艺论》、《我对中国语文的看法》、《酸甜苦辣的回味》、《张道藩先生画选》等。（邱奕松稿。参考：赵友培《张道藩先生的生平与著作》，载国语日报社编《书和人》一六二期。）

张君劢（1887—1969）

张君劢，名嘉森，一字士林，号立斋，英文署名 Cgrsun Chang。江苏宝山人。清光绪十二年十二月二十五日（一八八七年一月十八日）生于嘉定县城。六岁入塾，十二岁入上海江南制造局广方言馆，四弟嘉璈（公权）同时入学。十七岁中秀才。十八岁入震旦学院，习拉丁文，半年后改入南京江南高等学校攻读。十九岁游湘，先后任明德、沣州及常德中学教员二年。光绪二十二年春，为宝山县派送日本留学，考入早稻田大学政治科预科。时梁启超在日发起政闻社，君劢加入，翌年返国发起宪政运动，为清吏所嫉，旋返日，于宣统二年得政治学学士学位。回国应学部试，列优等。翌年殿试，授翰林院庶吉士。辛亥武昌起义，返宝山任县议会议长。民国元年秋，赴日迎梁启超返国，并发刊《少年中国》，发表袁世凯十大罪状。二年赴德，入柏林大学，仍攻政治学。五年三月返国，四月到杭州，任交涉署署长，参与浙省独立事。十一月辞职，赴沪任《时事新报》总编辑，主张对德宣战。任国际政务评议会书记长（段祺瑞为会长）。民国六年，复辟事平，曾任总统府秘书数月，辞职后就任北京大学教授。七年五月，徐世昌被举为总统，聘君劢为顾问，辞之。与蒋百里发起组织松社，以纪念蔡松坡。十月游日本，返国后于除夕与梁启超等自沪首途赴欧考察。八年一月抵欧，住法京，参观巴黎和会，并至各国游历。九年在德国耶纳，从倭铿研究哲学。十年十二月，偕哲学家杜里舒东游返国，十一年一月抵沪，随同杜氏编译讲稿及游历，著《国宪议》，起草宪法。十二年二月在清华大学演讲"人生观"，引起玄学与科学论战。九月在沪创办国立自治学院，至十四年十月，改组为国立政治大学，任校长，十六年二月停闭，埋首译述。十三年，识王世瑛女士于沪，十四年在福州结婚。十七年，在沪创办《新路杂志》。十八年赴德，翌年在耶纳大学教中国哲学。二十年与倭铿合著《人生观问题》。八月经俄返国，九月抵平，受燕京大学之聘，教黑格尔哲学。二十一年四月十六日创中国国家社会党于北平，组再生社，于五月二十日发行《再生》月刊。二十二年春赴广州，到中山大学讲学。廿三年与张东荪在广州创办学海书院，并于香港创《宇宙周刊》。二十六年五月应邀参加庐山会议。二十七年四月，代表中国国家社会党致函中国国民党蒋总裁、汪副总裁，愿共赴国难。五月国民参政会成立，被遴选为参政员。八月出版"立国之道"（初名《国家社会主义》）一书，揭橥其对民主政治之主张。十二月发表致毛泽东信，劝其交出军权，归政府管辖指挥。二十九年创中国民族文化书院于云南大理，任院长。三十年与青年党及其他政团组民主同盟，于三十五年十二月声明退出。三十年底，民族文化书院停办，居重庆汪山两年，潜心著述。三十三年底，自渝飞印转美，出席太平洋学会会议。三十四年三月，夫人王世瑛女士病逝重庆，不久奉派出席联合国会议代表中华民国签署联合国宪章。三十五年一月返国参加政治协商会议；奔走调停，并力主制宪，除公开演讲宪法之涵义外，旋应各方推请起草中华民国宪法草案，于十二月由"国民大会"通过于一年后施行。同年八月，中国国家社会党与中国民主宪政党合并，改名为中国民主社会党，共推君劢为主席。三十六年十二月，应美国华盛顿大学邀赴美讲中国宪法。三十七年四月返抵上海。十月赴鄂川讲学。三十八年一月，君劢应蒋总统邀赴京洽商国是。三月，政府邀请参加行政院，婉谢之。五月，居正受李代总统托赴澳门，敦请君劢出任行政院长，亦辞之。十月飞台北，晤国民党蒋总裁，并视察随"政府"移至台北之民社党中央总部，旋飞港，召开民社党中央常务委员会，议决继续反共并与"政府"切实合作。十一月飞印度讲学。一九五二年赴印尼、澳洲、香港讲学，四月飞美。一九五五年五月应斯坦福大学聘，研究中共政治问题。一九五八年七月起，离美作环球讲学，历游联邦德国、英国、印度、西贡、香港、日本等地，于十一月返金山，为世界日报撰写社评，并应金山世界文化宗教研究所之聘，担任该所讲师。一九五九年发表"驳斥康隆报告"一文。一九六二年四月再至德国演讲，六月返美。一九六七年至香港讲学。一九六五年三月，创办《自由钟》月刊于香港。一九六七年到星洲讲学。一九六九年二月二十三日在美国旧金山柏克莱疗养院以胃疾病逝，享寿八十三岁。

君劢尝自称"徘徊于学术政治之间"，阐扬儒家哲学，而不忘怀于实际政治。其重要著述及译作计有：《省制条议》（商务版）、《国宪议》（商务版）、《人生观问题》（与倭铿合著）、《明日之中国文化》、《政治典范》（译，商务版）、《全民族战争论》（译）、《立国之道》（商务版）、《中华民族之精神气节》、《王阳明哲学》（英文）、《新儒家哲学思想史》上下册（英文）、《中国第三势力》（英文本，美国版）、《中华民国民主宪法十讲》（商务版）、《辩证唯物主义驳论》、《史达林治下之苏俄》、《社会主义思想运动概观》（再生，台北版）、《中国民主社会党政纲释义》（民社党党刊）、《中国民主社会党的任务》（民社党党刊）、《专制君主时代政制》（由钱著《〈中国传统政治〉商榷》一文改写）、《自由钟》（美国版）等。（参考：《张君劢先生年谱初稿》。）

张厉生（1901—1971）

张厉生，字少武，河北乐亭人。生于清光绪二十七年五月初二日。留学法国巴黎大学，习政治。留法期间，加入中国国民党。民国十三年，奉召返国，参加革命。任王天培军政治部主任。北伐后，任南京卫戍司令部秘书，旋调升国民党中央组织部秘书，为部长陈果夫所倚重。十八年膺选中央执行委员。二十一年兼任豫鄂皖三省"剿匪"总司令部党政委员会党务处长。时华北甫经战乱，厉生奉派为华北军事代表，驻节北平，疏通联络，与商震、宋哲元、秦德纯、庞炳勋、高桂滋诸将领，签北方军人公约，拥护中央。旋任河北省政府委员兼建设厅长，适冯玉祥宣布独立。而中央军之驻北平者仅两师，势难进讨。乃密商庞炳勋军入宣化，又派人策动保康警备司令阮玄武夹击之，冯走泰山。二十五年初，晋任中央组织部长，草国民大会组织大纲，区域职业并重，我国之有职业代表自此始。抗战军兴，兼军事委员会政治部秘书长。旋辞组织部，调党政工作考核委员会秘书长。继调行政院秘书长兼国家总动员会议秘书长，时物资匮乏，民生日艰，于平衡物价，充裕资源，多所贡献。还都前后，兼长内政部，宪政肇始，办理各项选举，任全国选举总事务所主任委员。行宪后，任行政院第一任副院长，未几，政院改组，任政务委员。退台，复任"行政院"副院长，佐陈诚院长规划地方自治，施行耕者有其田。一九五四年，受任国民党中央委员会秘书长。越五年，出任驻日"大使"，一九六三年九月解职。厉生性耿介，淡泊自甘，口不言贫。立身处世，和而不流。一九七一年四月二十日，病逝台北，年七十一岁。（郭易堂稿。参考：《张少武先生行状》。）

张默君（1884—1965）

张默君，原名昭汉。民元以后，以字行。清光绪十年（一八八四）九月初六日午于湖南湘乡。早岁肄业上海务本女校师范科，嗣入同盟会。辛亥武昌首义时，肄业上海圣约翰女子书院文科，闻讯赴苏州说督抚程德全起义。创江苏大汉报，任社长兼总编辑。民元年倡女子北伐队，复组神州女界协济社，发刊神州女报，创办神州女学校。七年赴美，入哥伦比亚大学，专攻教育。九年归国，任江苏省立第一女子师范学校校长。十三年与邵元冲结婚于上海。十六年任上海政治分会教育委员，四月任杭州市教育局长。十八年任考试院考选委员会专门委员。二十年任立法院立法委员，并受命典试第一届高等考试。二十四年当选国民党中央监察委员。三十六年任考试院考试委员。一九五〇年八月任中央评议委员。自民国二十年以来，历次典试高普考及特考，无役不与，三十年如一日。生平究心文史，精擅翰墨，尤好搜藏古玉。一九五七年尝以所藏三代秦汉宝玉大小五十余件，捐赠"国立"历史博物馆。著作有：《白华草堂诗》、《五尺栖诗》《正气呼天集》、《扬灵集》等，综为《大凝堂集》，约五十万言。书法出版者有《玉溁山房墨沈》等。一九六五年一月三十日卒于台北，享年八十二岁。（蒋永敬稿。参考：党史会编《革命人物志》第五集《张默君先生事略》。）

章士钊 （1881—1973）

　　章士钊，字行严，号孤桐，湖南长沙人。清光绪七年（一八八一）生。一九〇三年五月在上海任《苏报》编辑，鼓吹反满革命思想，一九〇三年冬与黄兴等共组华兴会，一九〇五年东渡日本入东京正则学校习英国语文，一九〇八年赴英国进入爱丁堡大学研究，民国成立后，任上海《民立报》及《独立周报》主笔。一九一三年夏讨袁军起，任黄兴之秘书长，二次革命失败，逃往日本。一九一四年五月发行《甲寅杂志》，倡共和政体，反对袁世凯。嗣后黎元洪继任总统，章赴北京任北京大学教授及众议院议员。旋段祺瑞当政，解散国会，章南走上海，一九一九年在上海举行之南北和平会议，章因岑春煊之渊源，被选为南方代表之一，和会决裂后赴欧洲考察政治。一九二二年归国，任北京国立农业专门学校校长，一九二四年任临时执政段祺瑞之司法总长，次年兼教育总长。发行《甲寅周刊》，反对白话文，与鲁迅作剧烈之笔战。一九二八年国民革命军克复北京后，曾被政府通缉，旋赴欧洲游历。一九三〇年受张学良之聘，任沈阳东北大学教授，一九三一年任东北大学文学院院长，"九一八"事变后回沪执行律师业务。一九三四年任上海法政学院院长。抗日战起，留居上海租界，其后由杜月笙协助由沪经香港赴重庆，留渝期间被政府遴选为国民参政员，一九四八年行宪后，当选立法委员，一九四九年三月出任政府和谈代表，飞北平与中共谈判和议，迨和谈破裂，章乃留平。一九四九年九月，以特邀代表身份，出席中共政协首届会议，当选该会全国委员会委员（连任四届委员），一九五四年八月、一九五八年七月、一九六四年九月先后当选中共第一、二、三届全国人民代表大会代表（湖南省）。一九五六年三月任中共中央文史研究馆馆长，一九六五年十月任中共纪念孙中山先生百年诞辰筹委会副主任。

章氏于一九七三年五月廿五日乘中共专机直接由北京飞赴香港，探视其留港之如夫人殷德贞女士，随行有医生、护士、秘书、副官等，排场颇大（前此章曾来港一次则未如此公开）。留港三十六日，七月一日清晨病逝，享年九十二岁。

章士钊为一著名法学家，又工诗及书法，并擅古文词章，宗桐城派，其早岁著作有《长沙章氏丛稿》、《中等国文典》、《名家稽古》、《情为语变之原论》等；其最后之著作为《柳文指要》，一九七一年在大陆出版，十六开本，用文言文，凡二千一百四十六页，以三号仿宋体排印。章氏原配吴弱男女士系同盟会会员，为袁世凯在朝鲜时之军事长官吴长庆之孙女，一九七三年春病逝上海，享年九十岁。如夫人殷德贞，原系上海平剧坤伶，艺名雪明珠。（周卓怀稿。参考：Biographical Dicttonary of Republican China，1967。）

章炳麟 （1869—1936）

　　章炳麟，初名学乘，字枚叔。尝易名绛，后又更名炳麟，字太炎。浙江余杭人。生于清同治七年十一月三十日，即西历一八六九年一月十二日。民国二十五年（一九三六）六月十四日卒于苏州。

　　炳麟幼读蒋氏东华录及全祖望文述南田台湾遗事，即立志不仕进。年二十三，受业于浙江大儒俞曲园（樾），治文字声韵训诂之学，进而通春秋左氏传，为《春秋左氏读》数十万言，文名大显。一八九七年撰文于上海时务报，倡变法，戊戌政变，避祸至台湾，旋往日本，晤国父于横滨，论救国大计。一九〇〇年参加唐才常发起之国会于上海，主革命排满，与唐意见不合。一九〇二年四月，发起中夏亡国二百四十二年纪念会于东京，复与国父常往还，《訄书》中有定版籍及相宅两章，为两人讨论均田之法与定都地点问题。一九〇三年在上海《苏报》连续发表革命排满言论，轰动一时。六月，"苏报案"发生，章与邹容被判刑囚监西牢，邹二年，章三年。邹病殁狱中，章于一九〇六年七月出狱至东京，主持同盟会之民报，阐扬民族主义，民报之传播益广。辛亥光复至上海，自组中华民国联合会，与同盟会分离。国父任临时大总统，聘为枢密顾问。章复成立共和党，以助袁世凯。民国二年袁邀章至北京，语不合，袁幽之于北京。以舆论故，袁特许其弟子黄侃随时探视，并许法部参事吴承仕从章受业，负调护之责。章口授胜义，使吴记之，即世所传之《菿汉微言》。袁死，章归上海。六年七月随国父到广州护法，任大元帅府秘书长，派往云南及四川联络各军。旋往上海，偶对国事表示意见。民国十四年后，潜心著述，不豫政事。二十一年一月，淞沪变起，往苏州创办国学讲习会，躬自主讲，有志之士，争往就学。

章之著述甚丰，原学、原儒、原道、原名、明见、辨性，列于国故论衡下卷；订孔、原墨、原法、道本、道微、儒侠、本兵、学变，则系于检论；文始、新方言、古文尚书拾遗、管子余义、庄子解故、齐物论释、菿汉微言、菿汉昌言等，皆各自成一篇。（蒋永敬稿。参考：林尹《章太炎先生传》及章太炎自订年谱。）

陶行知 （1891—1946）

陶行知，安徽歙县人。生于前清光绪十七年（西元一八九一）九月十六日，殁于民国三十五年七月二十五日，享年五十六岁。原名文濬，继以相信王阳明知行合一之说，易名知行。后发现"行是知之始，知是行之成"的道理，再易名为行知，即以行知行。笔名有"何日平"、"不除庭草斋夫"等。

行知家境清贫，幼年受父亲教育。十五岁始至徽州歙县崇一学堂肄业，该校为一内地会设立的教会学校。四年后跳级毕业，成绩为全校冠。后往杭州广济医校肄业数月后，转入苏州浸会学堂攻读。嗣考入南京金陵大学文学系肄业，时为宣统三年秋。在校时创办金陵光学报（民国二年六月创刊），设立演说会等。民国三年夏，以第一名毕业。旋借债赴美留学，先入伊利诺大学学市政，得政治学硕士后转哥伦比亚大学专攻教育，为杜威所器重。民五回国后，应南京高等师范学校之聘，任教务长兼教育专修科主任。南高改东南大学时，仍任教育科主任如故。八年二月一日"中华新教育共进社"发行之《新教育》月刊，由陶行知、黄炎培、蒋梦麟主编。五月，杜威由美来华讲学，前后共两年，分由胡适及陶行知任翻译；平民主义教育思潮一时风行全国。十年十二月，"中华教育改进社"成立于北京，行知任主任干事。其后又与朱其慧、晏阳初等发起组织"中华平民教育促进会"，编平民千字课。十二年七月，总会在北京成立，陶并亲往各省县推行平民教育工作。十三年，中华教育文化基金董事会成立，行知膺任为董事。

十六年三月，受"中华教育改进社"之委托，与同人赵崇鼎（叔愚）于南京晓庄创立"南京市试验乡村师范学校"，由行知任校长，赵叔愚任院长。提出"生活即教育"、"社会即学校"、"教学做合一"等口号，为中国教育辟一新蹊径。十八年冬，接受上海圣约翰大学之名誉博士学位。十九年四月，晓庄学校被封，知行亡命日本一年。二十年，由史量才资助，在沪创办"自然科学园"，编辑"自然科学丛书"，促进科学通俗化、大众化，称之为"科学下嫁运动"。二十一年十月，创办"山海工学团"，并发明"小先生制"，在普及教育史上为划时代的创举。同时任儿童书局编辑，主编"儿童科学丛书"、"晓庄丛书"、"乡村教育丛书"，及儿童科学活页指导，并于申报上发表《古庙敲钟录》。二十二年十月，入"中山文化教育馆"，任"民众科学丛书"主编。二十三年，组织"生活教育社"，发行《生活教育》半月刊（二月创刊），并展开普及教育运动。二十四年，时值国难严重，乃起草国难教育方案，推行国难教育。二十五年四月起，旅游欧美二十八国，并担任国民外交使节，宣传中国民间救国主张。二十七年秋，始由海外归国，参加"中国战时教育协会"之创立，起草战时教育方案，并创办"晓庄研究所"。是年，国民参政会成立，行知被选任为参政员。二十八年七月，"私立乡村建设育才学院专修科"于重庆北碚成立，即以后之育才学校，由晏阳初任院长，后改行知任校长。三十年，创导"新武训运动"；连任国民参政员，并全力发展育才学校。三十四年，参加建立中国民主同盟，被选为中常委兼教育委员会主委，并主编《民族教育》月刊及《民主星期刊》。三十五年，创办"社会大学"，为提高在业青年知识文化水准，作高等教育之补习。后以复员迁校及时局激荡，竟以脑充血殁于上海。死后有《陶行知先生纪念集》出版。

行知一生为民众教育服务，其著作主要有下列各种：《知行书信》（十六年一月，亚东）、《中国教育改造》（十七年四月，亚东）、《幼稚教育论文集》（廿一年九月，儿童）、《知行诗歌集》（五集，儿童）、《教学做合一讨论集》（编辑，儿童）、《普及教育》（儿童）、《古庙敲钟录》（儿童）、《斋夫自由谈》（生活）、《老少通千字课》（四册，廿三年九月，商务）、《怎样做小先生》（廿四年十一月，商务）、《实施民主教育提纲》（卅六年，文建）、《陶行知教育论文选辑》（方与岩编，卅七年）。（秦贤次稿。参考：《陶行知先生纪念集》一书。）

陶履谦（1890—1944）

陶履谦，字益生，自号醉琼轩主人，籍浙江绍兴，清光绪十六年二月二十五日（一八九〇年三月十六日）生于广州，卒于民国三十三年八月。幼习经史，聪慧过人，过目不忘，后赴北京，入北京译学馆，于宣统三年（一九一一）毕业，于英语、西班牙语及德语，均有颇深之造诣。壮岁追随外交耆宿伍廷芳，历任外交部两广特派员、驻墨西哥公使馆秘书、外交部总务厅长（相当今之总务司长）等职务，崭露头角，才华洋溢，民国二十二年获立法院长孙科（哲生）之延揽，出任立法委员，根据三民主义五权分立学说之精神，参与制定"五五宪草"，与博秉常、林彬、楼桐荪诸氏，同为该宪草之主要起草人及审查人，并协同完成训政时期各项法制，民国二十三年十一月，内政部长黄郛（膺白），因病不克视事，国民政府特任履谦为内政部政务次长，兼代部长职务，（常务次长为留法之张道藩）在任四年余，对全国行政典章、户政保甲，民俗礼仪等诸端制度，规划实施。

抗战军兴，中央政府决定迁渝。两湖为扼守长江之重镇，西南大后方之屏障。张治中以军人出主湘政，民国二十六年十一月，履谦奉中央命以湖南省政府委员兼秘书长，综理政务，二十七年九月调任民政厅长，致力健全基层组织，教民以战。秘书长由潘公展接替。及二十八年一月湘省府改组，薛岳（伯陵）以第九战区司令长官兼湖南省政府主席，以军情紧急，战火日迫，无暇兼理政务，履谦奉委代行主席职权，于湘境七十余县，时出视察，遇有县长不称职者，先撤后报；并致力巩固后方安全，组织民众，训练警察，剿匪禁烟，后方乃无动乱之忧，前线方有长沙之捷。民国三十一年至三十二年间，屡奉蒋委员长召聘赴渝，担任中央训练团高级班讲座，曾获勋奖多座。履谦为人狷介，居官廉直，视贪墨者如仇，视怠忽者如疾，必去之而后快，行效所及，影响于湖南政风甚巨。曾著《湖南三年来民政之检讨》一书，阐述湘政法典制度措施。薛主席伯陵对之倚畀之殷，信任之专，同僚辈无出其右者。终至劳瘁过度，于抗战胜利前夕，病故蓝山旅次。抗战胜利后，由行政院院会通过呈请国民政府明令褒扬，将其平生事迹宣付国史馆。（梁倩云稿。参考：《中华民国宪法史》前编及续编、《中华民国宪法概论》，帕米尔书店，一九五三年版、《蒋碧薇回忆录》、《亦云回忆》及《艺文志》一一八期。）

陈　垣（1880—1971）

陈垣，字援庵，号圆庵，广东新会石头乡人。其读书处曰"励耘书屋"，学者称励耘先生。

垣为粤中望族，清光绪廿二年（一八九六），年十七，以新会县案首入学。翌年，赴京师应顺天乡试，不第归。改而习医，于宣统三年毕业于广州光华医学堂。毕业后，又创办《时事画报》及《震旦日报》，自为主笔。家居广州城南靖海门外之吉多里，里前有天主堂。时主教为法人光氏，闻其博学，延为秘书。其后光氏嘱赴上海徐家汇教堂，获识马良（相伯）、英华（敛之）。

民国六年（一九一七），北京大学研究所成立，礼聘垣为国学门导师。十年，曾一度出任教育部次长，未几即卸职。自是益致力于学术研究，不复过问政事。

民国十五年，英敛之病逝。先是，敛之尝创办"辅仁学社"于北京香山；至是乃以校事托垣，遂出任为副校长。十八年，辅仁改组为大学，被推举为校董会董事兼校长。其年，中央研究院院长蔡元培礼聘为评议员。

民国二十六年，卢沟桥事起，平津相继沦陷。垣以主持辅仁校务，留居北平，虽屡遭敌伪威胁，终不为动。闭门阅《资治通鉴》，表彰胡三省注，成"通鉴胡注表微"二十篇，眷怀故国，言多所指，盖以自励。平生勤于著述，所著书除上述《通鉴胡注表微》外，尚有《元也里可温考》、《开封一赐乐业教考》、《中西回三史日历》、《廿史朔闰表》、《元西域人华化考》等廿余种；另论文约百篇，蜚声宇内，为学者所宗仰。晚岁喜读五代史，撰有《旧五代史发覆》一书，欲以复薛史之旧；然兹事体大，而时亦年逾七十，故其所作，仅能列举清讳胡虏等字之例，未尽其志。

民国三十七年当选中央研究院第一届院士，卅八年，神州板荡，辅仁改组为北京师范大学，垣仍任校长。任中国科学院历史研究所所长，师表群伦，一九七一年六月廿一日病故北平，享寿九十有二。（何广棪稿。参考：存萃学社《历史学家陈援庵先生》及《陈垣先生著达目录》。）

陈　策（1893—1949）

陈策，字筹硕，广东琼山人。民前一年加入同盟会，时正肄业于广东海军学校。民国四年，与海校同学密谋讨袁，失败走香港。

民六七年间，在粤参加护法。民九年粤军自闽回粤，任广东航政局长。民十一年任广东海防司令。陈炯明之变，迎护国父登永丰舰。民十二年国父回粤设大元帅府，任江海防舰队司令，迄十四年江海防舰队归并海军局，任海军局顾问。十六年任广东清党委员会委员兼情报处长。十八年至二十年先后任广州特别市党部委员兼组织部长，西南政务委员，海军第四舰队司令，海军第一舰队总司令及海军学校校长等职。二十一年秋赴欧美考察，返国后任军委会海军军令处长。二十五年广东还政中央，任虎门要塞司令。二十七年春辞职赴港就医，割去左足。出院后，任国民党驻港澳总支部主任委员，兼国民政府驻港军事代表。三十年十二月，日军陷香港，乘鱼雷快艇冲出敌军炮火之中，左腕中弹受伤，卒脱险转渝。三十四年春，奉派为广州军事特派员，广州特别市长，兼国民党广州特别市党部主任委员，先设办事处于兴宁，计划协同盟军反攻广州。迨敌投降，首先进入广州，执行市长职务。历时一载，以劳瘁致疾请辞，任国府顾问。三十八年任广州绥靖公署副主任，力疾从公。八月三十日卒于广州，年五十七岁。（蒋永敬稿。参考：陈策将军逝世十周年纪念会印《故海军中将陈策先生事略》，见《革命人物志》第六集。）

陈 幹 （1881—1927）

陈幹，字明侯，山东昌邑人。清光绪七年（一八八一）十月二十二日生。四岁读诗书，立能成诵。稍长，涉猎史籍，攻读益勤。十六岁渡海赴东北学纺织，三年而还，愤清政不纲，乃至京师从戎。继入湖北陆军学堂，习兵事。日俄战起（一九〇四——一九〇五），偕商震（启予）出关，历辽东各地，观察形势。闻孙中山先生创同盟会于东京（一九〇五），乃东渡加盟。与黄兴、宋教仁、张继、李烈钧缔交，并从章炳麟习国学。民元前六年（一九〇六），归国至辽阳充八旗学堂校长，以密谋革命，事泄入狱。获释后复行东渡。民元前四年（一九〇八），归而创办震旦公学于青岛，为革命机关，旋因与德人争路保矿，公学竟为德人勒令停办。再走东北，与党人熊成基及韩人安重根交游，复结纳东北豪侠，密谋再举。会辛亥（一九一一）八月武昌起义，立率同志南赴沪宁，组淮泗讨虏军，出师北伐。民元南京临时政府成立，陆军总长黄兴任为山东民军统领。旋奉命改编所部为陆军第三十九混成旅，任少将旅长，驻徐州。清帝退位，南北统一，自请解散所部，改任总统府将军，晋阶中将，奉颁文虎勋章。二年春，奉命赴烟台解散驻军。袁世凯囚章炳麟于北京，设计护持炳麟脱险。三年冬，日军陷青岛，奉命赴胶东调查我民间损失，旋赴河南助剿白狼会匪。五年夏，任山东政务厅长。十年，孙中山先生就任非常大总统于广州，任为总统府谘议。同年十一月至桂林谒孙大总统，陈北伐大计。十一年，佐王正廷办理接收山东交涉，事成，任胶澳商埠督办公署顾问兼胶济铁路常务理事。十二年，奉命办理接收威海卫交涉。十三年，任国民军第二军岳维峻部顾问。十五年九月，至南昌谒国民革命军蒋总司令，陈北伐进军计划，任总司令部参议。十六年五月，任国民革命军北伐第二支队司令，转战淮徐。时桂系王天培以尅饷抗命伏诛，李宗仁疑为明侯所告密，乃衔恨之。七月，晋京，遂为李宗仁构诬，于七月二十一日遇难。享年四十六岁。著有《侄偬集》二卷，《欧战拾遗》一卷，《旅大问题汇纂》一卷，《鲁案》、《威案》、《青岛案》各一卷，《诗集》二卷，《庭话》、《家庭琐言》各一卷，《选订经国文钞》二卷，《六经碎语》一卷，藏于家。（李云汉稿。参考：陈孝祖《陈明侯先生年谱》、陈名豫《故陆军中将陈君明侯墓表》。）

陈大庆（1905—1973）

陈大庆，字养浩，江西崇义人，民国纪元前七年十月八日生。少有大志，年十九，值国父在粤创办黄埔军校，向往革命，遂投入首期受训，亲炙国父暨总统蒋公熏陶，养成忠诚报国精神与沉潜笃实性格。军校卒业后，历任排、连、营、团、旅长，先后参加东征之棉湖、惠州战役，北伐之南昌、冀东战役，五次"围剿"之黄冈、广昌战役。抗战军兴，积功升任第四师长，二十九年升任新编第二军长，旋改编为第廿九军仍任军长，三十二年升任第卅一集团军副总司令，三十三年升第十九集团军中将总司令兼鲁、苏、豫、皖边区副总司令暨边区党政分会秘书长。此间历经南口、台儿庄、武汉外围、鄂北、豫南、中原诸会战，建功甚伟。抗战胜利，大庆历任第一绥靖区副司令官、首都卫戍司令部副司令官、衢州绥靖公署副主任，及京沪杭警备副司令兼淞沪警备司令，襄助司令官汤恩伯将军，从事"戡乱"及地方绥靖工作。至解放军渡江，大局逆转，又坐镇淞沪地区。

来台，首任"国家安全局"副局长，嗣继任局长，晋级"陆军二级上将"，对工作不断研究策划并先后赴欧美及东南亚各友邦考察访问，顿取经验，殚精竭虑，于安全政策与方法之发展精进，绩效甚著。一九六二年出任"台湾警备总司令"，一九六四年兼军管区司令。一九六七年调任"陆军总司令"，致力于部队整建，人员装备之精简、革新。一九六九年七月膺命出任"台湾省政府主席"，秉承中央决策，推行政治革新，以"法治精神、民主规范、科学方法"为处理省政准则，以"除弊、简政、赋权"为革新省政手段，以"为民众谋福利"为省政建设目标。

生平文武兼资，统军治政以外，于军事教育亦所擅长，在抗日战争中贡献甚大。政府以其卓著勋绩，曾先后颁赠一、二等云麾，二、三、四等宝鼎，及胜利、忠勤、华胄、干城、光华等勋章多座。性好深思，复富条理，具有研究精神，平日尤致力于"人生哲学"之研究，曾就个人立身处事体验成《作人与作事》一书，于人我关系，公私分际，分析极为透辟。

早年即加入中国国民党，历任党内各级干部，三十三年即膺选为中央委员，在"台湾警备总司令"任内，复膺选为中央常务委员，运筹决策，献替良多。

一九七二年中枢大选，内阁改组，六月，奉任命为"行政院"政务委员兼"国防部长"。一九七三年八月二十二日赍志以殁，享寿六十有九，"政府"轸念勋绩，追晋为陆军一级上将。（薛寄梅稿。）

陈少白 （1869—1934）

陈少白，幼名闻韶，又名白，字夔石。清同治八年七月二十日（一八六九年八月二十七日）生于广东新会县。幼年居乡习举子业，聪颖能文。一八八八年美国教会哈巴牧师设广州格致书院，少白以其父子桥督促，为投考之第一人。识牧师区凤墀。区为国父所师事。少白一日赴香港，区为书介绍国父，相晤于香港西医书院，一见如故。因国父之介，少白于一八九〇年一月入香港西医书院就读，与谈革命，并有尤列、杨鹤龄，时有"四大寇"之称。一八九二年国父自西医书院毕业后，一面行医，一面从事革命运动，少白辍学随国父奔走革命。一八九五年国父自檀香山回国，成立香港兴中会及进行广州第一次起义，少白均参与机要。十月起义失败，与国父及郑士良亡命日本横滨。旋国父去檀香山转欧美，郑回香港，少白独留横滨。一八九七年八月赴台湾，年底成立台北兴中分会。一八九九年秋，奉国父命筹办中国日报于香港，年底发行，是为革命报之最早者。至一九〇六年由冯自由主持其事，少白主持中国日报前后达七年之久，亦为革命运动在港之重要机关。一九〇五年九月，同盟会香港分会成立，少白任会长。辛亥广东光复，任军政府外交司长。数月后辞卸政治任务，组织粤航公司。民国以后，未曾从事政治活动，且不喜作官。晚年以吟诗作字为排遣，书法秀丽，画亦足观。民十九年中国国民党党史史料编纂委员会成立，任委员，述有《兴中会革命史要》，为早期革命运动重要史料之一。民国二十三年十二月二十三日卒于北平德国医院，享年六十五岁。（蒋永敬稿。参考：革命人物志第五集《陈少白事略》。）

陈天锡（1885—1975）

陈天锡，谱名作甘，字伯稼，别号迟庄。福建林森县人。生于清光绪十一年二月二十二日（西元一八八五年四月七日），父自新，以进士筮仕粤湘。天锡六岁从师发蒙，三年读毕周易、孝经诸书，能背诵不遗一字。十岁随家入湘，十八岁，遵父命习幕。历主湖南武冈、善化、新田等六州县幕，凡五年有余。民元八月，同盟会改组为国民党，天锡率诸弟加盟。其年冬，就长沙关监督署文书职务，自是由幕而官。至民六年九月辞职返湘。七年三月，林森任大元帅府外交总长，聘为秘书，次长戴传贤，此为天锡获识林、戴之始。十一年九月，林森主闽政，任为省署第一科科长。十七年冬，戴传贤任考试院长，天锡为秘书。十八年五月到职。自此至一九六〇年七月退休，任"考试院"秘书达三十二年之久。抗战军兴，政府西迁，陪同戴传贤陆行入蜀。廿七年冬，班禅圆寂，随戴传贤前往致祭。还都未久，忧国伤时，往往见诸文字。三十八年，戴传贤逝世广州，天锡随治丧大员入川，躬与葬礼。大陆易手，只身随院来台。一九五〇年一月，以参事本职兼任首席，迄于退休。

天锡自民六写作日记，至老不辍。退休后乃一意从事著述。除手订回忆录外、复刻意搜求戴传贤之遗文佚篇，为撰传记，辑文存。一九七五年四月八日，以肺炎不治，享年九十有一。

生平著述宏富，于民国史实之保存，厥功甚伟。计著有：《东西沙群岛全案汇编》、《康辂日记》、《考试院施政编年录》、《考试院大事记》、《戴季陶先生编年传记》、《增订编年传记》、《戴季陶先生的生平》，《清代幕宾中刑名钱谷与本人业此经过》、《迟庄回忆录》等；辑有《戴季陶先生文存》、《文存续编》、《文存再续编》、《文存三续编》等。（陈哲三稿。参考：曾霁虹《榕城陈伯稼先生行状》、陈天锡《迟庄回忆录》、治丧委员会所叙事略。）

陈固亭（1904—1970）

陈固亭，原名保安，号固亭，陕西蓝田人。清光绪三十年（一九〇四）正月二十四日出生。幼随父读，继入蓝田县立高小就读，再升入陕西省立西安师范本科，至民国十三年毕业。从事地方教育，以绩优获选参加江浙小学教育参观团。十七年，考入中央党务学校。课余主编《新秦先锋》杂志。十八年，中央党务学校改制为中央政治学校，设大学部，乃改入大学部继续攻读，至二十一年毕业。旋考取陕西官费留学日本，入明治大学新闻科。毕业后复入东京帝国大学文学院新闻研究室任研究员。留日期间，创办《留东学报》，揭露日本军阀侵略中国阴谋，终被日警阻挠停刊。同时担任中国国民党驻东京支部常务委员。二十六年七七事变前夕，挈眷返国，共赴国难。初任西安师范学校校长。二十八年秋，至重庆任中央政治学校新闻系教授。三十年夏，奉派回陕担任党务工作，任陕西省党部委员。旋出任陕西省政府社会处长，为时七年，至三十七年五月辞职。三十四年五月，当选为中国国民党第六届中央执行委员。三十八年大陆撤守，自酒泉飞渝，旋来台。一九五二年入"革命实践研究院"受训，一九五三年赴日本考察，同年八月，出任第二届考试委员，二、三两届蝉联，前后达十六年之久。同时兼任"国立"政治大学新闻研究所、"外交"研究所、台湾大学历史系教职，及"中国文化学院"东语系主任、日本研究所所长、"中日文化经济协会"常务理事等职务。一九五四年春，二度赴日考察。一九五九年八月，三度赴日考察人事制度。一九六五年，复应亚细亚大学之聘，赴日讲学，并征集中国国民党在日革命史料。一九七〇年六月三日，以肠疾逝于台北，享年六十七岁。著译有《战后日本共产党的透视》、《国父与日本友人》、《日本新宪法释义》、《战后日本》、《考察日本人事制度》等书。（李云汉稿。参考：《陈固亭先生事略》。）

陈泮岭（1892—1967）

陈泮岭，字峻峰，河南西平县人。生于民前二十年（清光绪十八年，一八九二）。辛亥（一九一一）年方弱冠，曾参加开封起义。民国三年入北京大学预科，六年入北洋大学，八年复回北京大学，毕业于土木工程系。十年在开封创办水利工程测绘学校，任校长，兼河南实业厅技正。十四年任河南第一中学校长。十六年任河南水利局长。十八年创办河南水利工程专科学校。二十二年任河南焦作之中福煤矿总经理。抗战期间，从事党务工作，任河南省党部主任委员。三十六年六月任黄河水利工程总局局长，任务为整理黄河，使仍归故道。

泮岭擅长国术，少年即受名师教导。民十四年在河南成立武术会于省会，各县市相继成立分会及武术处。十七年中央国术馆成立于南京，河南省武术会改名为河南省国术馆，泮岭任馆长。二十八年任中央国术馆副馆长。三十年，教育部及军训部联合成立国术编审委员会，以泮岭任主任委员，编教材五十余种，挂图四十余幅。一九五〇年来台后，与友人创办逢甲工商学院，兼任院长。复有"九九健身会"之组织，继有"中华国术进修会"之成立。著有《中华国术太极拳教材》一书。

泮岭为第一届"国民大会"代表，一九五四年"光复大陆设计委员会"成立，任台中区副主任，旋任主任。一九六七年四月七日卒于台中，享寿七十六岁。（蒋永敬稿。参考：《陈泮岭先生事略》。）

陈炯明（1878—1933）

陈炯明，字赞三、月楼，二十三岁应县试起，即以炯明为名，三十岁复改字竞存。广东海丰人。清光绪三年十二月生。七岁入私塾读书，二十二岁（一八九八）始入县学。光绪三十年，入海丰速成师范学堂，越二年，与马育航、陈演生、钟秀南等组织正气社，六月复入广东法政学堂肄业。光绪三十二年四月，领衔控惠州府知府陈召棠，卒褫陈职。次年正月，与乡中同志钟景棠等秘密缔盟，从事革命运动。七月以优等成绩毕业于法政学堂，得其师朱执信之赏识，秘密介绍与革命党人联系。宣统元年四月，创办海丰自治报。六月当选广东谘议局议员，主张激烈。冬，与丘逢甲等赴沪参加谘议局代表请愿立宪。是年，并正式加入同盟会。宣统二年庚戌，参与革命党人倪映典在粤发动新军之役。辛亥三月与叶夏声、邹鲁、朱执信等出版《可报》，倡导革命。三二九之役，初任统筹部编制课长，继负民军响应之责，以联络不周，误期致败。游居香港后，复与刘思复组东方暗杀团。武昌起义与邓铿起事惠州响应。粤垣光复，广东军政府成立，被推为副督。十二月粤督胡汉民随国父北上，炯明乃代理都督。

民国元年，在代理粤督期间，与其师朱执信共理粤政，解放民军。四月胡汉民回任粤督，炯明乃改任广东总绥靖处经略，专办会盗赌斗诸事。十二月绥靖处裁撤，改任广东护军使。民国二年六月，受袁世凯命继胡汉民为粤督。二次革命起，初犹疑，至七月十八日始宣布独立，旋以军队哗变，失败，离港转赴南洋。三年出游欧洲后回新加坡。冬，参与李根源等所设欧事研究会。次年二月，更与李烈钧、黄兴、柏文蔚、钮永建联名通电主张停止革命，一致对外。迨四月袁世凯承认日本二十一条款后，复在南洋与李烈钧等组设水利促成社，自行筹款讨袁，与中华革命党立异。同年冬，回港谋讨袁。五年一月，潜入惠州，起兵讨龙济光。十月，龙济光败退，乃结束东江军事。十二月入京，黎元洪总统授为"定威将军"。

六年，曾出游山西及东三省。迨督军团叛，即追随国父回粤护法。十月，受命为广东省长公署亲军司令，但为桂系粤督军陈炳焜所阻，后经党人疏通，至十一月新任粤督军莫荣新方允以卫队二十营交炯明指挥。此即"粤军"之由来。十二月国父任命其为"援闽粤军"总司令。七年一月受国父命通电出师援闽。六月攻闽，八月底进驻漳州。次年并正式设粤军总司令部于漳州。九年奉命率军四师回广州，初迟疑，后迫于形势，于八月十二日誓师，至十月二十九日克复粤垣，十一月受命为广东省长兼粤军总司令。主张粤人治粤，地方主义私心日显。十年六月受命出师讨桂。九月底定广西，十一月返回广州。十一年，倡联省自治，复与直系暗通款曲，阴阻国父北伐，三月乃有刺邓铿之事发生。四月二十一日令免本兼各职；专任陆军部长，炯明闻讯离广州。六月十六日叛变举兵围攻总统府。迨国父脱险赴沪，八月炯明复返广州。十二月一日滇桂讨贼军入粤，所统粤军第一师内变，兵败逃港。五月再回惠州，谋集旧部复粤。十三年黄居素及汪兆铭、吴敬恒进行调和炯明与国父间关系，国父坚持炯明需具悔过书为条件，不果。十二月复自任粤军总司令职。十四年二月蒋校长率黄埔学生军东征，炯明兵败逃港转沪。十月任中国致公党总理（原美洲致公堂改组），仍具政治野心。次年二月又在港设立致公俱乐部。十六年居港，撰《中国统一刍议》，并倡"三建"（建国、建亚、建世）主义，十七年十二月，应段祺瑞之约北上，至大连与北方军人缔订共和大同盟，明年春回港。二十年十月，创中国致公党中央党部于香港，以中国社会主义为该党主义。冬，复北上天津与段有所接洽。次年四月回港，七月再北上。二十二年一月，以母病南旋，八月因肠炎入院，九月二十二日卒，年五十七岁。（吕芳上稿。参考：《陈竞存先生年谱》；李睡仙、鲁直、谢盛之合著《陈炯明叛国史》；吴相湘《陈炯明"造反出身"》，载《民国百人传》第三册；吕芳上《朱执信与中国革命》。)

陈树人（1884—1948）

陈树人，广东番禺人。生于清光绪十年（一八八四）一月十三日。年十七，受业于画学大师居古泉之门，得其神髓。越二年，以清政不纲，决心鼓吹革命。绘事之外，历主香港广东日报、有所谓报、时事画报笔政。旋加入同盟会，并游学日本，毕业于京都美术学校绘事科。民初任广东优级师范学校及广东高等学校图画教席。嗣复东渡入东京立教大学文学科，四年卒业。奉国父命赴加拿大任国民党总干事。民八年因党员王昌刺汤化龙案发生，被执。卒得彼邦教会之助得释。民十一年由美回国，任国民党总务部副部长，旋任党务部部长。次年任广东省政务厅长。嗣两权省长，历任内政部总务厅长，广州国民政府秘书长，中央工人部长，广州政治分会委员。民二十一年任侨务委员会委员长，历时十六年，抗战期间，复兼中央海外部长。三十六年任国府顾问，总统府国策顾问等职。三十七年秋返粤。十月四日卒于广州。陈氏艺术誉满中外，其作品"岭南春色"在此利时万国博览会中获最优等奖。他如巴黎博物馆、柏林博物馆、莫斯科及列宁格勒之博物馆，均购藏其画。遗著诗集有《寒绿吟草》、《专爱集》、《战尘集》、《自然美讴歌集》、《画集》等均付梓。（蒋永敬稿。参考：党史会编《革命人物志》第五集《陈树人先生事略》。）

许克祥（1890—1964）

许克祥，以字行。湖南省湘乡县人。生于清光绪十六年十一月二十三日。八岁就读私塾，十八岁，入湖南讲武堂，并秘密加入革命同盟会。毕业后，任湖南守备队排长，参加辛亥革命光复湖南之役。民国成立，以积功升连长，五年，调升陆军第一师营长。翌年，转任第二师营长。九年，升任第六混成旅第十九团团长。十年，调任沅陵镇守使署第四十三团团长。十四年，黔军入湘，受委为袁祖铭所部何厚光第四师独立旅旅长。十六年春，国民政府定都南京，任命为国民革命军第三十五军第三十三团团长，驻防长沙。当时长沙为共产党势力之大本营。许克祥于五月二十日下午二时接获重要情报，得悉共产党决定于五月二十五日进行全省大暴动。因即与三十五军教导团王东原团长等密商，于当晚九时三十分召集营连长举行紧急秘密会议，商讨军事计划，以期协调一致（其时三十五军军长何键及其主力在河南驻马店）。遂于二十一日正午十二时，使用武力解决共产党所有机关及工农协会，解除赤卫队武装。由于中国电报代韵字母，二十一日为"马"韵，此一行动为二十一日所发动，故史称"马日事件"。事后，奉蒋总司令之命，任独立第二师师长，率部由湖南永州进驻广东乐昌。同年十月，南京国民政府

以唐生智依附武汉赤色政权叛党祸国，明令讨伐。许克祥奉命兼任
"讨逆军"第二路军司令，由乐昌回师湖南。与"叛军"鏖战于郴
县、耒阳之间，迭奏肤功。迨武汉政权瓦解，仍回乐昌。十九年，
改任第二十四师师长，奉命赴河南讨伐冯玉祥。及冯败，又奉命赴
江西"剿共"。二十二年，升任第三十七军副军长，仍兼第二十四
师师长。二十五年，中共军队往陕甘，奉命疾赴甘肃天水"协剿"。
适张杨"叛变"，蒋公蒙难西安，闻讯忧愤成疾，扶病督战。二十
六年，以劳瘁过度，体力不支，数度请辞军职，始获照准，调任军
事参议院参议。三十八年，由湘举家避居澳门。一九五三年，蒋公
眷念旧日袍泽，乃电召入台，任"总统府""国策"顾问，定居新
竹。一九六七年三月十三日以高血压不治逝世，享年七十有六。
（张珂稿。参考：《许克祥将军事略》、蒋永敬《鲍罗廷与武汉政
权》。）

许崇智（1887—1965）

许崇智，字汝为，广东番禺人。生于民前廿五年九月十日，西
历一八八七年十月十四日，卒于一九六五年一月廿五日，享年七十
八岁。

崇智十三岁入福建马尾船政学堂肄业，以优级生保送日本士官
学校第一期步兵科二年，以年龄不足，转入第二期士官毕业。一九
〇五年，中山先生创同盟会于东京，即加盟。归国后历任福建武备

学堂教习、帮办、总教习，擢第四十标标统，迁第二十协协统。武昌首义，举兵应之，被推为福建海陆军总司令，自以年少，退就福建第一师师长。民元，奉孙大总统命改陆军第十四师师长。旋以福建北伐军总司令率军至烟台。二年，二次革命起，以福建独立，失败走日本。中山先生组中华革命党，率先加入，参与机要，被任为军务部长，兼中华革命军福建司令长官。民四，奉命至南洋募款。五年，归上海与陈英士规划东南，复代理东北军总司令。六年，中山先生南下护法，任参军长，顷调陆军部长。七年，与陈炯明率师援闽，以功晋粤军第二军军长。九年，与陈炯明率粤军返粤，逐桂系。十年，非常国会选举中山先生为大总统，陈炯明阴蓄异志，赖许氏与邓铿竭诚翊戴，中山先生始就职。未几，奉命克复广西。中山先生北伐，帅所部以从。十一年四月次江西，连战皆捷。六月，前锋达万安，而炯明叛，中山先生蒙难。许氏与朱培德等旋师进讨。失利，乃移顿福州。图再举。冬，奉命以东路讨贼军总司令讨伐陈炯明。炯明遁惠州。中山先生返粤建大本营。十三年被任为建国粤军总司令，以大憝未除，练兵益勤。十四年春，率所部与黄埔军官学校教导团围炯明于惠州。许氏躬冒矢石，将士争先，遂克惠州，拔潮梅，炯明余孽悉平。六月，滇桂军骁悍桀骜，乃下令解散。七月，国府改组，被推为国民政府常务委员，兼军事部长，兼广东省政府主席，兼军事厅长。八月，廖仲恺被刺，政府使治其狱，许氏遇事持平，不愿含沙射影，演同室操戈。而亦感意见纷拏，独力难支，遽引退，寓沪上。十六年，宁汉合作，被推为国府委员。十七年初，赴美洲考察军事政治。归国后，历选为中央监察委员、国府委员。抗日军兴，数进大计。三十年底，日军陷香港，被俘，威逼利诱不稍屈。寻脱身去澳门。胜利后，大陆易手，寓居香港。"总统"蒋公聘为"国府资政"，以迄于逝世。（陈哲三稿。参考：番禺许公汝为六十大庆征文启、许崇智将军史略、许崇智略历。）

郭松龄（1882—1925）

郭松龄，字茂辰，生于清光绪八年，辽宁省沈阳东乡人。兄弟三人，松龄居长，次任生，又次大鸣。十五岁始受业于同乡朱举人，后以废科举，设学堂，遂考入奉天武备学堂（又称陆军速成学堂），于光绪三十三年毕业，初任陆军三十三镇哨长，后随军入川，于宣统元年升任哨官，次年再升统带。宣统三年加入同盟会。

民国元年三月，考入北京将校研究所，以成绩优异，被擢为第四区队长。旋转任奉天督军署少校参谋，以此底缺，考入北京陆军大学，民国五年毕业，仍回督署任职。同年，督军张作霖派参谋长杨宇霆为代表至徐州参加督军团会议，松龄为随员，以建议杨代表退出未被采纳，乃不辞而去。民国六年赴粤，先后任警卫军中校参谋、韶关讲武堂教官。民国八年春返奉天，任东三省讲武堂战术教官。时张学良亦在该堂受课，张毕业后，充任卫队旅旅长，乃调松龄任参谋长，兼代卫队旅第二团团长。民国十年夏，升任第八混成旅旅长。

十一年春，奉直第一次战争，奉军战败，乃设东三省陆军整理处，以孙烈臣为统监，张作相、姜登选副之，张学良任参谋长，以松龄代理，举凡编制、训练章则、法规，皆出自其手。整理就绪，乃辞去兼代职务，专任第六混成旅旅长，与第二混成旅旅长张学良之旅司令部同驻沈阳北大营，两人合室办公。两旅的人事、训练，悉由松龄全权处理。

十二年十月，曹锟以重贿当选总统，国父通电声讨，并谋联络皖、奉共同打倒曹吴。奉方复利用松龄之关系，派盛世才为代表赴四川连结刘湘，以反抗直系。十三年九月，第二次直奉战起，张作霖任镇威军总司令，下辖六个军，第三军军长为张学良，松龄副之。

十四年春，奉军撤销一、三联军，改设京榆驻军司令，张学良任司令兼第四师师长，松龄为副司令兼第六师师长。九月，松龄奉派赴日本参观军事演习。十月，张作霖重作军事部署，欲对东南用兵，急电松龄回国。松龄初由张学良之推许，为张作霖所信任，东北军之精锐，均在张学良及松龄掌握中，颇有举足轻重之势。而杨宇霆、姜登选忌其宠，亦异其派系，遂与松龄互谋倾轧，积不相容。松龄自日返国，于十一月十七日称病住入天津租界意国医院，邀集亲信会商打回沈阳，并派员赴包头联络冯玉祥。二十二日，在滦州电劝张作霖息战下野，以政权交张学良，并通电攻击杨宇霆，捕杀姜登选，班师出关，倒戈反张。将所部改编为五个军，称东北国民军，松龄自任总司令，于二十三日沿京奉线进军，至十二月二十四日，在新民县被奉军俘获，十解沈阳途中被枪决。应邀来主持政务之林长民，则为流弹所击，死于乱军之中。（王盛涛稿。参考：王铁汉《东北军事史略》、郭大鸣《先兄郭松龄将军传》，见传记文学第十六卷第二期。）

郭泰祺（1890—1952）

郭泰祺，字复初，湖北崇阳人。生于清光绪十六年（一八九
〇）。清末以官费保送赴美留学，毕业于美国宾夕法尼亚大学，
曾一度充任该地宾夕法尼亚报社记者。民国成立，泰祺由美返
国，因乡谊关系，曾任副总统黎元洪之英文秘书。民五，袁世凯
死黎继为总统，以郭兼任外交部参事，是为泰祺步入外交界服务
之始。

后黎卸总统职，郭即离外交部，返鄂出任武昌商科大学校长。
惟办理教育非其素志，乃南下广州，参加护法之役，初任大元帅府
参事，后为外交部次长。民八，泰祺以中国代表团专门委员名义出
席巴黎和会。民十六，北伐军攻取京沪后，任泰祺为江苏交涉员，
并兼上海政治分会委员。民十七，任中央宣传部上海办事处国际组
主任。次年二月，任驻意公使。继被推选为立法委员，并兼任约法
起草委员会秘书长。

民国二十一年二月，泰祺被聘为国难会议会员。三月十八日，
中日停战会议在上海英领署召开，泰祺奉派为我国首席代表，双方
议定淞沪停战协定，并定于是年五月五日签订，后因上海各救国团
体及学联代表反对，被殴伤。同年九月，奉命继施肇基为驻英公
使。在其任内，曾三次代表中国出席国联会议。至二十四年五月，
中英使节升格，泰祺升任为中华民国驻英特命全权大使，并获伦敦
大学赠与名誉法学博士学位。

民国三十年四月，郭奉调出长外交。后以修建部长官邸一事，为当时舆论界所指责，旋于同年十二月免去外交部长职务，改派为国防最高会议外交委员会主席。抗战胜利后，奉派出任联合国安全理事会议首任中国首席代表，至一九五二年二月二十九日，因病逝世于美国加州医院。（赵立成稿。参考：陈锡璋《北洋沧桑史话》、高拜石《古春风楼琐记》。）

虚云和尚（1840—1959）

虚云和尚俗姓萧，法名古岩，又名演彻，字德清，号虚云，湖南湘乡望族萧玉堂之子。玉堂曾任职福建泉州府，母颜氏年逾四十无嗣，向观音大士祈祷求子，时见寺宇残破及东关桥失修，誓愿鸠工兴建。据云某夜，夫妇同梦一长须着青袍者，顶观音跨虎而来，跃卧榻上，惊起互告，因而成孕，清道光廿年庚子七月卅日寅时生虚云，堕地时为一肉团，母惊骇悲恸，以今后无复举子望，遂气壅死。翌日有卖药翁来，闻而直入，操刀破肉团得男，由庶母王氏抚育长成。

虚云体弱，犹畏茹荤，稍长就傅，厌读儒书，惟喜佛说，父滋不悦，时遭严责。既冠以兼祧故，命娶田、谭二氏，虽同居而无染。虚云有天伦之乐，感禁锢之苦，决心弃家离俗，十九岁遁于闽海鼓山涌泉，礼常开老人为披剃，依妙莲和尚圆受具戒，从此澄清一念，磨炼功夫。廿七岁父殁，庶母王氏领二媳脱离尘缘，削发为尼以终。

虚云匿居鼓山苦行，戒律精严，后经天台华顶龙泉庵镜融法师指醒，湛深内典，从此成为禅宗唯一支柱。

光绪八年（一八八二），虚云以出家廿余载，道业未成，心性惭愧，欲报父母养育劳劬之恩，发心东朝南海，北礼五台，乃从浙江普陀起香，撚指报亲，三步一拜，晓行夜宿，受尽风尘劳顿，其慧性道行益发坚固，三年抵达五台显通寺，参加大佛会，超度亡父母，偿其心愿。

其后，光绪十一年（一八八五），再自五台至西安，经川、康、藏、越喜马拉雅山入印度而缅甸折返国境，经滇、黔、鄂、赣、皖至江苏宜兴，五年间云游四方，除乘轮船渡江涉海外，均为步行。越十年再次远行，足迹遍及鲁、冀、晋、陕、川、滇等省，水驿山程，霜风雪雨，体力增强，步履轻捷，不觉行旅之苦。

虚云一生以大昌禅宗之道绪，曾重兴鸡足云栖、鼓山涌泉、曹溪南华、云门大觉、云居真如五大名刹，凭其一人之宏愿，楼台涌现，顿成宝坊。

昔大慧杲禅师有言："吾虽衲僧，然忠君爱国之心，与士大夫何异？"虚云在滇，力弭说服盗患，调停汉藏争端；在渝并主持息灾法会四十九天。

一代禅宗活佛，踽踽独行，如来如去，至果行完满，乘化归尽，以一百二十岁高龄，于一九五九年十月十四日，安然圆寂于江西修水云居山真如寺。（刘棨琮稿。参阅：《虚云和尚年谱》。）

覃　振（1885—1947）

　　覃振，原名道让，字理鸣。清光绪十一年（一八八五）生于湖南桃源县。幼年就读私塾，理解力强，十四五岁时，已博览群书。一九〇二年入本县小学肄业，识宋教仁。次年入常德府中学肄业，思想日开。曾于某次集会中，斥官绅忠君爱国之说，发挥救国必须改革之理，被开除学籍。出校时，复撰《死里求生》一文，阐述革命理论。引起清吏之注意，乃改名化装走上海，东渡日本，入东京宏文书院。一九〇四年回湘参加华兴会起义，失败匿乡间。以官厅搜捕急，再渡日本。次年入中国同盟会。一九〇六年冬，萍浏之役起，回长沙鼓动革命，曾化装在市街贩卖《民报》。清吏下令逮捕，复往日本。一九〇八年再回长沙谋起事，被捕系狱。辛亥武昌起义，长沙光复，遂获自由。任湘桂联军督战官，出发武汉。民元年四月，南京临时政府北迁，被选为临时参议院议员。民二年初选举国会议员，当选为众议院议员。二次革命发生，回湘策动讨袁。失败走日本，加入中华革命党，任湘支部长。四年冬，回国参加讨袁，民六年随国父南下护法，奉命为湖南检阅使，由粤入湘，联络湘西各军参加护法。民十年冬，国父驻桂林督师北伐，派覃负责湘省党务，遣同志多人入湘，宣传北伐之意义。民十一年十月，国父在沪改进国民党，指定起草党章，覃为被派者之一。十三年一月，国民党举行第一次全国代表大会于广州，覃当选为中央执行委员。此后二、三、四各届均当选连任。第五、六届被选为中央监察委员。民十四年十一月，参加在北京西山举行之会议，自此被列为反共的西山会议派。十六年九月南京成立中央特别委员会，覃为委员及中央宣传部长。年底去职。十六年六月迁居北平。十九年八月，参加北平之扩大会议，旋即解体。二十年十二月南京国民政府改组，被选为立法院副院长。以院长张继未就职，由覃代理院长。二十一年五月改就司法院副院长兼中央公务员惩戒委员会委员长，至二十六年辞卸兼职；三十三年又复兼任。三十四年抗战胜利，以久患哮喘之疾，赴沪就医，终无起色。三十六年四月十八日卒于沪寓。（蒋永敬稿。参考：《革命人物志》第九集《覃理鸣先生事略》。）

钮永建（1870—1965）

钮永建，字惕生，江苏省上海县俞塘人。清同治九年二月初八日（一八七〇年三月九日）生，幼而岐嶷，负笈江阴南菁书院时，与吴敬恒同学。光绪二十年，中式恩科举人。时当中日战役，乃弃文就武，入湖北武备学堂，以成绩优异，官费资送日本士官学校以第一名录取。在日获识孙中山先生，加入同盟会，回国后，应广西省兵备处之邀，筹设讲武堂及陆军小学，并在原籍创办强恕学堂，文教之余，复施以军事训练，培养革命干部。辛亥起义，出任松江军政府都督。民元，南京临时政府成立，任参谋次长代行总长职务。四月一日中山先生辞卸大总统职务，亦随同去职。八月，随中山先生去北京。同盟会改组为国民党，被举为名誉参议。民二年二月返上海。及宋教仁被刺，即参与讨袁之二次革命，率松江学生军及敢死队，攻上海制造局失利，退守吴淞炮台，以粮食断绝，乃走日本。民三加入中华革命党，旋赴英转美。十二月由美返国抵香港，旋奉中山先生电召至上海。民六任广州大元帅府参谋次长兼兵工厂厂长。民十一，陈炯明叛变，密奉中山先生令，赴北京担任联络策动冯玉祥工作。十五年赴广州，任中央政治会议秘书长，革命军誓师北伐，奉派为中央驻沪特派员，到上海法租界环龙路志丰里组织机关，策动上海革命。十六年国民政府奠都南京，就任国民政府秘书长暨江苏省政府主席，至十九年三月辞主席职，先后任内政部部长，立法院军事委员会委员长，考试院铨叙部长。廿一年任考试院副院长。三十一年任国民政府委员兼政务官惩戒委员会委员长。三十六年应聘为总统府资政。三十八年复任考试院副院长，并代理院长，至一九五二年四月卸任，续任"总统府"资政暨中国国民党中央评议委员。一九五三年因病赴美就医，一九五六年返台，一九五八年复感不适，再赴美医治；一九六五年十二月二十三日病逝美国。享寿九十有六。（参考：《钮永建先生纪念集》。）

汤恩伯（1899—1954）

汤恩伯，本名克勤，浙江武义县人，光绪二十五年八月十五日生。县立壶山高等学堂、省立第七中学、杭州体育专门学校、援闽浙军讲武堂毕业。民国九年任援闽浙军排长，十年留学日本，入明治大学习政治经济，十三年入日本陆军士官学校第十八期步兵科，十五年毕业。归国后，任国民革命军总司令部参谋，随军北伐。十七年北伐完成，转任陆军军官学校第六期生大队长。二十年出任第八十九师师长，参与平定闽变及江西"剿共"战事。抗战初期，参与百灵庙、南口、保定、娘子关、台儿庄诸役。抗战中期，于山东、江苏、河南、安徽等地区抗拒日军，先后任第十三军长、第二十军长、第三十一集团军总司令兼第一战区副司令长官。抗战末期，日本从事打通南北战线，发兵攻衡阳、桂林，恩伯以其所编练的第十三军和第二十九军编成第三方面军，于贵州抗拒日军，名震一时。抗战胜利，率第三方面军负责上海地区的接收工作。民国三十四、三十五年之交，出任首都卫戍司令兼陆军副总司令。三十六年代理陆军总司令。三十七年冬任京沪杭警备总司令。三十八年五月从事上海保卫战，之后退守厦门、金门，受任为福建省主席兼绥靖主任。九、十月间，解放军攻金门，被逐退。一九五〇年转任"总统府"战略顾问。一九五三年一月，因病后体弱，赴日休养，便中考察战后日本复员工作，五月返台。一九五四年五月二十七日赴日治胃溃疡及十二指肠溃疡，住庆应义塾大学病院，至六月二十九日病逝，享年五十五岁。（张玉法稿。参考：《日本の友汤恩伯将军》。）

汤惠荪（1900—1966）

汤惠荪，名锡福，字惠荪，后以字行。江苏省崇明县人。生于清光绪二十六年二月二十八日。七岁入私塾，十岁入本邑西乡小学，以成绩优异，越级于十三岁毕业于该校高等小学。旋考入南京江苏省立第一农业学校，毕业后任母校农业化学助教，六年冬东渡日本，七年春考入日本鹿儿岛高等农林学校，民十毕业。返国任浙江省立农事试验场种艺科长。未及半载，受聘江苏省立第一农校教员兼农场主任，同时兼任芜湖安徽省立农业学校教员及农科主任。十二年九月，任山东农业专门学校教员。十五年任北京农业大学教授兼农场主任。十六年九月南返，任国立浙江大学农学院教授兼推广部主任。十八年春被聘赴西北任豫、陕、甘三省农务处长，时仅三月，以战乱发生，乃返杭州，出任浙江省建设厅合作事业室主任，创办浙省合作指导事业。十九年春，复回浙大任教。秋，奉校方派赴德国留学，初入柏林农科大学农业经济研究院。后转往丹麦、比利时、荷兰、瑞士、法国及英国等地考察农业。在英时期，并至牛津大学农业经济研究所听讲一学期。二十一年十月考察期满返国，回浙大农学院执教。二十二年夏，任南京中央农业实验所技正，并主持农业经济科。二十三年任中央政治学校地政学院兼任教授并兼研究室主任。夏，奉国防设计委员会派赴陕西、甘肃、青海、宁夏及绥远等省考察农业情况。二十四年冬，中央政校地政学院会同中央农业试验所又派赴四川、贵州、云南三省调查农业与地政。二十五年兼任省立南通学院农科主任一年。二十六年抗战军兴，随中央政治学校西迁至庐山，再拟迁昆明，乃于是年冬赴滇筹划迁校事宜，甫抵达，闻政校改迁重庆，遂暂留昆明。二十七年初，萧铮在渝筹组华西建设公司，拟在滇省觅地开垦，发展农业，遂应邀主持滇南建水县羊街坝垦区工作。二十八年出任国立云南大学农学院首任院长，仍兼顾垦区工作，达五年之久。卅二年辞去滇省职务，赴重庆任中国地政研究所副所长，嗣又任国防最高委员会经济委员会委员，并兼任中央政治学校地政系主任。卅五年，出任行政院地政署副署长。卅六年地政部成立，初任常次，继任政次。卅七年冬，任中国农村复兴联合委员会土地组组长，辗转于川、闽、两粤及台湾等省，协助政府推行农地减租工作，实施土地改革。卅八年，随农复会由广州来台，致力于台湾之土地改革。一九五〇年二月兼任台湾省土地银行董事。一九五四年十月任"光复大陆设计研究委员会"委员。十一月赴曼谷，参加联合国粮农组织与泰国政府举办之亚洲及远东地区土地问题讨论会。一九六〇年十一月参加拉丁美洲农业考察团。一九六三年六月任台湾省立中兴大学校长，乃辞去农复会职务。一九六四年元月赴马尼拉，与菲政府讨论菲国土地改革问题，一九六六年二月赴吉隆坡出席东南亚地区民主与发展讨论会。六月赴罗马，出席世界土地改革会议。会后经西班牙、葡萄牙、瑞士、西德、丹麦、荷兰、英国等国，除考察各国之土地重划与农村经济外，并参观若干著名大学，以资借镜。一九六六年十一月二十日于视察中兴大学能高山实验林场之造林工作时，突昏厥逝世。享年六十七岁。惠荪著述多系有关农业及土地改革方面者，散见于各报章杂志。成书者有《台湾土地改革》一种。（参考：汤惠荪先生纪念集。）

冯　简 （1897—1962）

冯简，宇君策，江苏省嘉定县南翔镇人。清光绪二十三年生。

早年肄业于南洋公学，即国立交通大学前身。民八，赴美国康奈尔大学习电机工程，获硕士学位。又先后在美国奇异电气公司与德国著名电力公司实习，求取实际经验。民十三，学成归国，初任教于南京工业专门学校，旋赴关外，应东北大学之聘。嗣主持北平大学工学院，始创无线电信学科。民十六，政府奠都南京，协助国民革命军总司令部创设短波通信，裨益军用。十九年又协助国民政府创立中央广播电台，历二年完成，规模设施为远东第一。二十六年七七事变后，于政府尚未西迁之际，首途赴渝，建设国际无线电台。除天线外，全部机器均置岩洞中。其后日机滥施轰炸，电台得安然无恙。抗战时期，出主重庆大学工学院。二十九年，在陪都首设电离层观测站，以侦测高空电离层变化，为我国创举。又建地下雷达控制站，亲自指挥远程空中航道。抗战后期，我强大空军午夜远征东北鞍山铜厂，因得准确命中。三十六年夏，为研究极区对短波通讯之影响，曾深入北极圈内斯伐尔巴达岛（Svalbared）之长年城（Longyearben），作短波通信超越极区之长距离试验。自北极圈内至重庆，距离六，九〇〇公里，电讯可以直达，成效卓著，是为我国亲至北极致力科学研究之第一人。归后著《余在北欧所见之北极光》一书，其所得珍贵之记录与资料，曾震惊世界。三十八年，蒋"总统"特派专机由重庆接其及眷属来台，"国立"台湾大学聘为电机系教授，兼任"交通部"电波研究所所长，继续从事高空电离层及对流层电波传播之研究。来台后，尝致力于日蚀之观察，地波之研究，台湾水资源之踏勘；又曾攀登玉山最高峰，勘定可通全省之无线电转驿站，以便捷军民之通信系统。一九五六年，国际地球物理学年开始时，电离层列为重要观察项目之一，获美国标准局赠自动观测仪器一套，一九五八年在台北县景美镇装竣应用。一九五七年，"教育部"授予中华学术奖金及奖章。一九六二年，"中国工程师学会"授予工程奖金。四月，应私立远东大学（现改为中国文化学院）之聘，兼任电化视听学系主任。五月二十六日，以心脏病逝世。享年六十有六。（参考：张其昀《冯简》，载《中国一周》六四二期。）

冯玉祥（1882—1947）

冯玉祥，字焕章，安徽巢县人。清光绪八年（一八八二）出生。其父为淮军低级军官，常驻保定。因得居父营中接受随营教育。十五岁（一八九七）正式入伍。庚子（一九〇〇）八国联军之役，亲历其变，仇视帝国主义思想因植其根。一九〇一年，服役于淮军元字前营，任副教习。一九〇二年，改投袁世凯之武卫右军，驻天津近郊。一九〇五年，武卫右军改编为第六镇，玉祥任队官。一九〇七年，改隶第一混成协，随新任东三省总督徐世昌开赴奉天，驻新民。时与党人秘密往还，参加"武学研究会"等团体，密谋排满。一九一〇年，第一混成协改编为第二十镇，任管带。辛亥武昌起义，第二十镇移驻滦州，玉祥与王金铭、施从云等起义于滦州，事败，被递解返保定，以陆建章之保释得脱。

民国元年，玉祥投效陆建章之左路备补军，任营长。二年，改编为京卫军，任团长。三年，京卫军改编为第七师，入豫、陕追剿白狼。事成，任第十六混成旅旅长。五年，入川剿匪，并与护国军密约，迫陈宦独立。同年八月，移防廊坊、通州。十一月，调任第六巡防营统领。六年六月，回任第十六混成旅旅长，参加讨伐张勋复辟。十一月，奉命援闽，至浦口而止。七年二月，西开武穴，通电主和，为国务总理段祺瑞免职，以曹锟调停，复任为常德镇守使，驻常德练兵，历时二年。九年七月，撤防北上。十年五月，护送陕督阎相文入陕，所部扩编为第十一师。阎死，任陕督。十一年，率部击豫督赵倜，任豫督。十一月，调任陆军检阅使，驻南苑。十二年五月，兼任西北边防督办。十三年九月第二次直奉战争爆发，十月率部班师，发动"首都革命"，所部扩编为国民军，任总司令兼第一军军长。十四年一月，裁撤陆军检阅使，专任西北边防督办。旋为奉直联军所败，于十五年一月通电下野，三月，赴俄求援。

十五年七月，国民革命军出师北伐。八月，广州国民政府任玉祥为军事委员会委员，国民政府委员。九月，玉祥自俄京返抵五原，任国民联军总司令，率所部参加中国国民党，响应北伐。十六年，任国民革命军第二集团军总司令。十七年北伐告成，任行政院副院长兼军政部长。十八年，当选中国国民党第三届中央执行委员，其后并连任第四、五、六届中央执行委员。十八年离京。十九年，与阎锡山等发动中原战争，败后再宣告下野，赴泰山读书。二十一年八月，移居张家口，二十二年五月，组织察哈尔民众抗日同盟军，自任总司令，旋应政府之请解散。二十四年十一月晋京。二十五年一月，任军事委员会副委员长。二十六年抗日战起，先后出任第三战区及第六战区司令长官。三十四年抗战胜利，三十五年奉派赴美考察水利，时常发表反政府言论。三十六年八月，自美搭俄轮"胜利号"（Pobeda）赴俄，于九月一日，在黑海敖德萨港，以轮中放映电影起火而被焚去世。年六十五岁。著有《我的生活》、《冯玉祥日记》、《冯焕章演讲集》、《冯玉祥军事通电汇编》等书。（李云汉稿。参考：余非《冯玉祥传》；James E. Sheridan，*Chinese Warlord，the Career of Fung Yu-hsiang*。）

冯自由 （1882—1958）

冯自由，原名懋龙，字建华。原籍广东南海县。清光绪八年（一八八二）十一月十三日生于日本横滨。一九五八年四月六日卒于台北。

自由幼年回国求学，一八九五年夏回横滨。十一月，国父广州首义失败后抵横滨，设兴中会分会，以自由之父镜如为会长，自由十四岁入会。次年入东京晓星学校，因受西童欺凌，数月退学。一八九七年入横滨华侨大同学校。一八九九年秋入梁启超在东京创办之高等大同学校。一九〇〇年因反对康梁保皇，易名"自由"，入东京专门学校（后改名早稻田大学）政治科。并与郑贯一等创刊《开智录》，鼓吹自由平等思想。一九〇一年与粤籍留学生王宠惠等发起广东独立协会；此后即不断参加留东学界之革命活动。一九〇二年与香港殷商李煜堂之女公子自平女士结婚。一九〇三年任香港中国日报驻东记者。一九〇五年加入中国同盟会，奉命赴香港组织分会，陈少白任会长，自由任分会书记兼中国日报记者。李煜堂与李自平均入会。一九〇六年七月，中国日报改组，自由任社长兼总编辑。旋任同盟会香港分会会长。嗣后西南各次起义，香港分会实负联络运动之责。一九一○年夏赴加拿大，任域多利埠大汉日报主笔，与保皇派日新报论战，革命声势大盛。一九一一年一月国父至加为"三二九"之役筹款，得款为各埠之冠。四月，加拿大同盟会支部成立，自由被举为支部长。武昌起义，即回国。民元年任南京总统府秘书。临时政府北迁，任稽勋局局长。二次革命发生，密将稽勋局档案运至上海，其后编著各种革命史，即多取材于此。曾被袁世凯非法逮捕，入狱五日得释。民三年，自香港赴东京，任中华革命党本部党务部副部长。旋赴美推行党务及筹款。四年，任国民党美洲支部长，刊行民国杂志，宣传讨袁。袁死，国会恢复，以华侨代表当选参议院议员。六年七月，随国父南下护法。八至十年居香港。十一年北上出席参议院。十二年，曹锟贿选，拒绝为"猪仔议员"，乃回粤，自设民治通讯社于广州。十三年以反对"容共"去上海，与章炳麟等尚护党救国，十四年，在沪成立"同志俱乐部"，并埋头著作，成《中华民国开国前革命史》。十七年，亲友在沪开设新新公司，李煜堂任董事长，自由任总经理。二十二年任立法委员。二十五年至二十七年间，在《逸经》及《大风》杂志撰《革命逸史》，成一、二集。三十二年任国民政府委员。民三十五年由重庆返上海，续撰《革命逸史》三集，共五集。三十七年十二月迁居香港。一九五一年八月，偕夫人来台定居。次年任"国策顾问"，不时演讲革命史迹。一九五八年四月六日病卒。夫人李自平亦于一九六○年九月去世。其遗著除《革命逸史》外，尚有《华侨革命开国史》、《华侨革命史话》、《中国革命运动二十六年组织史》等。（蒋永敬稿。参考：简又文《冯自由事略》，见《革命人物志》第六集。）

冯治安（1896—1954）

冯治安，字仰之，幼名治台，清光绪二十二年十一月十二日（一八九六年十二月十六日）生于河北故城。幼年家富，就读私塾，鉴于内忧外患，改名治安，投笔从戎，入京卫军充哨兵，以多做多学多见闻为乐。民三年升为排长。民五年任连长，七年任营长，十三年任西北边防督办公署卫队旅团长，继升旅长，参加冯玉祥之"首都革命"。民十五年冯玉祥在五原誓师响应国民革命军，治安任师长。十六年升军长。北伐统一后，入陆军大学。旋任宋哲元之第二十九军三十七师师长。二十一年冬，日军进犯喜峰口，治安令所部赵登禹旅长率大刀队袭击罗文峪敌军，大败日军，二十九军大刀队因此出名。二十五年任河北省政府主席，仍兼三十七师师长。二十六年七七事变，令驻卢沟桥所部团长吉星文抵抗，揭开八年抗战之序幕。旋升第七十七军军长兼第一集团军副总司令，转战冀鲁豫地区。二十七年参加台儿庄之役，以殊勋升第十九军团军团长。旋兼第三十三集团军副总司令，总司令为张自忠。二十九年五月鄂北会战，总司令张自忠殉国，治安任总司令，并兼第六战区副司令长官。固守鄂西。抗战胜利后，治安任第三绥靖区司令兼行政长，"进剿"苏鲁豫皖地区中共军队。三十八年中共军队南下，治安任京沪杭警备副总司令。旋随"政府"来台，任战略顾问、"光复大陆设计委员会"委员。一九五四年十二月十六日在台病卒。（蒋永敬稿。参考：王国栋《陆军上将冯公治安将军事略》，见《革命人物志》第六集）

傅作义（1894—1974）

傅作义，字宜生，山西省荣河县安昌村人。生于一八九四年。辛亥革命时，年方十七，正肄业于山西陆军小学，参加太原起义，任学生军排长；民国肇建，先后毕业于北京清河军官预备学校、保定陆军军官学校，毕业后回山西，历任第十团团附、第七团营长，旋擢升团长。民十六（一九二七）十月，晋阎、奉张之战起，傅任挺进军总司令，从浑源间道攻克涿州，后晋军失利，傅仍固守涿州三月，声名大振；十七年一月任第三十六师师长，旋任天津警备司令。二十年八月十九日继李培基之后，任绥远省政府代理主席兼第三十五军军长。民二十"九一八事变"起，傅率部参加长城之役。民二十五国庆授勋，国府授予革命十周年纪念勋章。民廿五年十一月十六日，日军唆使伪内蒙军进攻绥远，傅率部与伪军激战后，将敌军攻势瓦解，世称百灵庙之役，国府为酬其勋，先后授予一等云麾勋章、一等宝鼎勋章。民廿六"卢沟桥事变"爆变，全面抗战开始，傅在第二战区司令长官阎锡山麾下，任北路前敌总司令兼第三十五军军长；旋改任第二战区第七集团军总司令，仍兼第三十五军军长，指挥平绥沿线及平型关诸战役，并参加忻口会战，守备太原，先后转战于黄河右岸绥、晋两省。民廿八任第八战区副司令长官（司令长官朱绍良），翌年参加绥西会战，挥军克复五原，国府授予青天白日勋章、干城甲种一等奖章。民三十四任第十二战区司令长官。日本无条件投降，奉命主持热、察、绥三省受降事宜，在归绥接受日军代表根本博投降。民三十五年九月，解大同之围，十月十一日进驻张家口，十一月调兼察哈尔省政府主席。民三十六年三月，第十二战区改为张垣绥靖公署，由傅作义出任张垣绥靖主任兼察省主席。华北"剿匪"总司令部成立，傅任总司令，负责全权指挥华北军事。民三十八年初，华北军事逆转，中共军队紧逼平津，傅乃宣布"起义"。及中共政权成立，曾出任水利部长，中国人民政治院商会议全国委员会副委员长等职，一九七四年卒，年八十一。（关国煊稿。参考：傅润华编《中国当代名人传》，民卅七年世界文化服务社版。）

傅秉常（1896—1965）

傅秉常，原名裹裳，祖籍广东南海。生于清光绪二十二年（一八九六）正月初四日。十岁，随父前往香港，先后就读于育才书院（Ellis Kadoorie School）和圣士提反男中学（St. Stephen's School）；继入香港大学学习工程，民国五年十二月，以一等荣誉成绩毕业；旋即在圣士提反男中学任教。七年，经由广州军政府外交兼财政部长伍秩庸（廷芳）介绍，出任军政府总务厅印铸科长；后随伍氏赴沪，任事于上海沪杭铁路局，半年后，转任伍之秘书，并在其指导下，研习关于法律和外交方面的专书与文件。

秉常在上海期间，感于国家危急，又受到伍氏之影响与教导，全心致力于立法和外交的研究。九年，协助伍氏开始参加实际政治工作；由于在财政上的卓越表现，同年十一月，出任海南岛琼海关监督；十二年二月，担任广东特派交涉员暨粤海关监督，六月，兼广州大本营外交秘书，负责广东对外交涉及关税整顿；十六年九月，改任南京国民政府财政部关务署长，兼外交部顾问；十七年夏季，前往欧亚各国考察，宣扬国策，敦睦邦交；十月，受任国民政府首届立法委员，兼任立法院外交委员会委员长，负责修订民法。其所起草的民法，尤能表现情理法相互交融的完美性，对现代中国民法的修订，贡献颇大，深受中外法律家重视；所以，香港大学于二十年正月十二日，颁授秉常以名誉法学博士学位（LL. D. Degree, Honoris Causa）。二十一年一月，一度出任外交部政务次长；二十二年至二十五年之间，参与中华民国宪法草案的起草、审查及修订。抗战时期，致力国民外交工作，曾随孙哲生（科）访问苏联；三十年七月，再度出任外交部政务次长，协助蒋公处理外交事件，诸如废除不平等条约，另订平等互惠新约，出力尤多；三十一年十二月，担任驻苏联大使；三十二年十月，全力争取中国参加开罗会议的权利，而使我国跻列世界四强的地位；三十五年七日，以中国代表身份，出席巴黎和平会议；三十八年四月，由莫斯科返国，取道香港，定居法国。

一九五七年五月，奉蒋公电召，自巴黎返回台北，旋受命为"国策顾问"；一九五八年六月，出任"司法院"副院长，兼公务员惩戒委员会委员长。一九六五年七月二十九日，以心脏病卒于台北，享年七十岁。曾编《最新六法全书》，并遗有：《一九四九年日记》。（刘筱龄稿。参考：罗香林《傅秉常与近代中国》，传记文学出版社出版，一九七五年。）

曾　朴（1872—1935）

　　曾朴字太朴，后改字孟朴，又字小木、籀斋，笔名东亚病夫。江苏常熟人。生于清同治十一年正月二十二日（民元前四十年三月一日），光绪十六年中秀才，翌年中举人。十九年（一八九三年）入为内阁中书，入京供职部曹。二十年冬，入同文馆，读法文八月。二十一年应考总理衙门试落第，襆被出都，转而致力实业；其间尝随陈季同研习法文及法国文学名著；二十九年，累年经营之丝业，因外丝贱价倾销，丝价狂泻，卒以亏蚀过巨，被迫停业。

　　光绪三十年（一九〇四年），与丁芝孙、徐念慈、朱远生等设"小说林书社"于上海，自任经理，出版译著小说，五年之间，出书一百一十六部，两年后，更附设"宏文馆"、"美术馆"。自撰《孽海花》第一册首五卷十回，第一回犹楔子，有六十回全目，于三十一年由"小说林书社"出版，署"爱自由者发起，东亚病夫编述"；"爱自由者"乃吴江金松岑（天翮），金氏原稿仅四五回，孟朴将原稿一面点窜涂改，一面日夜续作，费时三月，写成二十回。光绪三十二年，续出《孽海花》第二册五卷十回。三十三年（一九〇七年），"小说林书社"创刊《小说林》杂志，孟朴又续作四回，在《小说林》上发表。光绪三十四年，"小说林书社"因资金周转不灵，宣告歇业，《小说林》出至十二期，即告停刊。宣统初年，入两江总督端方幕，历时年余，后端方调充北洋大臣，孟朴以候补知府分发浦江，一度任宁波清理绿营官地局会办。

民国元年，任江苏省议员，在省议会中，任财政、公断、预算审查会主席。三年，任江苏省出席"全国各省财政会议"代表。四年四月，任江苏省官产处长兼办沙田事宜。五年，奉派兼淮南垦务事宜。十一年，卸官产处长职，改任禁米处长。十二年八月，复任官产处长。十三年，升任江苏省财政厅长，十四年四月去职。同年十二月，任江苏省政务处长，至十六年辞职离任。

民国十六年，与子虚白创"真善美书局"于上海，并发刊《真善美杂志》，孟朴重理旧业，续写《孽海花》十一回，又修改前作，成修改本《孽海花》十五卷三十回（真善美版），惟与原来计划之六十回，仍相差二分之一。二十二年回乡，谢事家居，顿有赓续《孽海花》至六十回之意，惜因病迟迟未能成书。民国二十四年（一九三五年）六月二十三日在常熟去世，享年六十四岁。按：曾虚白所编《曾孟朴先生年谱》作生于一八七一年，卒于民国二十五年；年谱刊于一九六六年《传记文学》第八卷第四及第六期。惟一九七一年出版之《中国近代学人象传》初辑，由曾虚白提供资料写成之《曾孟朴先生事略》，生卒年份为1872—1935，兹从后说。盖年谱所载有误，胡适写有《追忆曾孟朴先生》一文，文末有"作于一九三五年九月十一日"之句，原文载民国二十四年十月一日出版之《宇宙风》第二期《纪念曾孟朴先生特刊》，由此可知孟朴于二十四年去世。

曾氏著译甚丰，著有：《未埋集》、《响沫集》、《羌无集》、《推十合一室文存》、《执丹瓅语》、《补后汉书艺文志》并《考证》、《法国文学史大纲》、《雪昙梦院本》、《一家言》（与曾虚白合著）、《孽海花》、《鲁男子》第一部《恋》（其余五部为：《婚》、《乐》、《议》、《官》、《战》，末及写出）等；译有：雨果之《九十三年》、

《欧那尼》、《吕伯兰》、《项日乐》、《钟楼怪人》、《吕克兰斯鲍夏》、莫里哀之《夫人学堂》、左拉之《南丹》、《奈侬夫人》等。（关国煊稿。参考：曾虚白《曾孟朴先生年谱》；李培德著、陈孟坚译《曾孟朴先生之文学旅程》。）

曾养甫（1898—1969）

曾养甫，原名宪浩，以字行。广东平远人，生于民前十四年十月二十三日。民国十二年毕业于北洋大学矿冶系，旋赴美进匹茨堡大学研究院深造。留美期间，曾膺选为国际学生会会长。民十四年初，遄返广州参加革命。奉令领导青年、训练干部、巩固后方政治任务，并筹办迫击炮厂。迨北伐底定，建都南京，即辅张静江氏出任建设委员会副委员长。民十七年膺选中国国民党中央执行委员。旋任浙江省建设厅长，任内兴建钱塘江大铁桥。嗣于兼任军委会委员长行营公路处长任内，奉命赶筑浙闽公路，提早完成，使军运神速，有助于敉平闽变。廿四年任铁道部政务次长，兼新路建设委员会委员长，推动兴建浙赣铁路。廿五年奉命以广东省府委员兼任广州特别市市长，广东省党部常委，黄埔开埠督办等职。次年复兼广东财政厅长及军委会西南运输处主任。二十八、二十九年，中日战事日烈，最高当局为打破日寇封锁，另开国际通道，派养甫为滇缅公路督办，乃率工程人员，日夜跋涉于山林草莽，宿息于蛮烟瘴气之中，夙兴夜寐，卒底于成。而日后之痼疾即种因于此。三十一年返渝，已感左肢麻痹，嗣出任军委会工程委员会主任委员。三十一年冬兼任交通部部长，全力担负后方交通建设重任，短期内且完成大小机场七十二处，中外人士咸称奇迹。及胜利前夕，其肢腿日感僵硬，乃辞交长职务，赴美就医，终未见效。抗战胜利后，政府还都南京，实施宪政，膺选为立法委员，迄于辞世。

民三十八年即避难香江，病况日剧。一九六九年八月二十八日，逝于香港法国医院，享年七十有二。移葬台北阳明山，"国府"明令褒扬。夫人冯晓云女士，为故军长冯轶裴之幼妹。（林秉衍稿。参考：曾养甫先生哀思录及广州枢府史话等。）

曾锡珪 （1901—1966）

曾锡珪，民国前十一年（一九〇一）十二月三十日，出生于湖北沔阳，一九六六年五月十七日，病逝于马来亚柔佛州，享年六十六岁。

民国三年，由湖北省政府考送北京清华学校肄业，民国十一年毕业。是年秋，赴美入诺威奇大学（Norwich University）习军事学。次年九月，转学维金尼亚州军官学校（Virginia Military Institute）为第三年级生。在校奋勉自重，年终考试，于全班一百十二人中，名列第十二。民国十四年六月，毕业骑兵科，授同中尉官阶，颁学士学位。其毕业军事论文，以内容充实，学校特颁最优等之"安德鲁"奖章（The Garnett Andrew-Prize for the best essay）。同年秋，入哥伦比亚大学研究院专攻历史，主修近代战史。民国十六年六月，获硕士学位。寻赴比利时都城，寄居乡间数月，从事滑铁卢战场之实地勘查。秋间循西伯利亚铁路返国。时值宁汉合作，继续北伐，有意从军，苦无人介绍。乃应广州中山大学校长朱家骅之招，任该校军训主任。就职后，采取美国"候补军官训练团"（ROTC）制度，俾大学毕业生遇国家发生非常时，可以担任中下级军官。嗣遭驻校党部反对，不克实行。朱氏旋兼长浙江省民政，于民国十八年秋，特邀往杭州主持该省警士训练事宜。一年之役，卒业警士一千数百人。民国二十年，赴南昌，任职"剿匪"总部。民国二十一年，任财政部两淮税警局局长，统率税警一团，驻扎连云港，缉私捕盗，极著成绩。抗战军兴，任连云港防守司令，阻截敌军登陆，并完成掩护国军之撤退。连云港撤防后，复采行游击战术，与日寇周旋，颇多俘获。作战经过，民国三十三年，在昆明美军俱乐部曾作谈话式之报告。嗣以所辖部队由江苏省主席韩德勤接收，遂于民国二十七年三月，应调赴渝，任职军事委员会。

民国三十年初，奉派充美国驻华军事代表团团长麦格鲁德将军（Ceneral John M. Magruder）之首席联络参谋官（Chief Chinese Liaison Officer）。太平洋战事发动后，调军事委员会外事局任职，奉蒋委员长面谕，担任史迪威将军之联络参谋官，兼军务秘书（Military Secretary）。嗣复兼管翻译官事务，并任阿尔姆将军（General Thomas S. Arms）主持之新兵训练处华籍处长。滇缅战役，随史迪威将军督战前方。撤退时，在敌机追袭下，与史氏步行于蛮烟瘴雨间，历尽艰危，抚辑散亡，转往印边。史氏在日记中盛称锡珪洞达人情，个性坚强。美国联合社随军记者，对其在历次战役中，沉毅果敢之表现，曾有报道，揭载于一九四二年四月一日之纽约世界电讯报，及纽约太阳报。维金尼亚州军校同学会杂志亦常有关其英勇行动之记载。民国三十三年春，锡珪担任我国驻印司令官苏尔顿将军（General Dan J. Sultan）之联络参谋官，辅佐苏氏筹备缅甸战场之重开。对于新兵训练，武器分配等事项，时常往来于印度、昆明、重庆之间，接洽安排，终于完成予敌重创之战果。寻晋级少将，数度荣膺国府及美国政府之高级勋章。胜利后，蒙蒋委员长选派赴美入理温渥斯营垒（Fort Leavenwarth）之参谋学院进修。民国三十六年夏出国，次年冬返国，政府业已播迁。乃辗转经沪赴粤，于一九五〇年初，抵达香港。迨朝鲜战争发生，即应东京美军总部之邀，赴日参加对韩军事谘访工作。往来于东京汉城之间，协助联合国军队心理作战，及战俘处理事宜。朝鲜战争停火后，应友人之约，于一九五七年赴新加坡，任南洋大学历史教授。认为"光复大陆"，有赖海外侨胞人力资源之培养，因改就马来业柔佛州加末华侨中学校长。推动昔日清华自强不息教育精神，采用维金尼亚军校之严格训育制度，期能养成一群刻苦耐劳，智勇兼备，富有民族自尊心之优秀青年。同时美化校舍，仿照故都宫殿式建筑，借以加深男女学生眷怀祖国文物之情愫。任职四年之久，颇能实现其教育理想。一九六五年，以年届六十五岁，照章退休。随任教新加坡宽柔中学，以迄病逝。（姚崧龄稿。资料来源：V. M. I. Alumni Review；Barbāra W. Tuchman：Stilwell and the American Experience in China；清华校友通讯，新十七及十八期；一九六二年七月十四日，曾氏致弗吉尼亚州军校总务长黑英上校（Colonel J. C. Hanes）长函。）

程　潜（1882—1968）

　　程潜，字颂云，湖南醴陵人。幼年尝肄业于岳麓书院，后入武备学堂，一九〇六年入日本陆军士官学校第六期炮科，并加入同盟会。一九一〇年毕业后归国，先后任陆军第六镇正参谋官，湖南都督府参谋部长。一九一二年任湖南都督府军务司司长。一九一二年二次革命失败后，东渡日本，入早稻田大学攻读政治经济。一九一五年回国，从事反袁工作。

　　一九二一年国父孙先生任非常大总统，程潜奉委为陆军部次长；一九二二年任大本营军政部部长。一九二四年任攻鄂军总司令。一九二五年七月一日国民政府在广州成立，程任国府委员兼国民革命军第六军军长。一九二六年率军参加北伐，攻入江西，任国民革命军江西军总指挥，攻克安徽，旋下南京。一九二七年任湘鄂临时政务委员会主席兼第四路军总指挥。

　　一九三五年任参谋总长，一九三七年抗战开始，程被委为第一战区司令长官，驻节郑州。一九三八年兼河南省政府主席，一九三九年任天水行营主任，一九四〇年任军事委员会副参谋总长兼战地党政委员会主任委员，一九四四年一度出任代理参谋总长之职。

　　一九四六年任军事委员会武汉行营主任，同年九月，行营改称国民政府主席行辕，仍任主任。一九四七年调任长沙绥靖主任。一九四八年"行宪国大"在南京召开会议，选举正、副总统，程参加副总统竞选，失败后倡组"宪政民主促进会"，任湖南省政府主席；

其时大陆军事逆转，程主张谈和，于一九四九年八月，宣布"起义"；同年十月中共政权成立，曾任职。一九六八年卒于北京，终年八十七岁。（关国煊稿。参考：傅润华《中国当代名人传》。）

程天放（1899—1967）

　　程天放，原名学愉，江西新建人。一九一九年在复旦大学时，响应五四爱国运动，任上海学生联合会会长，毕业后，考取江西官费留美，初入芝加哥大学哲学系，后转读伊利诺大学政治系，一九二二年获硕士学位；同年由美转加，入都朗度大学，一九二六年六月获都大政治学博士学位；八月返抵上海；十二月任国民党江西省党部执行委员兼宣传部长。翌年，任江西省政府委员兼教育厅厅长。是年十二月，先后出任中央大学教授、国民政府参事、考试院参事。一九二九年任安徽省政府委员兼教育厅厅长；一九三〇年任代理安徽省政府主席，一九三一年任国民党中央党部宣传部副部长兼总司令部党政委员会委员。一九三二年任浙江大学校长，一九三三年任江苏省政府委员兼秘书长，一九三四年九月任中央政治学校教务主任。一九三五年至三八年，任中国驻德大使；一九三八年至一九四二年任四川大学校长。同时由一九三六年起，被选为国民党中央监察委员、中央监察委员会常务委员。一九四三年起转任中央政治学校教育长，又兼国防最高委员会常务委员。

　　一九四五年奉派出席联合国文教组织制宪会议。一九四七年任立法委员，一九四九年任中央宣传部长，一九五〇年任"教育部长"，一九五八年任"考试院"副院长。于一九六七年十一月二十九日在纽约逝世，享年六十九岁。遗著有：《改革中国学校教育刍议》、《美国论》、《使德回忆录》、《程天放早年回忆录》等。（关国煊稿。参考：程天放《程天放早年回忆录》。）

程其保（1895—1975）

程其保，单名琛，别号稚秋，亦作穉秋，江西省南昌县人，清光绪廿一年生。宣统二年，南昌第一高等小学堂毕业。宣统三年，十六岁，考入清华学堂，在中等科时就已在清华园附近，致力乡村儿童教育。三年后升入高等科，同学公举为本校青年会会长，周末课余时间，借用校中教室，办理周末学校，招收附近村童免费上课，前后办了三年，直至民国七年毕业出国，始告结束。到美后，先在明尼苏达州韩林大学攻读，插入二年级，不到三个月，即升三年级，再过三个月，升为四年级，实际在校仅一年，即修毕三年学分，在该校为史无前例。获学士学位后，即接万国青年会纽约总会电邀，前往巴黎，办理在法华工教育。在法华工本系我国对于第一次世界大战中之惟一贡献，但以工人籍贯、方言、学习能力各异，教育倍见困难。其保组织夜校，提倡育乐，利用晏阳初千字课为教材教学，并创办周报，使在法华工虽在离乡背井之中，仍受祖国文化之熏陶。工作结束，再度赴美，晋入芝加哥大学，以一年半时间得硕士学位，再至纽约哥伦比亚大学师范学院选读博士学分，曾集合中国学生组织黉社，以终身致力教育相矢励。五十年后，其母校韩林大学授予名誉法学博士。

国立东南大学校长郭秉文闻其名，先电约回国执教，方在踌躇中，而郭氏已再荐其为出席第一届世界教育年会中国代表之一，在美开会毕，遂随郭氏返国，就东南大学教授之职。民国十四年，东大易长风潮骤起，其保出任上海商科大学代理校长之职。北伐军至沪，学阀风潮又起，其保不欲卷入漩涡，辞去代校长职务，先应山东济南齐鲁大学之聘，任教务长，旋受国立中央大学之招，初任教育行政学教授，继任教育学院院长。国际联盟建议我国选派教育考察团赴欧考察，其保即受命为团长，率领团员五人，历赴英、法、德、苏、奥、丹、波兰、瑞士八国。事毕复命，谒蒋委员长于南昌。不数月，即出任湖北省教育厅长，在任三年，继任中央政治学校教授，抗战军兴，追随政府入川，复兼任边疆学校主任，继任党政工作考核委员会教育主任，考察陕、甘、宁、青、滇、桂、川等省教育，旋任西康省教育厅长。日本投降后重执政大教鞭，复奉派调查东北九省教育，并先后平息东北大学等校学潮。政府行宪，其保被教育团体选为立法委员，又奉派为我国出席巴黎联合国教育科学文化组织年会代表，并担任该组织教育处副处长。

联教组织聘约期满，赴美任美国汉诺威大学教职，自是重返北美，在美廿七年，先后创立"中美文化圆桌会议"，全美华学教师协会，主持中华文化协会，兼主中华文化复兴促进会。一九七五年五月廿九日，以心脏病逝世美国纽约。（程其恒稿。）

黄　自（1904—1938）

　　黄自，字今吾。江苏川沙人。清光绪三十年二月初七（民元前八年三月二十三日）生。七岁入上海初小，十二岁入北京清华学校，十六岁从施凤珠女士习钢琴，十八岁，复从张惠珍女士习乐理及和声学。民国十三年（一九二四），年二十，毕业于清华学校留美预备班（即清华大学前身），后留学美国，入欧柏林大学，攻读心理学，兼习音乐，两年后获文学士学位。民国十五年，入耶鲁大学音乐院，专攻理论作曲，十八年获音乐学士学位，其毕业作品《怀旧交响序曲》为怀念女友胡永馥而作，先后于是年及翌年在美国、上海两地公开演奏。

　　民国十八年六月学成归国，任沪江大学音乐教授，并兼国立上海音乐专科学校理论作曲教授。十九年，音专萧友梅校长聘为专任教授，主讲对位法、音乐史、和声学、音乐欣赏等课程；旋兼音专教务主任。民国二十年九一八事变后，义愤填膺，写成《抗敌歌》、《旗正飘飘》献给音专学生抗敌后援会。其间曾任上海工部局音乐委员，教育部音乐委员，为商务印书馆编印《初中音乐教本》六册，创办上海管弦乐团，又与萧友梅、易韦斋等创办《音乐杂志》。二十六年抗日战起，淞沪沦陷，黄自因协助萧校长处理音专校务，滞留沪上，备极辛劳，后辞去教务主任职务。军事委员会政治部聘为设计委员兼第二厅音乐科主任，以体弱多病，未能到后方任职。民国二十七年五月九日上午七时三十分因患肠出血症，在上海海格路红十字会医院去世，年仅三十五岁。

黄自作品有：管弦乐《怀旧交响序曲》；清唱剧《长恨歌》（韦瀚章词。全部分十个乐章，已完成的有：①仙乐飘飘处处闻，②七月七日长生殿，③渔阳鼙鼓动地来，⑤六军不发无奈何，⑥宛转蛾眉马前死，⑧山在虚无飘渺间，⑩此恨绵绵无绝期。未完成的有：④惊破霓裳羽衣曲，⑦夜雨闻铃肠断声，⑨西宫南内多秋草。所缺三章于一九七二年由他的学生林声翕补作完成）。合唱曲有《旗正飘飘》、《抗敌歌》、《摇篮曲》、《秋色近》、《青天白日满地红》等。独唱曲有《玫瑰三愿》、《春思曲》、《点绛唇》、《思乡》、《新中国的主人》、《睡狮》、《热血》、《踏雪寻梅》等。电影插曲有《天伦》、《都市风光幻想曲》等。又著有《音乐史》和《和声学》，惜未完篇。（关志昌稿。参考：《音乐辞典》及许常惠《近代中国音乐史话》。）

黄　节　(1873—1935)

黄节，字晦闻，广东顺德人。清同治十二年癸酉正月生于广州（一说同治十三年生），民国二十四年乙亥一月二十四日卒于北平。得年六十有三。少时读书，但求大义，不屑章句，不应童子试。光绪二十一年乙未（一八九五），年二十三岁，著籍简岸草堂，谒通儒简竹居（朝亮），备闻大道，两年而归。嗣独居海幢寺，读书十年。年二十九，赴京应北闱试，被黜落，而主考官袁季九（嘉谷）

奇之，为印艺卷，以示同好，以是为士林瞩目。光绪廿九年，赴上海，集邓实（秋枚）、刘师培、苏曼殊（玄瑛）等，组织国学保存会，设国学藏书楼，名曰风雨楼，搜集旧籍禁书，刊《国粹学报》以"辨别种族，发扬民义"为宗旨。简朝亮闻之，以为狂，颇风止之，而节持论如故。两江总督端方欲贿之，不为所动。旋就两广优级师范国文讲席。民国成立，任广东高等师范监督。民国八年，任北京大学文学史及诗学教授，先后十五年。民国十五年，东北军入关，北大改组，辞职隐居。民国十七年春，应粤省府邀，长教育厅及广东通志馆，以倡男女分校，为教育界不满，又因政潮起伏，乃于翌春辞职居澳门，秋间复返北大任教授，兼清华及师大讲师，以迄于终。

黄氏于学无所不窥，尤邃于诗。以为诗者在情性之际，学者浸润其辞，足以自得。故时托意歌咏，见解深入，被称为民国以来诗学宗师。民国十七年春，写成《蒹葭楼诗》，陈三立（伯严）、张尔田（孟敏）盛称之。近人尝集梁节庵、曾刚父、罗掞东及黄氏诗为《岭南近代四家诗》，刊行于世。

黄氏志行高洁，治学持躬，独往独来。排满攘夷，而不似刘师培辈之易堕利阱。以文字鼓吹民族大义，未尝趋附党国元勋，干禄窃位。其任广东教育厅长也，一仍书生本色。公余不废吟咏。著述等身，其关于诗者，有《汉魏乐府风笺》十五卷，《鲍参军诗注》四卷，《谢康乐诗注》四卷，《阮步兵咏怀诗注》一卷，《曹子建诗注》二卷，《诗旨纂辞》三卷，《诗律》六卷，《蒹葭楼诗》二卷，《曹氏父子（武帝，文帝，明帝）诗注》三卷，《顾亭林诗注》一卷，《诗学》一卷。（姚崧龄、何广棪、陈哲三稿。参考：连宝彝撰《黄节先生传略》，《大陆杂志》第三十一卷第四期；张尔田撰

《兼葭楼诗》序文；章炳麟撰《黄晦闻先生墓志铭》；吴宓撰《诗学宗帝黄节先生学述》；祝秀侠撰《黄晦闻先生生平及其诗》。）

黄乃裳 (1847—1924)

黄乃裳，字黻丞，号慕华，福建闽清人。生于清道光二十七年（一八四七），出身书香之家，乡试中举。卒于民国十三年，享寿七十八岁。

乃裳在国内似无藉藉名，但华侨人物中，却有赫赫之誉。其开发海外蛮荒，输财出力参加祖国革命，对侨民之创业及民国成立，实具莫大之贡献。乃裳卅七岁，适逢中法之战。痛心国耻之余，深感清廷之腐败，倘不求改革，势必无以图存。因即专心研究顾炎武、黄梨州之学，以作革命宣传之理论基础，并决心转往海外，图谋发展。

民前十三年，乃裳五十二岁，携眷南渡星洲。时适彼地创办《星报》，即因乃婿林文庆之荐，担任该报总主笔，得藉报纸之力，大事宣传革命思潮。次年四月，前往沙劳越考察，历时将月，始于拉让江口诗巫一带，觅一人稀壤沃之地，决计招收子弟，辟垦农田，以结纳广大同志。同年五月，由华侨先进王长水之介，得与砂王查尔士布律克二世订立垦约，并命名该地为"新福州"。七月，返闽招集各地青年四百余人。民前十年九月，乃裳又回国续招移民，得五百余人。至此，"新福州"的闽胞已有一千余人。

乃裳领导侨众，胼手胝足，夙夜匪懈，二年之间，五谷丰登，获利不少。于工作之余，尚报道祖国情形，传播革命思想，竭力培养同志，从事革命，推翻清朝。唯因拒绝在垦区内推行烟赌，与砂王税收利益冲突，终被取消"港主"执照，遂返星洲，时在民前八年。

乃裳返星后，得遇爱国侨商陈楚楠、张永福等志士，旋即翻印《革命军》，改名《图存篇》，分送各地，扩大宣传。继而亲携该书万余本及其他革命书籍多种，返回福州、潮汕等地，分送各方人士，并与各革命同志进行组织，联络会党，准备举事。

民前七年七月，国父在东京组织同盟会，民前六年三月往星洲成立分会，始得知乃裳回国进行革命，并托张永福转征合作。乃裳得信，即返星洲，在晚晴园谒见国父。倾谈之下，即刻加盟，誓听驱策。之后，黄冈、钦廉、镇南关、河口诸役，乃裳均参与其事。尤以辛亥广州之役，方声洞、黄忠炳、卓秋源等烈士，皆属乃裳亲信门生。

武昌起义，乃裳闻息，星夜赶回福建，亟谋响应。回国后，立即电星诸友，筹得叻币二十余万。十一月八日，福建因得顺利光复。福建光复后，乃裳任交通司长兼筹备局总办。此刻，南北尚未统一，乃裳力主北伐。"新福州"诸同志闻讯，即组队回国效力。

民国成立，乃裳以数十年奔走，至此得遂初衷，乃退出政坛，优游林下。之后，便从事地方建设，诸如教育、农田水利等事业，或倡导，或赞助，或声援，无不尽力以赴。黄氏事迹，散见海外名著，林故主席森亦有《亡友黻丞传略》之作行世。（林汉楼稿。参考：海外文库名人传六十五《黄乃裳》，海外文库出版社印行。）

黄旭初 (1892—1975)

　　黄旭初，广西省容县东华村人。清光绪十八年生。年十六入容县师范，20岁肄业于广西陆军速成学校，与李宗仁有同学之谊。廿三岁入北京陆军大学第四期，寻赴日本留学。民国六年任广西陆军模范营连长，护法入湘。八年由湘归任广西陆军第一师步二团团附。九年随团赴粤，兼任营长。十年六月调任桂军督军署参谋，八月任广西军政署科长。十一年任广西陆军第五独立旅旅长李宗仁参谋，驻玉林。十二年任定桂军（总指挥李宗仁）参谋长，驻桂平。十三年冬定桂军名号取消，改称广西陆军第一军，仍任参谋长之职。十四年冬兼任广西陆军第一军第一纵队司令官。

　　民国十五年北伐军兴，任国民革命军第七军第四旅旅长，后升任第七军第六师师长，屡建奇功。十七年任第十五军副军长兼第二师师长（军长职由广西省长黄绍竑兼任）。十九年任护党救国军第十五军军长。是年广西因战乱，不设省府，在第一方面军总司令部内设政务处以掌握省政。十二月在总司令部之下设军事委员会，以示对各军人事及军费公开，旭初被任为委员之一。二十年三月任总司令部属下之政治委员会主席；五月粤桂和平，广西军政悉隶广州"军政府"，军事、政治两委员会随之撤销；六月"军政府"委旭初为国民革命军陆军第十五军军长、广西省政府委员兼主席；七月广西省政府成立，兼民政厅厅长，八月兼"军政府"政务委员会委员；十一月获选为中国国民党第四届中央执行委员。二十一年辞民政厅厅长兼职；同年任中国国民党广西省执行委员。二十四年复被选为中国国民党第五届中央执行委员。

民国二十五年"六一运动"后，陈济棠通电下野，南京国民政府重新委任广西各军、政首长，旭初仍任广西省政府委员兼主席；十月广西省府由南宁迁往桂林。二十六年七七事变起，奉召赴军事委员会庐山暑期训练团第二期受训。翌年三民主义青年团（团长一职由蒋委员长兼任）成立，任广西支团部主任。三十四年因病赴蓉就医，桂省府务暂交民政厅厅长陈良佐代行；病甫愈，复回桂主政；因战事关系，省府迁往百色，至抗战胜利后始迁回桂林办公。旭初任广西省主席甚久，与山西阎锡山同以模范省著称中外，有声于时，复员后，抚辑流亡，办理善后，与民更始，致力于复员与建设。三十五年春亢旱，产米地区仅得三成收获，桂北复遭风虫两害，旭初不辞劳瘁，努力设法救济，九月并在京呼吁全国上下予以援助，卒使广西度过艰危，趋于安定。

大陆易手后，旭初先后寄寓日本、香港，聘为"总统府""国策"顾问。一九七五年十一月十八日，以心脏病猝发，病逝香港九龙浸会医院，享年八十四岁。著有《我的母亲》一书。（关国煊稿。参考：黄旭初《我的母亲》、傅润华《中国当代名人传》。）

黄宗仰（1865—1921）

黄宗仰，号中央、印楞禅师，自署乌目山僧，宗仰系锡名。江苏常熟人。清同治四年生。幼博览群籍，尤工诗古文辞，旁及释家内典。年廿出家清凉寺，由金山江天寺显谛法师为之摩顶受戒；以精研佛理、兼工绘事，渐为世人所知。时上海犹太富商哈同于静安寺路筑有爱俪园，其夫人罗迦陵崇信沙门，建经堂延群僧讲授梵典，应邀主持讲座。其后哈同复醵金廿万以刻佛藏，立华严大学教诸释子。光绪廿八年春与旅沪志士章炳麟、蔡元培、吴敬恒、蒋智由、蒋维乔等，发起中国教育会，为促进全国文化之策动中心，并继蔡元培任会长。十月，南洋公学发生退学风潮，乃与蔡元培等集资设爱国学社，并广收各方退学学生。廿九年，教育会与学社发生纠纷，而苏报案起；教育会及学社主要人物，多在通缉之列，众人纷纷出亡，宗仰仍独留沪，百方为苏报及章、邹等营解，卒不得，始赴日暂避。时国父自越莅横滨未久，亟诣高野方拜谒，特辟楼下一室以居之。是岁秋冬间国父将赴檀岛，绌于旅费，慨然赠以二百金。时在东京出版《江苏》杂志，以经济困乏，势将停刊，即醵资助之。卅年春，上海党案风潮平息，乃返沪，仍居爱俪园，为哈同夫妇讲道兴学。受其言就其园建广仓学会，以祀黄帝等，而自是专事重刻日本宏教书院佛藏，工作艰巨，历多年始成，诸名流罔不佩其毅力。辛亥武昌革命兴，陈其美与李燮和所部，各欲推其首领任沪军都督，相持不下，乃出面协调，劝慰和退让。是后哈同捐金三万元以接济吴淞军政府，亦赖其进言。是岁十一月初国父自欧返国，乃至吴淞欢迎，并接访哈同于爱俪园。民国成立，独廓然归山，谢绝交际。民国三年复充江天寺首座，于是闭关遍览十二部经，三载始毕。民七、八间，游兴勃发，由是遍登匡庐、黄山、九华、雁荡、天台等，所至留连旬日，辄不肯舍。九年栖霞寺寺主法意，礼推为该寺住持，众称印楞禅师。寺建于齐梁间，咸丰时半毁于兵燹，喟然欲修复，各方善士闻其宏愿，多乐观厥成，不数月而善款大集，由是度材商工，规模略定。宗仰以积劳得病，遽于民国十年七月圆寂于僧舍。享年五十有七。其弟子惟德诸人，于缮完殿堂后，复建宝塔为之纪念。（邱奕松稿。参考：冯自由《鸟目山僧小传》。）

黄昌谷 （1891—1959）

黄昌谷，字贻荪。湖北蒲圻人。生于清光绪十七年五月二十日（一八九一年六月二十六日）。少聪慧，能自励。清末官费入学天津北洋大学工科冶金班。毕业后，被派返鄂担任电报通讯职务。在鄂暗助革命军起义。民国成立，同盟会本部自东京移上海，三月开大会于南京，由但焘介绍入盟，并任国父秘书。民三，考取官费，留学美国哥伦比亚大学，得冶矿硕士学位。受聘美国哈谷炼钢公司，从事研究工作，凡三年余。民九，返国，经国父介任石井兵工厂工程师。民十，国父北伐，进驻桂林，奉命随军北伐，往返广州、桂林、韶关、赣州。民十一，奉派任江西战地度支处长。民十三年五月，奉命任大本营会计司司长。本年，国父在高师广大演讲三民主义，奉命笔记。十一月，任大本营秘书。国父为废除不平等条约，召开国民会议，统一全国北上，随侍左右，并任演讲之记录。民十五年，蒋公北伐，十月武汉克复，昌谷任武昌市政厅厅长，后又任湖北省政府教育厅厅长、建设厅厅长。随后赴广州，执教于国立中山大学，担任三民主义及钢铁课程。抗战军兴，赴重庆，服务于中国茶叶公司。民三十年冬，再应国立中山大学之聘，赴粤坪石授课，直至三十四年八月，抗战胜利。后复员广州，仍继续在中大执教，兼任中央警官学校广州分校教职。三十八年，走澳门。一九五一年七月，中央党部第三组主任郑彦棻敦促来台。任政工干校教授及教育部特约编纂。并创办国父遗教出版社，任社长。一九五九年六月，搭车不慎，伤腿，加以哮喘病发，群医束手，于十二月六日逝世，年七十岁。编著有："国父遗教丛书"、《科学概论》、《钢铁金相论》（译）《三民主义与五权宪法》、《国父遗教图表》、《民权平衡治国政理图》、《县市自治行使直接民权图》、《三民主义文化体系表》、《国父逝世前五年之中国革命史料》、《国父遗教读本》、《国父遗教纲要》、《国父建党革命六十周年纪念日蒋"总统"祝词之研究》等。（陈哲三稿。参考：林斌《三民主义笔记人黄昌谷先生》，载《艺人志》八十四期，一九七二年九月；《黄昌谷事略》，载《中央日报》一九五九年十二月七日三版；郑彦棻《敬悼吾师黄贻荪先生》，载《中央日报》一九五九年十二月十日三版。）

黄珍吾（1900—1969）

黄珍吾，字静山，原名宝循。海南文昌县人，清光绪二十六年十一月十六日生。民国四年毕业于县立明治高等学堂，七年在乡创办务本国民小学校。十年赴新加坡，任商报记者。十一年创办马六甲华文学校，加入中国国民党，是年冬率同志回粤参加讨伐陈炯明之役。十二年任粤军鱼雷局军需长，十三年考入黄埔陆军军官学校第一期，与贺衷寒等发起组织"孙文主义学会"，以对抗共产党活动。十四年毕业，参加东征之役。十五年任黄埔军校校长办公厅少校侍从副官，旋调充国民革命军第二〇师第五十九团第一营少校营长。十六年升任中校副团长，旋又升任十八师上校政治部主任。十七年转任一二五师上校政治部主任，参加北伐。十七年任陆军第四补充团长，旋转任黄埔军校少将政治部主任，兼代教育长。十九年辞职赴南京，任黄埔同学会秘书长，策划支援韩、台革命事业。二十年转任宪兵第一团团长，嗣因牵涉国际间谍案，被判有期徒刑十四年。二十二年获假释，任复兴社组训处长，继任总书记。二十三年赴兰州，任新一军少将政治部主任，兼西北日报社长。二十五年返乡，当选第一届国大代表。二十六年奉派赴美考察，发动旅美华侨成立筹款总会于纽约，设分会于各埠。抗战军兴返国，任军事委员会别动总队少将副总队长，从事游击战争。二十七年任福建省中将保安处处长兼保安副司令及人民抗敌自卫团副总司令。二十八年兼福建三民主义青年团筹备主任，继任干事长。二十九年兼福建剿匪司令官。三十二年日军第二次登陆福州，陷闽东十余县，珍吾以保安纵队司令兼闽江右翼指挥官，率众抗拒日军，进复福州。旋转任青年军二〇八师中将师长，训练闽浙赣三省青年于江西之贵溪、黎川，次年训练成军，三十四年抗日胜利，升任青年军副军长。三十五年任广州行营中将新闻处长兼广东青年团干事长，复当选制宪国大代表。三十六年出任首都警察厅长兼防空副司令官，三十八年夏转任福州绥靖公署副主任，旋来台北，任东南地区宪兵指挥官，次年任宪兵司令。一九五四年转任台北卫戍司令官，一九五七年五月，因五二四事件落职。一九五九年奉派为"总统府"中将参军，一九六二年退役，转任"总统府""国策"顾问。一九六九年十一月五日以肝癌病逝，享年七十岁。著有：《游美考察记》、《练兵之道》、《闽中剿匪实录》、《三民主义青年团与国家教育》、《党团组织之连锁性及其运用》、《华侨与中国革命》等书。（张玉法稿。参考：《黄珍吾先生行状》。）

叶恭绰（1881—1968）

叶恭绰，字裕甫，一字玉甫、又作玉父、玉虎、誉虎，晚年自号遐翁、遐庵；广东番禺人。清光绪七年（一八八一）十月初三日生于北京。年廿一，入京师大学堂仕学馆；廿三岁，任湖北农业学堂教员；二十六岁，兼两湖师范学堂教员，时为光绪三十二年；同年十一月，邮传部成立，任职文案处。三十四年，年廿八，任路政司郎中。宣统元年，奉邮传部派往欧洲游学，兼考查铁路材料事务。宣统三年，任代理铁路总局局长。

民国元年，任交通部路政司司长兼铁路总局局长；同年，任"中华全国铁路协会"副会长。二年，任交通部路政局长兼代次长。三年，任交通部次长兼邮政总局局长。四年六月，因涉嫌与津浦铁路舞弊案有关，命暂行停职候传四年，洪宪称帝，充大典筹备处会办。五年六月去职。六年，以交通次长兼铁路督办、邮政总局局长；七月，张勋复辟，段祺瑞任恭绰为讨逆军总部交通处长。七年，赴欧考察。翌年归国。民国九年，任劝办实业专使；八月任靳云鹏内阁交通总长。十年三月，交通部将原有之北京铁路管理学校、上海工业专门学校、唐山工业专门学校四校合并，改为交通大学，由恭绰以交通总长兼校长。五月辞任。同年十二月，任梁士诒内阁交通总长。梁内阁为直系吴佩孚所不满，促成直奉之战，恭绰于翌年四月去职，亡命日本。十二年五月，孙大元帅任为广州大本营财政部长；七月，大元帅任林森为建设部长，未到任，由恭绰代理；十一月，奉派往东北，与张作霖洽商讨伐直系军阀事宜。十三年四月，兼盐务督办；九月辞职。民国十三年十一月，段祺瑞就临时执政职，以恭绰为交通总长。翌年九月，兼"关税特别会议委员会"委员；十一月去职。十七年，任张作霖安国军总司令部"财政讨论会"副会长，"全国第一次美术展览会"评审员。十八年，与朱启钤组织"中国营造学社"与朱祖谋、黄公渚、夏剑丞、冒广生结"词社"，与龙榆生创刊《词学季刊》，同年兼"故宫博物院"理事、"管理中英庚款董事会"董事。二十年十二月，孙科任行政院长，任恭绰为铁道部长；翌年一月去职。二十二年，任"中山文化教育馆"常务理事兼总干事、"全国经济委员会"委员；十月，倡建"上海市博物馆"。二十三年，被聘为"伦敦中国艺术国际展览会"委员，又被选为"中国红十字会"监事。二十八年，在香港发起组织"中国文化协进会"，并主办"广东文物览展会"。翌年，发起编印"广东文献丛编"。三十年，辑刊"广东丛书"，是年十二月，香港沦陷，滞居九龙。翌年十月，在监视下转往上海，以诗画自娱，闭门谢客，拒受伪职。三十三年，辑刊梁鼎芬之《节庵遗诗续编》。胜利后由沪返穗，三十七年，移居香港；迨大陆易手，复经穗北上；一九五一年，任中央人民政府政务院文化委员会委员。一九五三年，任中国佛教协会理事；同年十月，任文学艺术界联合会第二届全国委员会委员。一九五四年，任文字改革委员会常务委员，又兼政协委员。一九五六年，任中央标准语普及工作委员会委员。一九六八年卒于北京，享年八十八岁。

著有：《遐庵词》、《遐庵汇稿》、《遐庵清秘录》、《叶遐庵先生书画选集》（叶公超编）、《太平洋会议前后中国外交内幕及其与梁士诒之关系》（叶恭绰口述、俞诚之笔录）等。又辑有：《广箧中词》、《全清词钞》等书。（关志昌稿。参考：《叶遐庵先生年谱》、《民国大事日志》第一册。）

叶景葵（1874—1949）

叶景葵，字揆初，别署卷盦，浙江杭县人，生于民国前三十八年，卒于民国三十八年四月，得年七十有六。清光绪癸卯（一九〇三）二甲第四十名进士。盛年抱负经世之志，醉心新学，颇读有关财政经济译著，所受实业救国之影响甚深。尝佐东三省总督幕府，曾任奉天财政监理官。所办该省工矿事业，亦著成绩。清光绪三十四年，浙江全省铁路公司附股创办浙江兴业银行，景葵参与其事。嗣铁路公司附股退出，改招商股，成为完全之商业银行，景葵担任董事长，以终其身。数十年间，该行演进为我国商业银行之重镇。民国五年五月，上海中国银行抗拒北京国务院停兑钞票命令，中行商股股东组织股东联合会作为后盾，景葵被推任副会长，策划一切，上海中行钞票照常兑现。秉资颖异，人事鞅掌，而朋友之攻错未尝或废。五十之后，复致力于古籍珍本之搜集。每有所获，必手为整比，详加考订，或记所闻，或述往事，或作评隲，或抒心得。曾撰《卷盦跋语》，精义蕴蓄，裨益后学甚巨。所作散文，以畅达为主，不事雕琢。诗则宗尚"人境庐"之率真，信笔抒写，自然高妙。晚年适丁丧乱，目睹江南藏书纷纷流散，慨焉心伤。遂发愿创设文史专门图书馆，捐书捐资，以底于成。馆名"合众"，利泽群伦，学者称便。（姚崧龄稿。参考：陈铁凡撰《叶揆初先生事略》。）

杨　杰（1889—1949）

杨杰，字耿光。云南大理人，一八八九年生。年廿二（一九一一年）入日本陆军士官学校炮兵科，民国二年（一九一三年）毕业，初任贵州武威军步兵第十团团长，后任贵州骑兵第一团团长，第九旅旅长，旋任重庆卫戍司令兼警察厅长。翌年，任云南讲武堂教官。讨袁之役，任护国军第三军第二梯团挺进军参谋长兼第一纵队队长，转战川东。民国九年，入日本陆军大学深造；十二年，以第一名毕业。十三年，任国民军第三军参谋长。十四年，任河南军官教育团教育长。十五年，任国民革命军第六军（军长程潜）总参议，旋调充第六军第十七师师长。翌年，升任第六军副军长，并一度任代理第六军军长。同年，北伐军克复南京，杨任总司令部淮南行营主任兼总预备队指挥官，后调任军事委员会委员。

民国十七年，任国民革命军第一集团军总司令部总参谋长，同年六月，北伐成功；十月，任北平宪兵学校校长。十八年，任陆海空军总司令部总参谋长，后任洛阳行营主任兼第十军军长。十九年五月，中原大战爆发，杨任第二炮兵集团指挥官，旋调任总参谋长。民国二十一年，任陆军大学校长。二十二年，任第八军团总指挥；九月，任欧洲军事考察团团长，翌年归国，任陆军大学教育长（校长由蒋委员长兼任）。二十四年，任副参谋总长，仍兼陆大职务。

民国二十六年，任赴苏联实业考察团团长。二十七年五月，任驻苏大使，至二十九年四月离任；返国后，任中央训练团教官。三十三年任中国军事代表团团长，赴美转英，考察军事设施。三十六年五月，国府还都，任战略顾问委员会委员，大陆军事逆转，任李济琛组织之"中国国民党革命委员会"中央执行委员，民国三十八年八月二十三日，在香港湾仔轩尼诗道寓所被刺身死，年六十一岁。著有《战争抉要》、《孙子浅释》、《总司令学》、《国防新论》等书。（关国煊稿。参考：厂民《当代中国人物志》、吴相湘《民国百人传》之《杨杰著〈国防新论〉》。）

杨天骥（1882—1958）

杨天骥，字千里，别号茧庐、东方等。江苏吴江县人。清光绪八年阴历五月十七日生。幼时随父粹卿往镇江任所。数年后仍返故里就读，同时任教。叶楚伧、柳亚子等皆为年龄相若之学生。光绪二十五年，赴上海入南洋公学，师事唐文治、吴敬恒、何梅生及张元济等，治国学甚勤。课余爱好书法篆刻，从吴昌硕治印。光绪三十年起，在上海澄衷学堂任国文教员，以"思想最新"称著。介绍严复所译《天演论》为学生之读物，学生胡适受其鼓励与影响，因将原学名"胡洪骍"改名胡适，晚年犹津津乐道，其思想由赫胥黎启蒙，严复为赫氏著作之译介者，杨千里为"触媒"也。光绪三十三年后，天骥又兼任新闻工作。于右任接办神州日报即邀参加撰述，《民呼》、《民吁》，及《民立》各报，始终任主笔及编辑等职，日以"东方"等笔名撰写时论。因于右任关系，与宋教仁交深莫逆。宋被刺逝世后，一度离沪，赴湖南任湘岸榷运局稽核官。因嗜词章书画金石，旋至北京，历任民初教育、外交、司法等部参事及秘书职。民六国父促国会议员赴粤，因系倾向民党议员身份，由王宠惠、王正廷等联络，南下广州，并参加国民党。民九复北上，任国务院秘书。民十太平洋会议在华府举行，以谘议名义参加。民十二任王宠惠秘书，一度奔走南北，联络磋商。十五年南返上海，助钮永建、叶楚伧革命工作，险遭军阀孙传芳所害。旋由曾孟朴之介，任无锡县知事，后调吴江县长。北伐成功，任交通部秘书。二十年任监察院秘书，代秘书长及监察委员等职。并参与于右任"标准草书"整编工作。与于氏交逾五十年，生死不渝。廿五年后，脱离政界，耽于诗书金石。抗战时避难香港，以经济委员会委员名义，协助吴铁城、杜月笙等主持之港澳党政工作。太平洋战起，曾联络留港地下抗日人员之工作。旋卜居桂林，再迁重庆，惟以书法篆刻、诗文著述、鉴赏文物，浸沉为乐。胜利后在上海及苏州营小屋颐养，不问世事。一九五八年以脑溢血症逝世，享年七十七岁。

（杨彦岐稿。参考：胡适《四十自述》、《元老记者于右任先生》、杨彦岐编订《先父年谱》及家传等稿。）

杨守敬（1839—1914）

杨守敬，字惺吾，自号邻苏老人，湖北宜都人。以淹通宏博，善考证，精鉴别，及工隶草诸体书，系海内外之望数十年，俨然为东南大师。其学擅舆地、金石、目录，著书数百卷。而于晚岁成《水经注疏》一书，尤勤毕生之力。文昌潘存、上虞罗振玉推其纠正全氏、赵氏、戴氏之失，创获而谛，当为千载上下绝业，闻者以为然。

守敬以道光十九年己亥（一八三九）四月十五日生，四岁丧父。稍长苦贫，母教以识字读书。十一岁时，祖父母命习贾，仍不废诵读，十四岁补县学生。年廿四举同治元年（一八六二）乡试。计偕入都，交潘存、邓承修，学益进，与潘存尤契厚。自是每试主其家，共货财，时时就厂肆搜求群籍、碑版、彝器、古印、古钱币之属，斐然志述作，名以大起。屡上礼部，终不第，乃从驻日本公使何如璋列僚。属代者为黎公使庶昌，留自助。黎公使文儒好事，因守敬收购日本异书秘籍甚富，遂图辑刊其尤，校雠、督匠役一付授守敬，刊成名"古逸丛书"，为最善本者是也。秩满归国，就黄冈县学教谕，调黄州府学教授。时张之洞督湖广，便宜延守敬都讲两湖书院、勤成、存古两学堂，及充通志局编纂。未几偕巡抚端方举应经济特科，部选霍山知县，不就。之洞复荐以内阁中书用。守敬精力过人，即假翰墨应四方求请，日不暇给；日本人士久引重之，索其书夸视其国不绝，且越海投贽门下凡数辈；其书画拓本所题记，汇集盈尺，在客端方所为最著。辛亥（一九一一）革命后，走上海，鬻书为活。久之，推参政院议员，又入都。民国三年十二月卒，春秋七十有六。

所著之书，除《水经注疏》外，又有《水经图》、《水经注要删》，《楷法溯源》、《历代地理沿革图》、《隋书地理志》、《禹贡本义》、《日本访书志》、《续补寰宇访碑录》、《丛书举要》、《留真谱》、《钱录》等十数种。（何广棪稿。参考：陈三立《宜都杨先生墓志铭》。）

杨昌济（1871—1920）

杨昌济，字怀中，号华生，晚号板仓老人。前清同治十年（西元一八七一）生于湖南长沙。昌济幼时喜采究孔孟之言，私自记注，而以日常自身思想言动私相印证，故当时侪辈称之为"小圣人"。年二十余，曾数赴乡试，皆不得售，旋以清政府废科举，昌济乃赴东瀛留学，时已年逾三十，始学日文，勤勉过于他人，留东同学或以"老先生"称之。昌济在日求学时，本欲求中西哲学思想之能融会贯通，并比较其得失，然所获不大，乃兼习英文，后毅然赴英，入爱丁堡大学文科肄业，专修哲学，尤重康德之学。毕业后，复赴德国研究。

民国元年，昌济由德回乡，时年四十二。秋季，受聘湖南省立一师，教修身及教育学。以后昌济又兼任湖南高等师范、明德学校专门部及湖南第一女师等校教师。昌济在湖南高师教伦理学，据其学生舒新城云："其道德观是融合中国的性理学与英国功利学派的伦理观而贯通之，故极重实践，其处世接物一本至诚，而一切都以人情物理为归。律己极严，不吸烟、不饮酒，读书作文均正襟危坐，处以虔敬；但对他人则并不强加干涉。"

昌济在一师任教前后六年整，其门弟子中萧瑜（子升）、蔡和森（林彬）、毛泽东（润之）有杨门三杰之称。七年秋，应北大校长蔡元培聘，任文科哲学系教授。时北大文科人才济济，文科学长陈独秀及同仁胡适之、钱玄同、朱希祖、周作人、陶孟和等为新文学运动健将；黄侃、黄节、刘师培、吴梅、陈汉章、辜汤生等为旧文学大师；其他尚有陈大齐、顾孟馀、康宝忠、叶瀚、马叙伦、张相文等人。

八年十二月初，湖南督军张敬尧以暴力殴打学生，激起各校学生罢课，同时并组成代表团，由各校选派教员与学生二人参加，分赴北京、上海、广州、衡阳等地进行驱张活动。毛泽东时亦为赴京代表之一，在京时，毛由其恩师杨昌济介绍到北大图书馆任办事员，时馆长为李大钊。毛并由李大钊及同乡邓中夏等介绍，加入"少年中国学会"，时为九年元月。在赴京前毛原为一模糊的社会主义者，具有无政府主义倾向，此行，在李、邓等影响下转向为马克思主义者，进而影响此后中国政局。

九年元月十七月，昌济因肺病逝于北京德国医院。生平所写日记"达化斋日记"及在各校讲学时之讲义皆未成书出版，生前在《新青年》月刊上发表有《治生篇》及《结婚论》（译文）二文；殁后，舒新城主编之《湖南教育》月刊终刊号上登有李肖聃之《杨昌济传略》及杨之译作斯宾塞尔《感情论》等。昌济生有一子开智、一女开慧，开慧后嫁与毛泽东为妻。（秦贤次稿。参考：萧瑜《湘中理学大儒杨怀中先生》、舒新城《我与教育》、民国七年九月《国立北京大学职员履历表》一册、《少年中国》月刊第一卷）

杨庶堪（1881—1942）

杨庶堪，字沧白，晚号邠斋，四川巴县人，清光绪七年辛巳（一八八一）十月十八日生，卒于民国三十一年八月六日。

庶堪幼时就学私塾从华阳吕翼文治经史词章，曾参加清末最后一次科考，得中秀才。此后专心研究国学，并入重庆译学会习英文。科举停办后，各级新式学堂相继成立，庶堪至成都高等学堂分设中学担任英文教员。民前七年（一九〇五）同盟会成立，庶堪亦在川中参加。后至叙永县永宁中学任监督，民前二年（一九一〇），任重庆府学堂监督，皆藉教学鼓吹革命，辛亥武昌起义，策动重庆及川东各县于农历十月二日独立。

民国成立，当选为第一届国会参议员。二年七月，二次革命发生，八月四日，四川宣布独立，出任四川省民政长，旋失败赴日。三年国父在东京成立中华革命党，庶堪被指定为四川主监人，并任政治部副部长。四年，奉派与胡汉民、陈其美至南洋募饷。五年返沪，协助护法，主持策划川中革命事宜。六年膺选国会参议院议员，是年冬，任四川宣抚使。七年三月，吕超克成都，庶堪被推为四川省长。此后两年，民党势力在川盛极一时。九年六月，国父并有迁移军政府于重庆之议，后因川中战事发生，此议遂止，庶堪亦于是年冬被迫离川赴上海。十一年，担任联络段祺瑞、卢永祥事宜，即当时所谓"孙段张三角同盟"之联络工作。十二年二月受任为大元帅府秘书长。次年中国国民党第一次全国代表大会，当选为候补中央监察委员，未几出任广东省长，六月辞职。十四年国父逝世，段祺瑞促其出任临时执政府司法总长，值金佛郎案起，持法衡断，门杜私谒。十五年，段氏下台；庶堪即自解官，回上海。二十一年被举为中国国民党中央监察委员、国民政府委员。抗战军兴，国府迁都重庆，仓卒未及行。廿八年冬，汪精卫在南京组织伪政府，强邀之参加，乃间关返蜀。时中枢以其为川人众望所归，曾先后请其出任四川省政府主席、国史馆馆长，皆辞不就。至三十一年八月六日，因病去世，享年六十二岁。遗著有《天稳阁诗集》、《邠斋文存》，及英文著作《译雅》（英汉辞典性质），均未出版。（洪喜美稿。参考：向楚《杨庶堪传》，载《国史馆馆刊》一卷一号、周开庆《记杨沧白先生》，载《畅流》十六卷十期、《国民政府委员巴县杨公行状》，载《四川文献》月刊第二十七期。）

杨增新（1867—1928）

杨增新，字鼎臣，云南蒙自人，一八六七年生，清光绪戊子科举人（一八八八），己丑联捷进士（一八八九），初任甘肃河州知府，一九〇八年任新疆阿克苏道尹，旋因处理当地汉回民族争端一事有功，调升镇迪道兼提法使，宣统三年（一九一一年）鼎革事起，新疆巡抚袁大化应付无方，力不能支，仓猝东归，同时电请以杨增新为新疆都督兼布政使，一九一二年北京政府同意杨之任命，一九二八年北伐统一，定都南京，杨氏通电拥护国民政府，并宣布易帜归附，旋被国府任命为新疆省政府主席，一九二八年七月一日，杨氏在迪化正式就任，一周后之七月七日，值俄文法政学校第一期学生毕业典礼，省府外交特派员樊耀南、张歆等当场将杨氏刺死，得年六十一岁。后樊等率党羽数十人抢入督署，省府民政厅长金树仁又率众号称替杨氏复仇，将樊等击毙，金因平乱有功，被拥为主席。金系杨一手提拔之亲信人物，事后亦有传说为金本早知樊等之刺杨计划者。

杨增新于一九一二年就职新疆都督时，正逢新疆风雨飘摇时期，迄其一九二八年被刺身亡，十七年之中，整饬吏治，开渠垦荒等措施，新疆各族人民亦能各安其生，论者有以其用愚民方式，采孤立政策等非之，然新疆孤悬塞外，偏位西陲，杨氏治新十七载，折冲肆应，保境安民，亦自有其功绩在也。（周卓怀稿。参阅：张大军《民国以来的新疆》及 "*Biographical Dictionary of Republican China*"。）

邹文海（1908—1970）

邹文海，字景苏，江苏无锡泰伯乡人。生于清光绪三十四年（一九〇八）正月初九日。兄弟共四人，排行第二。民八年秋，入东林无锡县立第二高小肄业,与钱锺书同学,三年后毕业,东林小学即前东林书院故址。十一年秋,考入旧制之江阴南菁中学,需肄业四年,以颖悟过人,为校长董伯豪所器重,亲授以英文。十三年,齐(燮元)卢(永祥)战起,学生多返乡避难,文海继续留校,研读不辍。十五年九月,考入清华学校(十七年改为国立清华大学)政治系,同学中日后成名者有李健吾、罗香林、邵循正、邵循恪、张德昌等。四年毕业后,以成绩优异,留校任助教前后五年,时系主任为浦薛凤。文海任政治系助教时,须随堂听讲,代改试卷,协助研究生搜集论文资料,所以阅读西洋重重典籍自云多到四百册以上。

廿四年,由学校保送留学英伦,入伦敦政治经济学院研究,随政治学大家拉斯基及怀纳等专攻西洋政治思想及制度。廿六年夏,抗战行将爆发,文海以国家多难,自英归国,历任上海私立沪清中学校长、国立湖南大学教授、江苏省立江苏学院政治学系主任兼教务主任、国立厦门大学教授、国立暨南大学教务长及法学院长。卅八年来台,初在花莲之测量学校任教,后出任新创办之台湾省立行政专科学校教务主任及改制后之法商学院(即今中兴大学)教授。暇时以节译新出版之西洋典籍为事,每周一册,习以为常,时在《新思潮》月刊所发表之译著,即其读书心得。一九五五年,"国立"政治大学在台复校,聘文海为教授,后并兼副教务长、教务长、政治学系主任、法学院长及政治研究所主任等职,"国家长期发展科学委员会"并遴选其为研究讲座。

文海学识渊博,记忆力强,于金石字画,博弈烹调,无不精通,而于西洋政治思想及制度造诣最深。在清华就读及担任助教先后共九年,寝馈典籍,无间寒暑,其在英伦,日至大英博物馆研究，尝六个月无一日或缺。政大在台复校，实同新创，文海经理教务，建立制度，均悉心尽力。政大短期内有今日之规模，并为当时唯一授与政治学博士之学府，其贡献实为重要因素之一。文海口歪，因幼时掏耳发炎，断去右面颊筋，失去一面牵制作用，耳疾终身未愈。夫人及子女均在大陆，仅长女来台，学成去美，文海即过独居生活。一九七〇年元月五日，以肺癌逝于台北，享年六十三岁。

文海之著述，早年有《自由与权力》一书，由中华书局出版。来台后著有《代议政治》（中华文化出版事业委员会）、《政治学》（自印）、《各国政府与政治》（正中）、《比较宪法》（三民）、《邹文海先生政治科学文集》（六十年华诞学生庆祝会）等。（秦贤次稿。参考：《清华校友通讯》新卅一期，治丧会之《邹文海事略》及赵赓飏《念才德超群的邹景苏兄》两文。）

赵凤昌 （1856—1938）

赵凤昌，字竹君，江苏武进人。生于清咸丰六年丙辰（一八五六），卒于民国二十七年戊寅（一九三八），得年八十三岁。少时家贫，失学，入钱庄习贾。嗣以挂欠，被斥退。富户朱某鉴其聪明伶俐，为纳资报捐杂职，分省广东候补，时年甫二十。旋入粤藩姚觐元（彦侍）署中，任书启。光绪十年（一八八四），张之洞任两广总督，凤昌夤缘充督署文巡捕（侍从）。日久受之洞赏识，升充文案，参预机要。光绪十五年（一八八九），之洞移督两湖，遂随赴武昌，益见信任，升充总文案。凤昌读书虽少，而记忆力强，且富忍耐性，工于迎合揣摩。与之洞朝夕相处，久而久之，极能了解之洞心性，悉其癖好，居然能代拟公牍，符合旨意，摹仿其书法，几可乱真。光绪十九年（一八九三），大理寺卿徐致祥奏劾之洞辜恩负职，涉及凤昌。查办结果，之洞免议，凤昌则革职永不叙用，勒令回籍。时官已保至直隶州知州矣。之洞对凤昌所受处分，不免抱屈，特于武昌电报局给予挂名干薪差使，常川驻沪，为其耳目。凤昌于是与盛宣怀、张謇、何嗣焜、沈瑜庆、陈三立、汤寿潜、施炳燮等人结识。庚子拳乱，与诸人谋议，劝导张之洞参加东南自保。光绪末年，对于君宪运动，暗中复多鼓吹。时与主办《时报》之狄葆贤（楚卿），及江浙名流多所往述，互通声气。辛亥革命，南北议和，北方代表唐绍仪抵沪后，即挽凤昌约晤张謇，暗示袁世凯如能被推为总统，则不难迫使清廷退位。凤昌原与绍仪熟识，所居上海公共租界南阳路惜阴堂遂变为南北代表与同盟会要人黄兴等，幕后商洽条件之所。迨孙中山先生返国，亦尝与诸人相见于惜阴堂。而凤昌则面陈沪汉情势，及建国理财诸要端，颇蒙采纳。关于当时争执最烈之第一任内阁总理，必须由同盟会会员担任一问题，竟然经凤昌从旁建议由唐绍仪加入同盟会，即以会员资格当选充任，获得中山先生同意，而告解决。盖与会诸人认为办法如此，双方兼顾，绍仪可作孙、袁两临时总统新旧交替之桥梁，使南北统一，早日实现。凤昌以此，亦遂被誉为"民国诞生之助产婆"云。南京临时政府成立之际，汉冶萍（煤铁）总公司主持人盛宣怀，逃避日本，政府因即指派凤昌代表官股出任该公司董事长。嗣以不同意以公司产权押借日款而辞职。寻与张謇、章炳麟、汤寿潜、熊希龄及江浙地方人士，于同盟会之外，组织"统一党"，由张謇任理事长，章炳麟任秘书长，凤昌任基金监。临时政府北迁后，凤昌反对"统一党"党部随之北移，遂辞去基金监职，不问党务。从此息影沪滨，以迄寿终。（姚崧龄稿。参考：刘垣《张謇传记》、赵尊岳《惜阴堂与辛亥革命记》，香港大华杂志第一卷第四期。）

熊十力（1885—1968）

熊十力，原名子贞，号十力，于民国九年以名号互换。清光绪十一年生于湖北黄冈县。父其相（文学），生有六子二女，十力为其第三子。幼从父读四书。十一岁丧父，家贫辍学。后在附近何家寨从何炳藜（焜阁）附读半年。十八岁，与好友王汉、何自新游江汉，入武昌凯字营投军。光绪三十年，立志革命，与吕大森、胡瑛、宋教仁、曹亚伯等在武昌成立科学补习所，以革命排满为密约。翌年，与胡兰亭等成立日知会于武昌，十力由行伍考入陆军特别学堂。三十二年，筹设黄冈军学界讲学社，密商革命进行事宜。十月，萍醴之役，谋响应，事泄，返黄冈乡下暂避。武昌起义后，赴都督府任参谋。

民国元年，举家迁至江西德安。五年八月，广州护法政府成立，十力前往参加北伐行列。旋回德安，绝意仕途，专心致力学术。六年，到江苏某中学任教。九年八月辞职，至南京，入"支那"内学院欧阳渐（竟无）门下，深究内典。十年，因对佛家思想有不能苟同之处，长揖而去。十一年，北大校长蔡元培聘为特约讲师，教唯识论。十二年，将唯识论讲稿焚掉，另草新唯识论。十三年，返黄冈，在朝天寺设私塾授徒。十四年春，武昌师范大学改组为武昌大学，石瑛任校长，十力应邀至校任教，同事有李璜、方东美、郁达夫等，是年秋，武大校长易人，十力又返北大任教。十六年，至南京中央大学养病，旋移居西湖广化寺。十七年，至中央大学哲学系任教。秋天，又回北大。十九年春，"支那"内学院王恩洋、刘真如因不满十力之新唯识论，写《破新唯识论》一文，十力撰《破破新唯识论》以驳之。九一八事变后，又返杭州休养。二十一年秋，再返北大任教。《新唯识论》出版。二十二年暑假，北方局势紧张，乃避难至山东邹平。秋后，再抱病至杭州休养。二十四年返北大，《十力语要》第一卷出版。二十五年，写成《佛家名相通释》出版。又将与人论学之书礼，集成《十力语要》第二卷。七七事变后，即回黄冈故居。二十七年春，迁重庆，作《中国历史讲话》一卷，翌年五月出版。二十八年夏，应聘至马一浮所创复性书院任教，不久即辞职，寄寓璧山，集合好学之士，成立讲习会，汇成《十力语要》第三、四卷。二十九年，《新唯识论》语体本上卷出版。三十年，至北碚梁漱溟所创办之勉仁书院任教。三十三年，《新唯识论》语体本全书出版。居正筹组中国哲学研究所筹备处，以十力为所长。三十四年，撰《读经示要》一书。抗战胜利，中国哲学研究所筹备处结束。三十五年春，由四川返汉口。

三十六年返北大，参加中国哲学会。九月，南返汉口。三十七年正月，转杭州。七月，至浙江大学哲学系讲学。三十八年春，至广州。十月中旬，广州失守，返北平，获北大教授名义，但不排课。一九五四年退休，至沪与公子同住，埋首著书。撰《原儒》一书，对唯物论持反对态度。一九六八年五月二十三日，逝于上海，享年八十六岁。（陶英惠稿。参考：李霜青《一代大哲熊十力传》。）

熊希龄（1867—1937）

熊希龄，字秉三。湖南省凤凰县人。清同治六年八月生。体貌魁伟，资赋颖异。十二岁补诸生，就读沅水校经堂。二十二岁中举人，二十三岁应礼部试，中进士，二十五岁应殿试，录取入词馆。从此悉心研究时事，奏请在长沙设时务学堂，同时组"南学会"以研究学术，办《湘报》以启迪民智。光绪二十六年，东渡日本。回国后，主持常德师范讲习所。光绪三十年，再赴日本考察教育及工商业，继随五大臣出洋考察宪政。历任清廷奉天财政局及农工商局总办、江苏巡抚署总文案兼农工商局总办、两江总督署总文案、东三省清理财政官兼盐运司、屯垦局督办及奉天造币厂总办等职。民国元年，唐绍仪组阁。三月二十九日，受任财政总长，七月十四日辞职，即外调就任热河都统。民国二年，袁世凯政府利用进步党组阁。七月三十一日，任希龄为国务总理。九月十一日，兼任财政总长。民国三年一月十日，袁明令解散国会。二月九日，辞财政总长兼职。十一日，辞国务总理职。其时对国家财政本欲有所作为，因袁专权玩法，不使久于其位，无法付诸实施。自后乃从事筹办全国煤矿开采，在政治方面，仅任参政院参政。民国四年十二月，袁窃国称帝，立辞参政回籍，同时协助蔡锷（松坡）逃往天津。从此绝意仕途，一心致力于教育及慈善事业，并特别对国民党革命大业尽力帮助，尤其对桑梓利益多所维护，如挽救长沙纺织厂及常宁水口山铅锌矿局免于被湘督张敬尧出卖，为其著者。民国六年八月，京兆各县水灾，北京政府特派督办京畿一带水灾河工善后事宜。复在北京西郊创设香山慈幼院，收容灾后无家可归之孤儿及当时韩国流亡革命人士之子女达数百人，其规模之宏大，设备之完善，在国内独一无二。又在湖南首创义赈会、临时妇孺救济会，与国际人士合办华洋义赈会，救死恤伤，不遗余力。西伯利亚饥荒，国际赈灾队救济俄人，亦协力赞助，因此被推为世界红十字会中华总会会长。国民政府奠都南京后，被推为全国赈务委员。二十六年，赴爪哇，出席国际禁贩妇孺会议。回国后，赴青岛筹办婴儿园。"八一三"淞沪战起，赴上海，与红十字会合力设伤兵医院四处、难民收容所八处，救济伤兵达六千余人，收容难民达二万余人，又创设街童教育社。京沪沦陷后，拟赴西南各省推广红十字会救护工作，并为香山慈幼院由北平迁长沙作准备。同年十二月，先赴香港，为难民伤兵募捐。到港未久，因脑溢血于是月二十五日逝世，享寿七十一岁。（张珂稿。参考：贾士毅《民国初年的几任财政总长》。）

熊育锡（1869—1942）

熊育锡，字纯如，世居江西南昌。生于清同治八年（一八六九），民国三十一年（一九四二）十一月十九日卒于江西宁都。

熊早岁研治经史，致力于宋儒程朱之学。嗣以倾向维新，并读西译新书。光绪戊戌年间，与同志合股开设广智书局于南昌；并创办乐群学校，任监督。逾年同志星散，熊乃商之族中兄弟，以心远堂经费改为学校基金，创办心远学校，由熊主持校务，凡四十余年。一九〇四年，清廷令各省办自治，南昌设城自治会，熊被推为总董，在城内筹设小学多所。一九一〇年被举为江西省教育会副会长。民国元年，任江西军政府文事（教育）局副局长，旋任局长。复应北京大学校长严复之约，任北大斋务长。民国二年辞北大斋务长，回南昌任江西都督府教育科长，筹设省立中学八所，自兼第二中学校长。其后长二中十余年，直至民十五年冬始去职。民七年赴日本考察教育，旋返赣，被推为女子公学校长。民十一年成立心远大学，熊自主持国文系，至民十六年冬以经费困难停办。民十六年四月江西政变，熊被共产党拘捕系狱逾月。六月，朱培德改组江西省政府，斥共派，以熊为委员。十七年六月，代理建设厅长，及省党部组织部长。民二十年冬江西省政府改组，转任监察院监察委员。二十七年十月，政府自武汉迁重庆，熊请假回籍，于宁都及南城设心远分校，本校旋迁南城。三十一年六月南城陷，九月至宁都。十一月十九日卒于宁都心远中学分校。

熊自二十岁后逐日书日记，未尝间断，有《日记》五十余卷，《观生堂文集》若干卷，诗一卷。（蒋永敬稿。参照：熊正理《南昌熊先生行状》，见《革命人物志》第十集。）

熊得山 （1891—1939）

熊得山，字子奇，湖北江陵郝穴人。生于清光绪十七年（一八九一），殁于民国二十八年（一九三九）二月四日，享年四十九岁。

光绪三十二年春，熊得山时年十六，肄业于郝穴县立高等小学堂，与胡鄂公、宁敦武、钱铁如（纳水）等组织"辅仁社"，相约砥砺学行，该社实即"共和会"之前身。翌年，熊得山偕钱纳水赴日求学，钱先入宏文书院，继入早稻田大学；熊则入明治大学肄业。未几两人皆加入"共进会"，寻又加入同盟会。"共进会"系出同盟会会员焦达峰、刘公、孙武等在东京发起组织，成立于光绪三十三年，专事运动长江流域会党以进行革命、仍奉同盟会总理孙文为总理。宣统元年夏，熊、钱回国乡居，旋应胡鄂公之邀，赴保定欲筹组同盟会北方支部，因故未成，乃改发起"共和会"。九月，熊得山插班入保定直隶高等农业学堂（入民国后改名国立北京高等农业学校），肄业农科，时胡鄂公亦肄业林科。

宣统二年四月八日，"共和会"在保定正式成立，胡鄂公为干事长，熊得山为干事，钱纳水则负责北京分会之筹备事宜。翌年十月初，共和会全体加入同盟会。辛亥武昌起义后，胡鄂公由鄂军政府派为全权代表，前赴京津一带，主持北方工作。十月十二日，设北方革命总司令总指挥处于天津，鄂公兼领总指挥，得山为秘书长，纳水为北京总司令。不久滦州军起义失败，北方革命军因而瓦解。同月二十四日，胡、熊等又联络同盟会及其他革命团体，组成"北方革命协会"，继续革命行动。

民国成立后不久，胡鄂公在天津发刊《大中华日报》，讨伐袁世凯之攘窃政权，熊得山、钱纳水均任编辑之职，终以经费无继，仅维持四十五天即停刊。十年间，熊得山与胡鄂公等在北京组织"中国共产同志会"（一说"马克思主义研究会"），并于十一年二月十五日创刊《今日》月刊，由北京新知书社发行，熊得山主编，执笔者有胡南湖（鄂公）、邝摩汉等。后来其组成分子被李大钊主持的中共北京支部吸收，但胡、熊等并未加入。其后，熊得山回乡，曾先后任武昌《商大周刊》主编、湖北留日学生经理、武昌法科大学教授、武昌中山大学教授等。十八年，熊得山与钱纳水、宁敦武（伍）、邓初民、李达等创办"昆仑书店"于上海，出版介绍新兴社会科学书籍。十九年五月，加入"中国社会科学家联盟"。秋，加入"中国互济总会"。二十一年一二八事变后，熊得山赴广西大学任教，直至二十八年春逝世时为止。

熊得山一生著译甚多，著作有《中国革命的出路》（署名熊子奇，十七年，现代中国出版社）、《社会主义之基础知识》（十八年，新生命）、《中国社会史研究》（十八年，昆仑）、《社会问题》（北新）、《社会思想》等；翻译有《社会思想解说》（山内房吉著，十八年，昆仑）、《物观经济学史》（住谷悦治著，十八年，昆仑）、《唯物史观经济史》（山川均、石滨知行、河野密著，与钱铁如、施复亮合译，十九年，昆仑）、《宗教及正义善的观念之起源》（拉法格著，十九年，昆仑）、《国际经济战略》（三田同学会编，二十五年，商务）、《欧洲经济通史》（东晋太郎著，二十五年，商务）、《西方美术东渐史》（关卫著，二十五年，商务）、《西洋哲学史》

（秋泽修二著，与金声合译，二十六年，生活）等。其在广西大学所编讲义：《中国文化史》及《中国近代史》二部，惜均未整理出版。（秦贤次稿。参考：莫洛编著《陨落的星辰》一书中《熊得山》条、胡鄂公之《辛亥革命北方实录》一书。）

齐白石（1863—1957）

　　齐白石，名纯生、纯芝、璜；字渭清、苹生；号兰亭、白石山人，另号齐大、阿芝、阿长、木人、老木、老木一、木居士、寄园、寄萍、老萍、萍翁、寄萍堂老人、白石山翁、白石老人、借山老人、借山翁、借山吟馆主者、星塘老屋后人、杏子坞老民、三百石印富翁。湖南湘潭人。生于同治二年十一月二十二日。四岁由祖父教识字。八岁从外祖父读书，喜绘画，因病及家贫辍学。以后数年在家牧牛砍柴，挑水种菜及捡粪，将论语读毕。光绪三年从叔祖父学木匠。四年从雕刻匠周之美学雕花木工。七年学徒期满出师，赖雕刻为生。八年临摹《芥子园画谱》，改进雕花手艺，为人画神像。十四年从肖像画家萧芗陔学画。翌年从胡沁园、陈少蕃学诗画，改以画肖像为生。十八年代人画山水花鸟和仕女，尤善画仕女，有"齐美人"之称；从萧芗陔学裱画。二十年临摹名人字画，与友结龙山诗社。翌年又结罗山诗社。二十二年学书法、习钟鼎篆隶，决心试作篆刻。二十四年得丁龙泓、黄小松两家印谱。翌年入诗人王湘绮之门。二十六年替湘潭盐商画南岳全图，得酬金三百二十两银。翌年为内阁中书李翰屏家画像。二十八年赴西安识夏午诒、李梅庵、郭葆荪；应夏午诒聘为画师教姚无双；识樊樊山，晤张仲飏；游碑林、雁塔等；画洞庭看日图。翌年进京识曾农髯，晤李筠庵、张贡吾；画华山图、嵩山图，和借山吟馆图。三十年游南昌、九江、庐山；居王湘绮宅，与铁匠张仲飏、铜匠曾招吉被推为"王门三匠"。翌年于黎薇荪宅见赵之谦《二金蝶堂印谱》后，喜摹赵体，作画改大写意笔法；应汪颂年约游桂林；识蔡锷，会黄兴。三十二年赴钦州见郭葆荪，代作画，得见八大山人徐青藤等真迹，并获临摹机会。翌年教郭葆荪如夫人学画，兼为郭代笔，后同游肇庆、瑞溪等地；游览粤南山水，画《绿天遇客图》。三十四年应罗醒吾约赴广州，刻印为生；替罗氏等革命党员传递文件。宣统二年留乡苦读古文诗词；将游历所得山水画稿，编成借山图卷共五十二幅，又画石门二十四景图；赴长沙居胡石庵宅，同友游山吟诗刻印作画，刻印刀法，将汉印格局融会为赵㧑叔一体之内。民国三年赴长沙晤王湘绮，会名士瞿鸿礼。五年山居临张叔平画，于乡间获观邻人藏画四帧临画。六年接樊樊山之招入京，会陈师曾成莫逆，亦识陈半丁、姚芒父、王梦白等名画家。九年识林琴南、徐悲鸿、朱悟园等；经陈师曾之劝变通画法，自创红花墨叶一派。十一年参加中日联合画展；加入巴黎艺术展览会。翌年作日记，取名《三百石印斋纪事》。十四年二月，生大病，人事不知者七日夜；梅兰芳入门学画。十六年，应北京艺术专校聘任教庸。翌年改制为学院，任教授；《借山吟馆诗草》及印谱出版。二十一年得意门人瑞光和尚圆寂；始闭门谢客，不见敌伪人员。翌年《白石诗草》八卷出版。二十六年北平沦陷，辞教职闭门不出。翌年湖南沦陷，《三百石印斋纪事》停笔。三十三年闭门作画拒售。抗战胜利，喜极，终夜不眠。三十五年恢复卖画刻印；赴南京，中华全国美术会为举办画展，旋赴沪展览，作品全部售出。 九五七年十月十六日卒于北京，享年九十有五。（邱奕松稿。参考：《齐白石画集》、《齐白石年谱》、《白石老人自述》。）

廖仲恺（1878—1925）

廖仲恺，原名恩煦。原籍广东惠阳县。父竹宾，为旅美华侨。仲恺于一八七八年三月十日生于美国，幼在美求学。十七岁回国；在香港英文学校就读。二十岁与何香凝结婚，旋留学日本，初入早稻田大学经济预科，继入中央大学政治经济科。次年，妻何香凝亦到东京留学。一九○五年国父在东京成立中国同盟会，仲恺夫妇均加入。次年被国父派赴天津，与法国驻华武官布加卑做联络工作。嗣往东北助边防督办陈昭常、会办吴禄贞，办理对日交涉延吉问题。辛亥广东光复，胡汉民任都督，仲恺任财政部副部长，实际负责整理广东财政，表现其卓越理财能力。二次革命失败，随国父亡命东京，加入中华革命党。民国四年二月，国父以张人杰为中华革命党本部财政部长，仲恺副之。民五年九月，与胡汉民代表国父赴北京与各方联络，并办理偿还华侨革命债券事宜。民六年七月，随国父南下护法，九月任军政府财政部次长。民国八年八月，国父在上海创办《建设》杂志，仲恺与胡汉民、戴传贤、朱执信、汪兆铭等为编辑。在《建设》发表论文至伙，其要者如《平均地权》、

《消费合作社概论》及《答胡适之论井田书》等文。均着重民生主义之阐发。又译威尔奥斯（Delos F. Wilcox）之《全民政治》（Government by all the People）一书，介绍民权思想。民十年五月，国父在广州就任非常大总统，任仲恺为财政部次长兼广东省财政厅长。十一年六月，陈炯明在广州叛变，仲恺被陈囚禁石龙六十二天。民十二年一月苏俄代表越飞（Adolf A. Joffee）到上海与国父商合作，于二十六日发表孙越联合声明后，越即于二十八日赴日本，国父派仲恺偕行。两人在热海同住一月，讨论各种问题至详。从此仲恺对国父之政策坚决支持。三月，国父设立陆海军大元帅大本营于广州，以仲恺为财政部长。五月，改任广东省长。十月国父着手改组国民党，特派仲恺与邓泽如召集特别会议，商讨改组问题。旋任临时中央执行委员，参与起草党纲章程，筹备全国代表大会。十三年一月，国民党举行第一次全国代表大会。是为党的正式改组，仲恺实为重要筹划人之一。当选中央执行委员。旋任常务委员兼中央工人部长。二月，国父又派仲恺与蒋中正筹办陆军军官学校于黄埔。五月任军校党代表。九月，国父决定出师北伐，改组广州军政机构，以胡汉民为广东省长，仲恺为军需总监兼财政部长，又兼广东省财政厅长，以谋统一财政。惟扼于滇桂各军，辞财政两职。民十四年七月一日，国民政府成立于广州，设委员十六人，常务委员五人，仲恺为常务委员兼财政部长，复兼广东省长。此时身兼八要职，颇召反共党人之嫉视。八月二十日在广州被刺殒命。究系何人主谋，迄为悬案。（蒋永敬稿。）

蔡廷干 (1861—1935)

蔡廷干，字耀堂，广东香山（即今中山）县人，清咸丰十一年（一八六一）三月六日生。于一八七三年经清廷派赴美国留学（该批幼童共一百二十名，即美国人所称 China's First Hundred 中的第二批），在美时和唐元湛同被安置于 New Britain 中学就读，毕业后在麻省 Lowell 机器厂工作。一八八一年回国，入天津水雷学堂，嗣后在大沽口炮台鱼雷艇队服务。光绪二十年甲午中日战起，指挥鱼雷艇对日作战，受伤被俘，后经袁世凯交涉，始被释回。辛亥革命起，与刘承恩同被袁世凯派赴武昌向黎元洪议和，但经范义侠、萧鹤鸣等反对作罢。

民国成立后，以海军上将官阶任袁之顾问，并担任袁接见外宾之翻译工作，且袁初任民国总统时剪去发辫，即由廷干执剪。民三年五月，北京体育竞进会在天坛举行第一次全国联合运动大会，由廷干及王正廷慨捐巨资，始得如期举行。日本试图向我国提出二十一条无理要求时，廷干曾对美国驻华公使芮恩施透露反对之意。后因不满袁帝制自为，乃渐与疏远而接近黎元洪及段祺瑞。民六七年间，任税务学校校长，颇多兴革。民十年以税务处会办身份担任华盛顿会议中国代表团顾问，旋因不满北政府迟迟不提出解决二十一条方案，认为坐失良机，且暗中感受英美压迫，乃愤而与王宠惠、顾维钧、施肇基等力辞代表及顾问工作，后以会议形势稍有转机，态度方形和缓。民十四年，在税务督办任内，与时任外交次长之曾宗鉴同经段瑞祺派往上海交涉五卅惨案事宜，起初外使团对我虚与委蛇，后经据理力争，始略为解决。同年十月下旬，与颜惠庆、王正廷、王宠惠、施肇基、黄郛、莫德惠等参加关税特别会议，会中与诸代表力争我国权益。民十五年，杜锡珪代内阁时，曾一度任外交总长，惜以为时甚短，无所展布。

廷干为海军宿将，口才甚佳，谈锋极健。民十八年赴大连，对当地我国贫困居民时加济助，惟拒与当时日本显要相往还。民二十年九一八事变后返北平定居，晚年偶应邀赴清华、燕大以中国文学为题材作专题演讲，著有《老解老》（诠释老子道德经著作）及《唐诗英韵》（在美出版）。民国二十四年九月二十四日于北平逝世，享年七十五岁。（参考：飘蓬《文武兼资之蔡廷干》，载民国二十四年十一月一日南京中央日报，及廷干先生次子胜康先生所提供之资料。）

蔡智堪 （1888—1955）

蔡智堪，原名扁，曾化名山口与各方联络。后以字行。生于民前二十四年十一月十一日。为河南世家，明清之际，随郑成功来台，从事反清复明工作。嗣居苗栗后龙镇。其先人以乐善好施，热心公益，代为后龙地方首长。迨日人入据台湾，始辞去所有公职。智堪幼承庭训，受家庭环境之熏陶，不惟精通诗文，熟稔祖国历史文化，且富爱国救国之思想。

年十一，东渡日本。毕业早稻田大学后，在日经营商业，往来于日本南洋间。由于经营有方，亿则屡中，商务日趋发达，在日本工商界崭露头角。旋以岳父林英初与陈少白来往甚密，受陈少白之影响，对革命有极深之信念。国父自檀岛赴日抵横滨，乃经由陈少白介绍，参加兴中会。智堪以其在日本之经济地位，交往日本政经界有地位人士，秘密从事革命工作。

民五袁世凯窃国称帝。时日与袁勾结，内阁只文部大臣尾崎行雄一人反对。国父派李烈钧东渡活动，日态度稍变。国父密电蔡锷取道台湾前往香港，转赴云南兴师讨袁，并令李烈钧及智堪商请尾崎行雄转请台湾日总督伊泽，允蔡过境。伊泽电复同意，李即请智堪来台接应。讵蔡乘日轮"信浓丸"抵台后，立被日警以"奉伊泽手令拘捕蔡松坡"为由被扣，并拟送返上海。经智堪一面电尾崎协助，一面向总督府总务长官贺来活动，并以日金八千元买通日警，蔡得安全过境，赴港转云南，揭竿讨袁。

民国十七年，张作霖在皇姑屯被炸不久，智堪自一日本军人处得悉此案与日陆军有关，遂邀民政党永井柳太郎，偕往东北调查；及抵东北，永井自一日人处查悉系日军暗置炸弹于张作霖坐车通过南满、北宁两铁路交叉点处而爆炸；继而据此线索，获知有一朝鲜路警检得爆炸弹壳，智堪不惜以三万元购交永井，携回东京，民政党以此弹片作证，在国会向执政党（政友会）大事抨击，卒致田中内阁垮台，未几田中义一忧愤自杀。

民十六日人侵略中国之野心日显，田中内阁之"田中奏折"实为侵略中国之蓝图，然以高度机密，世界各国争欲刺取不获。智堪受东北外交委员会王家桢（树人）之托，毅然决定取得此一文件。时日本元老咸认田中武力并吞政策，将危及天皇万世一系体制，正急于破坏田中政策；但如由天皇或元老直接干涉，势必引起少壮军人革命。智堪觉察日本政界有此矛盾，遂运用其与日民政党前内务大臣床次竹二郎等之深密关系四出活动，终于获得内大臣牧野伸显伯爵之默许，由牧野命其妾弟山下勇，约妥日皇室书库官，由智堪扮装补册工人，携带针线及应用铅笔等，黉夜入宫，费时二夜，始告录毕。智堪携此密件，亲往沈阳递交王家桢。此案泄露后，震惊世界，有助于我抗战之最后成功者实大。而智堪因此遭日政府逮捕，其在日及印尼财产二百余万美元亦被没收。

智堪毕生奔走革命，毁家纾难，身陷囹圄十年，及台湾光复出狱，境遇亦极拂逆。一九五五年九月廿九日，以心脏病逝世，享寿六十有八。卒后蒋"总统"颁"卓行流馨"挽额。元配卢氏，继配林氏。遗有九子一女。（赵尺子稿。参考：《田中奏折与蔡智堪》，传记文学。）

潘达微（1880—1929）

潘达微，字铁苍，号景吾，别号寄尘，晚号冷残，别署有：觉、阿景、影吾、影庐、冷道人、中国无赖等。广东番禺人，生于清光绪六年（一八八〇）。光绪三十一年八月，与高剑父、何剑士、陈垣、岑学侣、谢英伯等创刊《时事画报》，为广州画报之始，鼓吹革命，不遗余力，次年停刊，至宣统元年，得林直勉之资助，在香港复刊，出至十余期而上。并加入同盟会。宣统元年，同盟会在广州河南分设机关，名"守真阁"之裱画店，即由潘达微与高剑父、徐宗汉、朱述堂、何剑士、梁焕真等所筹备。宣统三年，又和陈树人、邓慕韩、廖平子等在广州创办《平民报》。

辛亥三月二十九之役，举义失败，陈尸累累，无人敢于过问。达微从容不迫，暗为收集，以两广善堂名义，将殉难之七十二烈士（实际殉难者为八十六人）遗体，葬于黄花岗，黄花岗旧名红花岗，达微以"黄花"二字较"红花"浑厚，故改用黄花岗，遂成定名。民国成立后，达微从事新剧运动，想在社会教育工作方面，有所效力。曾编演《声声泪》一剧，反映社会暗影，讽刺深刻，陈景华特写"天地不仁"四字赠之。旋应陈氏之请，创办女子教育院，并任广州孤儿院院长。二次革命起，粤督龙济光，排斥异己，先诱杀景华，次欲及达微，达微乃亡命上海，隐姓埋名充某富室园丁。后出任南洋烟草公司美术绘画设计宣传工作。所刊案头日历，于每页之后页，印有时贤画品，人多以之为范本。

民六，与友人王秋湄、蔡哲夫、潘致中、梁冰弦等创编《天荒画报》，取天荒地老之义，写古往今来之情，图文并重，惜仅出一期。民十五，又办一《微笑》杂志，二期即止。

达微不特诗画卓尔不凡，并擅摄影。民十三，在广州设宝光影相馆（最初设于香港），店额系吴昌硕所篆，达微为提倡摄影技术，曾联同好者设"景社"。其摄影作品，曾于国际摄影展览会上获得奖励。十四年，与温幼菊、李凤公、潘致中等组"国画研究会"。次岁，又与邓尔雅设立分会于香港。

达微晚年，因目睹时艰，不无万物刍狗之感，复病肺，有出世之想，因潜心佛学，曾皈依栖霞寺月霞长老，受居士戒，法号"妙法"。其后，侨居香港，十八年八月廿七日晨一时，终因肺病卒于港寓。享年五十岁。临终前曾绘病梅图，题云："天涯掩泪病难支，心血都成画上脂，莫问罗浮春梦事，至今重说尚凄迷。"可谓写出一生心事矣。达微殁后，政府以其营葬黄花岗烈士有功，除明令褒扬外，特准附葬黄花岗烈士墓园。（秦贤次稿。参考：陆丹林《潘达微事略》及《亦禅亦侠的潘达微》、《广东文献》一卷四期郑春霆《潘达微先生其人其事》、《新闻学研究》第八集张玉法《近代中国书报录》（1811—1913）中篇。）

赖际熙（1865—1937）

赖际熙，字焕文，号荔垞，广东增城人。清同治四年乙丑（一八六五）十月廿日生。少劬学，以增生入广雅书院，旋中式光绪十五年己丑（一八八九年）举人。光绪二十九年癸卯（一九〇三年）成进士，钦点翰林院庶吉士，派进士馆习法政，毕业授编修，充国史馆纂修，旋晋总纂。民国后，侨居香港，不自表异。是时清季翰苑中人，寓港者无虑十余辈，或以文鸣，或以学显，而香港大学独礼聘际熙为汉文讲师，一时才俊，多出其门下。清远朱汝珍负才名，独于际熙则曰："学富识充，意真情挚，吾久肩随，深钦高谊矣。"饶平陈步墀以明经继父为港巨商，广交游，尚气谊，四方名士至者，无不往还款洽，独于际熙则曰："吾二人知最真，孰为后死，当为先死撰状，斯可传信，更不假诸人也。"民国十年（一九二一年），旅港客属人士议设崇正总会，际熙厕身其间，其议遂决。由是选为临时会长，而一届以至六届皆为会长，达十三年之久。香港原无公众中文书藏，际熙倡学海书楼，既以藏书，且为讲学。香港大学曩无专治中国文学部门，际熙翊赞港督金文泰氏于港大首创中文学系；曩无中文书藏，先生赴南洋与侨领陈永、廖荣之等筹设振永书藏，其后值冯平山七十寿辰，际熙请其捐建中文图书馆。或过中文学院与平山图书馆，顾未见其所遗名也，而学子胥知出自际熙所经始焉。民国二十六年（一九三七年）二月十五日遽归道山，年七十有三。所编纂有《清史大臣传》若干卷、《崇正同人系谱》十五卷、《增城县志》、《赤溪县志》各若干卷。另有《荔垞文存》二卷，则为罗香林教授所辑录遗文，而由其哲嗣赖恬昌影印行世。（何广棪稿。参考：罗香林《故香港大学中文学院院长赖焕文先生传》。）

邓　铿（1885—1922）

邓铿，字仲宏，广东惠阳淡水人。清光绪十一年（一八八五）生。九岁就学惠阳，稍长入崇雅学堂，及壮（二十一岁）入广州将弁学堂步兵科，已向往国父革命之说。卒业后留任步兵科助教，历任学兵营排长，代理队官。一九〇九年充黄埔小学堂学长，益以革命主义教人。一九一〇年参与广州新军之役，明年三月，以所营米店为革命党作保，准备起义，黄花冈之役失败后，以嫌疑亡匿香港。十月武昌起义，广东党人集议响应，邓与陈炯明起事东江，克惠阳。粤垣光复，任第一混成协协统，继收编新军为陆军第一师，以抗拒北洋派军人黄士龙夺粤督之谋。民国元年，出任广东都督府陆军司司长兼稽勋局局长，二年任琼崖镇守使兼办琼崖民政事宜。及二次革命起，应粤督陈炯明之召，与龙济光战于三水，迨省垣军变，邓乃走港。十月与李慎逸结婚。冬赴日本，旋加入中华革命党。三年三月，受国父命返粤谋讨袁，促成陆军营长吴文华及王国柱发难，事不成。后以款绌至日。欧战事起，受国父命任中华革命军广东司令长官，主持广东讨袁驱龙（济光）事宜。十一月与党人朱执信共谋起事，亦败。四年，促钟明光等狙击龙济光，使民军并起讨贼。迨护国军兴，与党人共谋袭击汕头、增城、石龙、博罗等地。及龙济光出走，广东大定后，乃再转赴日本研求军事政治。六年国父宣言护法，组军政府于广州，召回邓。是年年底粤军成立，陈炯明任总司令，邓受命为参谋长。七年，粤军援闽，出击北洋闽督李厚基，任右翼军事，与蒋公中正悉心策划。八月克漳州，遂建立粤军根据地。九年，国父令粤军回师广州，邓乃与朱执信、黄大伟等往来漳州、福州、厦门间，与李厚基约定合作办法。八月十二日粤军誓师回粤，邓任左翼军事，定潮梅，克石龙，十月底遂克复广州。邓仍任粤军参谋长兼第一师师长。时陈可钰、李济深、张发奎、薛岳、陈济棠、蔡廷锴具为僚属。十年，克广西，十一年北伐军兴，邓负后方筹运饷械之责，时陈炯明倡联省自治，欲割据自雄，已萌叛意，因戢国父羽翼，三月二十一日邓由港回省，于广九车站突遭狙击，送往中法韬美医院诊治，以伤重，至二十三日逝世。时年仅三十八岁。后国父以邓有功于民国，追赠陆军上将。邓秉性淡泊，律己严而治军亦然，故甚得军心。（吕芳上稿。参考：胡汉民《陆军上将邓仲元墓表》、邹鲁《邓铿传》，载《中国国民党史稿》、王宇高《邓铿传》，载《国史馆馆刊》二卷一号。）

邓泽如（1869—1934）

邓泽如，广东新会人。生于清同治八年（一八六九）三月十九日。少家贫，赴南洋谋生。后在庇膀种树胶营商，致富。待人接物，谦厚诚恳，人乐与之交。居海外，受不平等待遇，富民族思想，故早倾向革命。一九〇七年加入同盟会，并任挂罗庇膀埠同盟会分会长。国父深器重之，委以南洋各埠之党务筹款重任。其后镇南关、钦廉、河口、新军、三二九、武昌诸役，其费用多赖南洋筹集，而以其出力为多。黄兴曾语胡汉民曰："以言南洋爱国之士，吾必以邓君泽如为巨擘。"民元二月，自庇能护送国父元配卢夫人经香港入南京。三月谒国父于总统府，胡汉民劝就广东都督，固辞。民二，与孙德彰发起革命纪念会于广州，以表彰先烈为务。民三，讨袁失败，国父抵东京，组中华革命党，数函促赴东京主持财政，辞不就。唯在南洋，积极布置讨袁，进行筹款，并团结同志。同时，受委为南洋各埠筹款委员长。民七年三月，国父函请回粤主持矿务，任矿务局局长。民十一年六月，陈炯明叛，走避香港，并设法筹款，接济国父在黄埔之军费。八月，受委为广东支部长。十月，在港策划讨陈，旋奉命为理财员。民十二年一月，国父任为广东省长，辞不就。三月，大本营成立，任建设部部长。五月，任两广盐运使，十月，中国国民党举行恳亲大会，以广东支部长身份任主席。旋与廖仲恺等同受命召集特别会议商国民党改组问题。又与胡汉民等九人受委为临时中央执行委员。十一月，与林直勉等上书弹劾共产党，民十三年元月，国民党举行第一次全国代表大会，被选为中央监察委员，以后二届三届四届均连任。三月，特派为禁烟督办，旋辞。四月，复任两广盐运使。六月，与张继、谢持等弹劾共产党。八月，受命与胡汉民等七人为中央银行董事。民十六年四月，与吴稚晖等十监委联名提案，弹劾共产党。民二十年以后，历任西南政务委员会委员，广东治河委员会委员长等职。民国二十三年十二月十九日，卒于广州。年六十六。编著有：《中国国民党二十年史迹》（三十六年，正中书局）及《孙中山先生二十年来手札》（十六年，广州述志公司出版）等。（陈哲三稿。参考：《国父年谱》增订本、谭惠泉《邓泽如传》、胡汉民《恭祝邓泽如先生五十寿序》及《第一五一次中常会记录》。）

蒋作宾（1884—1942）

蒋作宾，字雨岩。清光绪十年（一八八四）三月四日生于湖北应城县。作宾幼年家贫，且耕且读，十五岁中秀才。一九〇二年入武昌文普通学堂。一九〇五年春赴日留学，入东京成城学校。八月加入同盟会。一九〇七年入日本陆军士官学校步兵科。次年七月毕业回国，任保定军官速成学校教官。一九〇九年调陆军部军衡司，一九一一年升司长。十月武昌起义，与同志密谋革命活动，未成，去九江，任军政府参谋长。南京临时政府成立，黄兴任陆军部总长，以作宾为次长。临时政府北迁，仍任陆军部次长。民国四年夏，袁世凯酝酿帝制，作宾称病辞职，被幽禁于北京西山。袁死，出任参谋本部次长。民国六年九月赴美游历，七年十一月抵达法国，经巴尔干、土耳其、希腊各地，至八年二月返国。联络两湖同志驱湖北督军王占元。十年夏，被各同志推为湖北省总监主持驱王，王走吴佩孚来，致功败垂成。秋间赴广州。十一年至十四年间，奔走江浙与京津各地，为广州革命政府协调各方关系。十五、十六年间，革命军北伐，奉蒋总司令命联络各方，说服安徽陈调元投诚革命军，国民政府奠都南京，任国府委员及军事委员会委员。十七年一月，革命军再度北伐，任战地政务委员会主席。六月北伐完成，任北平政治分会委员。十月任驻德公使。致力中俄复交，未成。二十年四月离德回国，途经苏俄考察。八日任驻日本公使，赴任途中，发生"九一八"事变。二十四年五月，中日两国使节升格为大使，作宾升为首任驻日大使。十二月，任内政部长。二十六年十一月，任安徽省政府主席。次年二月卸任，赴重庆，住中央督察委员。二十九年冬，任党政工作考核委员会政务组主任。三十一年十二月二十四日病逝。（蒋永敬稿。参考：吴相湘《民国百人传》第二册《首任驻日大使蒋作宾》。）

蒋渭水（1890—1931）

蒋渭水，字雪谷，台湾省宜兰县人。清光绪十六年（一八九〇）生。十岁受业于张镜光，攻国学。十七岁入宜兰公学校，毕业后，考入台湾医学专科学校为公费生。民九，结识台中林献堂，商组台湾议会，争取自治，复纠合同志创设台湾文化协会。十二年组织"新台湾联盟"，任该盟主事，领导政治运动，以民族意识过浓为日政府解散，日督并以违犯治安警察法逮捕下狱。出狱后，扩充台湾民报，用中文出版，为台胞唯一言论机关。十四年，复以反抗日督政令罪，系台北监狱。囚八十日，假释出狱。十五年春，文化协会分裂，遂于五月二十九日成立台湾民党，揭橥民族主义，唤起台湾民族解放，领导同志为实际之行动。六月三日，日政府迫令解散。十六年七月十五日，复与同志创设台湾民众党，以确立民主政治，建设合理经济组织，革除社会不良制度为号召，被选为中央常务委员兼党财政部长，为党之实际领袖。十七年日政府施计离间，民众党又现分裂，渭水在该党第三次党员大会，提出整肃跨党反动分子二十三人予以除名。二十年二月十八日第四、五次党大会提出新纲领，争取一切被压迫民众之政治自由及其日常利益，绝对反对总督专制政治。日总督府遂一改过去怀柔劝告与分化政策，毅然宣布禁止集会结社。渭水受此打击，遂发表《党之发展的解消论》，认为合法政党无再组织之必要，决心从事争取政治自由之劳农斗争同盟，与日帝周旋。惟忧劳交并，同年八月五日病逝台北。享年四十二岁。（范廷杰稿。参考：《蒋渭水遗集》。）

蒋鼎文（1896—1974）

蒋鼎文，字铭三，浙江诸暨人，光绪二十一年十二月三十日生。幼读私塾，一九〇九年入县立中学读书。一九一一年辛亥革命，乃至杭州加入学生军。民国元年转入大通学堂肄业，三年毕业，分派至浙江督军公署，任守备排长。七年入粤投向革命行列，十年五月国父就任非常大总统，任为参谋部中校部员；十一年一月至桂林，任北伐军滇黔赣军第一路司令部上校参谋；十二年三月回粤任兵站总监部上校参谋。十三年黄埔军校成立，任第一期学生中尉区队长，军校教导团成立，任第一营少校副营长。第一次东征，淡水之役，营长沈应时受伤，乃升任营长；棉湖之役身受重伤，伤愈升任教导第一团中校副团长，旋调第一军第二师第五团团长。十五年七月北伐时，仍任原团长职；十六年九月升第一军第一师师长。十七年一月蒋总司令复职，继续领导北伐，任第一军第一师师长兼副军长并代军长职（军长刘峙兼任第一军团总指挥）。北伐完成后，各军缩编，任第九师师长。十八年春平定桂系武汉事变后兼任第二军军长，其后又参加讨石（友三）、讨唐（生智）之役。十九年中原大战爆发，率部讨伐冯、阎，战后进驻洛阳，兼任陇海路西段警备司令。二十年六月参加江西"剿共"之役，二十一年免师长兼职，专任第二军军长，是年冬驻武汉，兼长江七省水警总局局长。二十二年九月调任五省"剿匪"军北路前敌总指挥，再入江西，参加江西第五次"围剿"。十一月，十九路军据福建生变，受命率部入闽镇压。二十三年二月受任"剿匪军"东路总司令，十月中共军队向西突围，二十四年，改任驻闽绥靖公署主任，二十五年奉派西北"剿匪"前敌总司令。二十六年抗战军兴，任军事委员会委员长西安行营主任，以安定西北后方为要务，二十七年六月任陕西省政府主席，二十八年二月任第十战区司令长官，三十年五月任委员长西安办公厅主任，三十年十二月调任第一战区司令长官兼冀察战区总司令。三十三年春，日军开始贯通大陆作战，与副司令长官汤恩伯指挥所部与日军激战于豫中、豫西，是役第三十六集团军总司令李家钰力战殉国，战后，引咎请辞本兼各职，获准，乃至重庆闭门读书。三十四年冬，东下至沪。三十六年一月至美游历，后又遍游欧陆各国，三十七年二月返沪，为国大代表，总统府战略顾问。三十八年来台定居，后退役改任"总统府""国策"顾问。一九七四年一月二日病逝。（于燕梅稿。参考：吴相湘《蒋鼎文平乱释疑》。）

刘　峙（1892—1971）

刘峙，字经扶，江西吉安人，光绪十八年（一八九二）生。幼时失怙，赖叔祖抚养。一九〇五年赴日求学，旋返故里，一九〇七年考入湖南陆军小学第三期，一九一一年入陆军第三中学第三期，逢武昌起义，加入学生军，旋返吉安。民国元年七月入陆军第一预备学校，三年夏毕业，分发陆军第二十师入伍半年。冬，考入保定军校第二期，五年夏毕业，分发冀东开平巡防营，逢南方各省护国讨袁，乃南下至粤，任两广护国军都司令部上尉部员，后改上尉参谋，旋入护国第二军第四师第七旅任连长，七年改任赣军第一梯团第四支队（支队长赖世璜）队附，八年冬暂代支队长兼一营营长。旋因受桂军压迫，乃率部自粤移驻福建上杭，受驻闽粤军节制。九年秋粤军返粤，击败桂军，参与是役，后调粤军总司令部少校副官，由彭素民介绍入中国国民党。十年六月升粤军第二军军部中校副官，旋调该军第十旅十三团中校团附，再改该军第一游击统领，十一年国父北伐时所部改称大本营游击第六路第一支队，任上校支队长，十一月调任东路讨贼军总司令部中校参谋。十三年黄埔军校成立，任教官，军校成立教导团时，任第一团第二营长，率部参加第一次东征。十四年四月升任党军第一旅第一团团附代理团长，八月升任第一师第一团团长，十五年二月调升第二十师副师长兼参谋长，旋调任第一军第二师师长。七月率部参加北伐，转战于鄂、赣、浙、苏数省。十六年四月兼任第一路军第三纵队指挥官。五月革命军渡江北上直入徐州，因局势转变而退至江南。八月蒋总司令辞职，孙传芳部偷渡龙潭，乃率所部迎击，途中因车祸受伤，仍负伤指挥作战，终获胜利。九月升任第一军军长。十七年一月蒋总司令复职，继续领导北伐，任第一集团军第一军团总指挥，指挥四个军。北伐完成，全国部队缩编，任第一师师长。十八年春当选第三届中央执行委员，适桂系据武汉异动，乃任讨逆军第一军军长，旋升任讨逆军第二路总指挥。五月任湖北各部队编遣特派员，嗣改任国军编遣委员会直辖第二编遣分区主任，并兼任武汉卫戍事宜。是年冬先后参加讨冯（玉祥）、讨唐（生智）之役。十九年中原大战，任讨逆军第二军团总指挥；十月任河南省政府委员兼主席。二十年七月任"剿赤"军南路集团军总司令官及讨伐石友三。是年冬当选第四届中央执行委员。二十一年参加豫鄂皖"剿匪"之役。战后政府将河南新集建为经扶县，以彰其功，二十二年中央派任赣粤闽湘鄂"剿匪"军北路总司令，因无法兼顾，后改顾祝同继任。二十四年四月国民政府任为陆军上将，叙第二级。十一月当选第五届中央执行委员。十二月免河南省主席职，改任豫皖绥靖主任。二十五年十二月西安事变发生后，任讨逆军东路集团军总司令。二十六年七月抗日军兴，八月任第一战区第二集团军总司令，十月兼第一区陆军督练主任。二十七年二月豫皖绥靖公署撤销，改任第一战区副司令长官，七月改任鄂湘川黔边区主任兼第五预备军司令长官，二十八年一月改任重庆卫戍总司令，负责拱卫陪都事宜，历时六年。三十四年二月调任第五战区司令长官。三十五年一月改任郑州绥靖公署主任，辖河南、陕西两省。九月调任总统府战略顾问。三十七年六月任徐州"剿匪"总司令，冬，指挥第二兵团（邱清泉）、第七兵团（黄伯韬）、第十三兵团（李弥）、第十六兵团（孙元良）、第三绥靖区（冯治安），第四绥靖区（刘汝明）等部与中共军队激战于徐蚌附近。三十八年一月徐州"剿匪"总司令部撤销，调任总统府战略顾问。七月移居九龙，一九五〇年十月至印尼，一九五三年十一月返抵台湾。一九五四年一月受聘为"总统府""国策"顾问，十月任"行政院""光复大陆设计研究委员会"委员。一九七一年一月十五日病逝。著有《我的回忆》一书。（于燕梅稿。参考：刘峙《我的回忆》。）

刘大钧（1891—1962）

刘大钧，字季陶，号君谟，一字ソて，原籍江苏丹徒。清光绪十七年（一八九一）四月十六日，出生于江苏淮安，一九六二年五月五日，病逝于纽约市。父孟熊（渭卿），叔父梦鹏（铁云），在清光绪中叶，均以讲求西艺西学，负誉于时。梦鹏即《老残游记》作者。大钧幼年除肄习中国经史外，兼学英法语文及天算科目。清宣统三年（一九一一），考取庚子赔款官费游美，入密西根大学，从名师亚丹斯（Henry C. Adams）及戴勒（Frederic F. Taylor）两氏攻经济学与统计学。成绩优异，获选为美国大学高材生学会（P. B. K.）会员。民国四年卒业，授学士学位。以母老需人奉养，于民国五年辍学归国，任北京清华学校教授，寻兼北京交通大学、北京大学、师范大学讲席。民国九年，任北京政府经济讨论处调查主任。次年任华盛顿会议中国代表团秘书。旋任财政整理委员会，及税则委员会专门委员。民国十四年，出席在北京举行之关税会议，任专门委员。民国十六年，任汉冶萍（钢铁煤矿）总公司会计主任。民国十八年，立法院院长胡汉民氏知大钧精究统计学，特邀任该院统计处处长。民国二十年四月，国府主计处成立，转任该处主计官，兼统计局局长。际此时期，先后发起"中国经济学社"，及"中国统计学社"，担任两社社长六年。嗣两社联合组织中国经济统计调查所，复被推任该所所长。旋代表政府出席国际统计会议于西班牙京城。民国二十二年，辞去主计处职务，执行会计师业务于上海。民国二十四年，任资源委员会委员。民国二十六年，任军事委员会"国民经济研究所"所长，主编《国民经济月刊》。抗战期间，该所先后移驻云南昆明及四川内江，主编《经济动员半月刊》。民国三十年，兼任中央银行经济研究处专门委员；同年兼任国立重庆大学商学院院长。抗战胜利后，任联合国统计委员会中国代表，驻纽约办事。民国三十六年，任关税及贸易协定起草委员，出席日内瓦及夏湾拿会议多次。并代表政府出席国际小麦会议。旋任驻美大使馆经济参事。尝出席美国国会作证，呼吁援助我国稳定币制，复兴经济。一九五三年退休，移居纽约市皇后区以迄病逝，享年七十有一岁。

大钧治学处世，践履笃实。著作宏富，诲人不倦。已出版之专著，计有："China's Industries and Finance," 1927；"Foreign Investments in China," 1929；"The 1912 Census of China", 1931；"Manufacturing Census of China," 3 volumes，1934；"The Growth and Industrialization of Shanghai," 1936；"The Silk Industry of China", 1940；"China's Economic Stabilization and Reconstruction", 1948；《非常时期的货币问题》（一九四〇）、《工业化与中国工业建设》（一九四四）。至于以中英文发表之专题论文，不下数十篇，分载于国内外杂志，多由太平洋学会辑为单行本行世。（姚崧龄稿。参考：刘厚醇《先君事略》。）

刘守中 （1882—1941）

刘守中，字允丞，又字允臣。清光绪七年十二月二十九日（一八八二年一月二十六日）生于陕西富平。民国三十年（一九四一）十月二十三日卒于陕西三原。

守中家学渊源，毕生致力正谊明道。一九〇九年结纳志士井勿幕、郭希仁等加入同盟会。辛亥武昌起义，陕西首先响应。民国五年讨袁事起，守中与胡景翼、岳维峻、董振五等谋发难于三原。六年国会被解散，与同志树靖国军于渭北，响应护法。其后靖国军政编，守中去上海。十三年与冯玉祥、胡景翼、孙岳谋首都革命，段祺瑞利用时会以执政，深引为憾，拟以胡之国民军为基本，奉国父立国民政府于河西，不幸国父与胡相继谢世，岳维峻继督河南，邀守中赞襄，兵溃崤函，被囚系运城半年，遂改名"留运城"。十五年居平遥，以史地自课。十七年借寓苏州网师园读书，研小学及史地外，尤喜涉兵学。二十年游太原。"九一八"事变后，与冯玉祥同赴南京，出席国民党中央全会，被选举为国民政府委员。二十一年至二十三年之间，两次入蒙古，遍历盟旗，调查实业与国防，撰有察绥盟、旗实业调查记及视察日记。二十四年归富平故里。二十五年往京沪。七七变起，奉中枢命视察黄河沿线防务，倡言关中不可轻弃；谓不守河东，则关中不固；无关中，不惟兵无可征，亦且尢饷可筹；四川虽号称天府，如精金外漏，不能一朝有也。中枢韪之，遂定守河保关之策。民二十九年自重庆退居三原，闭户著述，成《续汉书郡国志略补注》一书。三十年十月二十三日卒于三原。（蒋永敬稿。参考：邹鲁《中国国民党史稿》第四篇《刘守中传》及张继《国民政府委员刘君墓志铭》、刘允丞《六十自述》，均见《革命人物志》第六集。）

刘廼仁（1904—1975）

刘廼仁，河北深县人，生于民国前八年十二月九日，逝于一九七五年六月一日，享年七十二岁。廼仁于民国十年，进入河北省献县天主教大修院攻读哲学，两年后入耶稣会，民国十九年至上海神学院读神学，廿二年晋升神父，并至天津工商学院服务，廿五年奉调安徽芜湖，受天主教最重要神修训练。廿六年七七抗战爆发，酒仁重回天津工商学院服务，不久即升任训导长。其后中国抗战与欧战合流，成为第二次世界大战，罗马教廷对工商学院经济支援断绝，并受日寇干扰，困难重重。尤以北平燕京大学关闭后，辅仁大学与工商学院及中国大学，成为华北沦陷区仅有接受我国教育部教育制度之三座大学。酒仁在此危难之际，奉命担任天津工商学院院长，一面联系地方士绅慷慨捐输，使工商校务得以维持不辍，一面不顾危险继续掩护政府工作人员执行任务，使天津各界与政府联系得不中断。酒仁对工商学院毕业生，必多方诱引使其到大后方为国服务，无法到后方学生，亦多方辅导到一般工商机构服务，免为敌伪所用。卅四年抗战胜利，酒仁于同年十一月，蒙国民政府蒋主席电召赴渝，对其在抗战时期在天津从事爱国行为予以嘉勉，并允工商学院改制为大学。卅七年工商学院改制为大学，定名为津沽大学，任酒仁为校长，并请于斌为董事长。卅八年津沽大学无法维持，酒仁于天津失守前夕，经西北转印度逃抵香港，在港任天主教大修院修士导师，不久即应邀赴法国访问。一九五一年奉教廷命赴葡属帝汶岛，任大修院院长。一九六一年辅仁大学在台准备复校，当时于斌总主教，请耶稣会调酒仁返台襄助复校工作。盖台湾辅仁大学，系以天津津沽大学、北平辅仁大学、上海震旦大学，三个天主教大学为基础而复校者。一九六三年，辅仁大学正式复校，酒仁辞职，专任光启社社长及台北修道院院长。一九六五年调任圣家堂耶稣会院长，一九七五年六月一日病逝台北。（陈嘉骧稿。）

刘启瑞（1900—1974）

刘启瑞，安徽省贵池县人。清光绪二十六年十一月二十一日生。民国四年，十六岁，即入中华革命党，参与革命活动。先后创办《民声报》、《光明周刊》、新文化书店等机构，鼓吹革命，宣扬三民主义。民国七年毕业于安庆省立第一师范学校，北上入私立民国大学预科。九年夏卒业，入北京大学中国哲学系。在校期间，兼《京报》编辑，又另创《新生活周刊》。十三年毕业，赴青岛任职胶济铁路局。十四年夏与潍县高东平女士成婚。十五年北伐军兴，乃在青岛纠集同志，策动铁路员工及华新纱厂工人组织"青岛市政委员会"，被推为主席，以为革命军内应。不幸事机败露，为张宗昌所执，身系囹圄者三阅月，严刑逼供，备受凌辱，致筋骨受伤，终身不良于行。嗣由北洋政府外交次长吴晋经请张作霖，押至北京；旋即获释。张学良命至天津《东方时报》任编辑，不得辞，姑应之。日以阐扬儒学会敷衍，如是者凡数月，亟思脱身之计。某日趁逻者他往，逃至塘沽，登轮赴上海。船行至大沽，突又折回，军队上船搜捕，遂再解回天津，交押军法处。越月张作霖丧于皇姑屯，北京成无政府状态，乃得还自由之身。十七年，任安徽省党部改组委员会及指导委员会委员，兼执教安徽大学，并创办《老百姓报》，二十年又创"大同新闻社"于南京。

二十三年，戴笠（雨农）将军慕名礼邀，感激意气，暂许驰驱，遂入军事委员会调查统计局，掌书记。三十四年，当选第四届国民参政员。同年十一月，主持军统局南京办事处。三十五年，戴坠机殉难于岱山。启瑞夫妇于深夜风雨交加中寻获戴氏遗体，彻夜移灵。同年十月，获颁胜利勋章。三十七年，军统局结束，获颁云麾勋章。行宪后，当选第一届立法委员。三十八年任安徽省党部委员兼皖南特派员。三十八年秋入台，以"立法委员"之身，时有献言。一九七四年六月二十九日，因肺疾逝于台北，享年七十有五。生前曾自挽一联，曰：生于忧患，死于忧患；来也清白，去也清白。（刘国瑞稿。参考：刘启瑞著《六十自述》。）

刘健群 （1902—1972）

刘健群，原名怀珍，字席儒，后易名健群。原籍江西吉安，先世以避乱入黔，定居遵义。生于清光绪二十八年四月。出身贵州省立法政专门学校。在法专肄业时，半工半读，时何应钦（敬之）任黔军总司令部参谋长兼法专军事教席，见其颖异，令兼任《少年贵州日报》校对，以能文而又苦干，积升为主笔。薪给所得，勉以完成学业。

民国十二年，得业师丁宜中（时为黔军总司令袁祖铭之秘书长）之介，任黔军旅长何厚光部军法处长，何任师长后，改任军需处长。健群痛恶军阀拥兵割据自雄，乃于十四年当黔军进入湖南沣州津市之后，走武汉赴广东，投身国民革命军，任东路军总指挥何应钦机要秘书。十八年，任武汉行营办公厅主任。十九年，任南昌行营办公厅主任，创立江西地方整理委员会，对当年江西"剿匪"工作，贡献颇多。以是受知于领袖蒋公，乃于二十年被擢任为军事委员会政训处处长兼中央军校政治部主任，复当选中国国民党中央常务委员。二十一年，奉命筹设政训研究班兼班主任达二十二年，长城抗日战役后，鉴于北方各军未臻统一，与中央尚乏疏通，如何团结各军一致御侮，使之不受敌分化，实为当务之急，乃建议最高当局，以军校政训班学生组织华北宣传总队，自任总队长，随军委会北平行辕之成立而北上，历经艰阻，方克深入军队与民间展开政治工作，促进军民团结，使日寇对"华北五省特殊化"之阴谋无由得逞，从而阻遏其南侵。当健群初抵北平时，内外交拒，一筹莫展，幸赖推心置腹，辩才无碍，终于折服群英，卒能保全华北。并与宋哲元订金石之交。二十四年春，奉召入京任三民主义力行社书记长，协助领袖推行民族复兴运动。二十五年，赴沪协同地方党政当局平息学潮。粤变事起，又奉命兼任广州行营第二厅厅长，奔走于京粤之间。抗战军兴，任大本营第六部副部长。二十七年，政府撤退武汉之后，大本营改组，第六部取消。适因体弱多病，乃辞去新任命，赴长沙、常宁等地接受中医治疗，旋赴云南鸡足山休养两年有余。三十一年，日军南侵黔桂，滇西局势骤见紧张，云南省政府主席龙云，徘徊瞻顾，意执两端，时中央以驻滇兵力甚微，无法作有效处置，当局闻健群与龙云有一面之缘，乃派往与龙密谈，劝龙当机立断，竭诚拥护中央，与敌作殊死战，词锋犀利，见解精辟，龙为之动容，越日，出亲笔函，托健群赴渝，转呈蒋委员长，滇省情势，于焉大定。健群由滇回川，旋奉派参加三民主义青年团中央团部工作，以视察室主任晋升为副书记长。三十六年行宪时，当选为贵州省第二区立法委员。三十七年十二月，被选为立法院副院长。三十八年，南京弃守后，立法院迁穗复会，院长童冠贤于十月辞职，由健群依法代理院长，为保全中央民意机关，乃使立法院作有计划而完整的撤退，由广州迁重庆、成都，经海南岛于一九五〇年十二月在台北复会，当选为院长。一九五一年十月，辞院长职，仍任"立法委员"。其后受聘为中国国民党中央评议委员。一九七二年三月十七日以心脏病逝世，享寿七十岁。健群生活淡泊，暇时以读书写作并研究佛经自娱。著述有《如何抗日救国》、《复兴中国革命之路》、《民生主义与官僚传统》及《银河忆往》、《艰困少年行》等书。（曾克明、张珂稿。参考：《银河忆往》、《艰困少年行》及《传记文学》第一二一、一二四期有关纪念文。）

黎 杰 （1898—1975）

黎杰，字子俊，广东省番禺县人。清光绪廿四年（一八九八）八月十八生于乡。七岁就学，父贞柏礼聘举人卫孟从教授之。十五岁，赴广州南武中学附小肄业。廿一岁毕业于南武中学。民国七年秋，离家北上，考入国立北京大学预科，随入本科史学系，从朱希祖、陈汉章、陈衡哲、黄节诸教授游，学日寝进。民国十三年，北大史学系毕业，时胡适任文学院院长，欲派往春田习体育，杰以非素志所在，抗拒之。已而返粤，任教执信中学。民国十六年，被委任为广东省立第一中学校长，后又出任梧州中学校长、广东省立工专学校教授兼附属中学校长。九一八事变起，杰疾日寇之侵凌，哀生民之涂炭，乃投笔从戎，奔赴国难，出山海关参加抗日义勇军。后以情况变幻，事无可为，始废然返粤，任广州市立第一中学教务主任，而暗中则协助丘念台组织反间谍网，与日本特务周旋。抗战期间，历任南武中学、广东儿童教养院第二院、广东省立北江临时中学、越秀中学校长或院长。抗战胜利后，一度出任广州市社会局科长、广州市教育会常委兼秘书，又尝回乡出任公立贲南中学校长。民国卅八年秋，神州赤焰。十月，广州随亦告失守。乃携家迁港，初以力田为生。一九六二年秋，出任香港珠海大学文史系教授。授课之暇，复潜心著述，先后重编及出版《魏晋南北朝史》、《隋唐五代史》、《宋史》、《元史》、《明史》、《清史》、《中华民国简史》诸书，都百数十万言。阐扬国史，发挥民族精神、文化传统及固有道德，以传学子。杰尝与丘念台书曰："数年前，游台归港，曾患病濒危，旋获痊愈，自此心有所悟，盖知年将花甲，难保健康，应乘时黾勉，以余生之力，为中国历朝写一断代简史，以偿索愿。遂先将抗战时所写成之《明史》改编，旋复从事《宋元二史》；六年以来，已写成《宋元明三史》；明年，《清史》亦可脱稿矣。继此而欲写者，尚有《民国史》、《先秦史》、《秦汉三国史》、《两晋南北朝史》、《隋唐五代史》。预计每史之成，须时两年，写成五史，必须十年以上；弟不知天肯假我以年否？以弟才识之谫浅，原不应作编史妄想；惟平昔认为《二十五史》、《历朝纪事本末》、《十通》等，叙述太详，收罗太广，以百科齐兴之今日，一般士子，恐难毕读；至若近年出版之大学历史教本，虽不乏佳作，但多举纲撮要，嫌其简略。故不忖愚陋，试编详简适中之断代史，以作有志于研究国史而未暇阅古史者之读物，并供高初中历史教师之参考。谚曰：'抛砖引玉'，弟固知拙作不及于砖，然深信必有高明者，将起而纠我之谬，出其藏玉以教我也。区区之意，如此而已。"可见其著述之志。

一九七五年六月，积劳成疾，延医罔效。十月十七日病逝九龙圣德勒撒医院，享年七十八岁。病笃之际，所编著之《秦汉史》犹未杀青，赍志以殁。（何广棪稿。）

郑贞文（1891—1969）

郑贞文，字幼坡，号心南，晚年又号经余老人、龙山砚叟。原籍福建长乐县，改籍闽侯县。生于前清光绪十七年辛卯（一八九一）正月二十二日。年三岁，其父修坡公弃养，仰赖嫡母赵太夫人，生母吴太夫人，守节抚孤，以至长成。贞文童年多病，七岁至九岁，因病不能起床。但天资聪颖好学，家贫附读于同宗家塾中，深得塾师爱护。惟因病不能入塾，乃在家卧读三载。十三岁，秦绶章奉命来闽督学，贞文应童子试，得中秀才。簪花日，穿褴衫，坐肩舆，各处拜客，过街时，路人争看小秀才，一时乡中传为佳话。不久，科举废，学堂兴，贞文先入省垣三牧坊高等学堂预科肄业，后即转学乌石山师范学堂。十六岁赴日本留学。先入东京高等学校。旋即加入同盟会。不久，考入九洲帝国大学，从名教授片山正夫博士，学习理论化学。民国元年，贞文应邀返国，参加福建孙道仁军政府教育工作。民国二年六月，与林鼎瑛女士结婚。嗣应陈嘉庚之聘，充厦门集美学校（后改为厦门大学）教务长，对于建校一切，多所擘画。贞文作校歌二阕，词句雄伟，声调铿锵，歌词如下：

一、自强，自强，学海河洋洋？谁与操钥发其藏？鹭江深且长，致吾知于无央。吁嗟乎南方之强！（连唱）吁嗟乎南方之强！吁嗟乎南方之强！

二、自强，自强，人生何茫茫？谁与普渡驾慈航？鹭江深且长，充吾爱于无疆。吁嗟乎南方之强！（连唱）吁嗟乎南方之强！吁嗟乎南方之强！

上歌至今尚脍炙人口，厦大校友旅台者，多能忆及。不久，转任上海商务印书馆编辑所理化部主编，直至廿一年一二八事变后为止。在这一段时间内，继承徐寿完成了中译化学名词工作。徐氏所作，内容只有六十四种无机元素的译名可用。比较复杂的有机化学名词，则大多数音译，诘屈聱牙，不便读习。贞文于民国十九年由上海商务印书馆出版《无机化学命名草案》，人部分仍照徐氏命名法，除金属元素仍用"金"字旁外，非金属则皆用"石"字旁。气态元素，就截取原字的一部分，加"气"部首，如氢、氧、氮等。液态加"水"（氵）部首，如溴及汞是。于是解决了无机化学名词。至于有机化学名词，贞文写成《有机化学命名草案》稿，但未出版。他不用音译法，却用造字法。例如"烷"（完满）、"烯"（稀少）、"炔"（缺乏）等字，视碳氢化合物中碳和氢化合价饱和或不饱和的程度，各命以相当名称。再进一步，并视这一类化合物中，所含连续碳原子之数，如在十个之内，仅用十字的天干表示，十个以上，则用数字。例如："甲烷"、"乙烯"、"丙炔"、"十一烷"等是。由此演出一连串的名词，有"酉"旁的如"醇"、"醛"、"酮"、"酸"、"醚"、"醋"、"酐"、"酚"等一类。他类也有用"草"字头的，也有用"肉"字旁的，各有其理，各用其当，于是触类旁通，完成一套系统而简明的有机化学名词。贞文将其所拟定的化学名词，最先用在李乔苹著《有机化学工业》（民国十八年商务印书馆出版），且在序言中说："……时贞文方草化学命名法，承李君之嘱，化学名词，悉照拙拟更正。"三年之后，即民国二十一年，国立编译馆成立后，设立化学名词审查委员会。由教育部与编译馆合聘贞文等七人为委员，以贞文为主任委员。即将贞文所拟草案，讨论修正，而成一部"化学命名原则"草案呈部，民国二十一年十一月由教育部公布实施，沿用至今。

贞文在民初，曾与当时名版本家张元济（菊生），同赴日本考察图书馆事业。贞文获得中国化学史上最具价值的魏伯阳著《周易参同契》，和宋应星著《天工开物》两书，引起编著《中国化学史》的兴趣。耗费数年心血和时间，已经脱稿付印。不幸恰逢上海一二八事变发生，全部版稿，都被炮火焚毁，尽成劫灰，无法补编。经此次变乱后，商务印书馆停业，贞文乃离开该馆。

民国二十二年奉命长福建省教育厅，热心为桑梓服务。因工作辛苦，积劳得病。三十二年辞职奉准，转任中央考核委员，由闽赴渝就职。一年后，以母老请准辞职返乡。至是息影林泉，日以吟咏自遣。晚年患肾脏病，竟至不起。卒于一九六九年十一月十四日。有子女四人，均已娶嫁，长女郑贞在台湾。

贞文生平晋作：除上述《无机化学命名草案》、《有机化学命名草案》（未出版但纳入《化学命名原则》中），又著《中国化学史》（在印刷中，版稿被毁于战火）、《高中化学教科书》、《实验高中化学》、《化学本编》（译本）、《有机化学概要》、《原子说发凡》、《电子与量子》、《原子论概要》、《物理学概要》（译本）、

《营养化学》等。又主编《自然科学辞典》、《百科小丛书》、《少年自然科学丛书》、《学艺丛书》，还有论文多篇，散载于《学艺杂志》（按：该杂志与《学艺丛书》，皆由中华学艺社印行。该社是利用一部分庚子赔款，由中、日学者联合组织的）。尚有手抄《笠剑轩诗稿》一本，未印。（李乔苹稿。参考：教育部公布《化学命名原则》、李乔苹著《中国近代化学史料》内《闽侯郑贞文先生传》（在印刷中）及《有机化学工业》、日本桥川时雄著《中国文化界人物总鉴》内《郑贞文》条，转载于《传记文学》一六六期八一页以及郑贞女士提供资料。）

霍宝树（1895—1963）

霍宝树，字亚民，原籍广东新会。清光绪二十一年乙未（一八九五），出生于上海虹口。一九六三年癸卯，病逝美京华盛顿。得年六十九岁。幼时随家人商旅宜昌沙市重庆间。辛亥光复，曾加入四川北伐军，时年仅十六岁。民元入安庆某教会中学，继赴上海，肄业圣约翰书院。嗣以家计困难辍学，供职于汉口粤汉铁路局，颇为主管器重。民国十二年，局方允其留职停薪，赴美深造，入伊利诺州立大学攻运输管理。民国十四年，转学费城宾夕法尼亚大学及屯卜大学，获清华半官费补助，次年底获硕士学位。民国十六年秋返国，任广东建设厅主任秘书。不久省府改组，改任国民政府建设委员会秘书。民国十八年，调任浙江建设厅主任秘书，兼摄厅务。

民国十九年，改任浙江省农矿处处长。民国二十年，回建设委员会任业务处处长。民国二十一年一月，加入中国银行，任总管理处业务管理第一室分区稽核。二十四年，升充副总稽核。三十二年，升充总稽核。三十六年，升任代理副总经理，仍兼总稽核职务，并经财政部指派为中行官股董事。民国三十五年十月，奉命接替蒋廷黻任行政院救济总署署长，历时十月。民国三十七年八月，政府发行金圆券，宋子文任广州区督导员，特约其驻穗主持督导工作。民国三十八年底，辞卸中行代理副总经理职务，奉政府命驻华盛顿，任"中国技术团"主任，寻兼国际货币基金"中国候备理事"。一九五九年，筹备中华开发公司，旋任该公司总经理，以迄病逝。

宝树学成归国，即献身经济建设。在浙时，对于筹筑杭江铁路，创办杭州电力厂，探测浙境矿藏，改进茶丝产销等事项，实事求是，均著成绩。任职建设委员会时，对于旧管事业，如戚士堰电厂，首都电厂，则凭其收入向银行抵借款项，以资扩充改进。同时策划京芜铁路之展筑，淮南煤矿之增产，咸能获致预期效果。加入中行后，辅佐当局，罗致人材，规订计划，使金融机关配合政府生产事业，合作经营，完全企业化，不受政潮影响，得于安定之中力求进步。先后代表中行担任浙赣铁路，江南铁路，杭州电力，汉口既济水电，中国物产，中国汽车，淮南煤矿，广西合山煤矿，云南锡业，甘肃水利林牧，贵州企业，昆明裕滇纱厂等公司之董事或常务董事。靡不尽心擘画，绝非徒挂空名。上述企业关系国计民生，抗战期间，尤多贡献。主持救济总署时，对于美援物资，管理分配，严密公允，舆论翕然。当太平洋战事爆发后，曾奉檄赴美协理中国国防供应公司事务，洽办美援。后来担任中国驻美技术团主任职务，用能驾轻就熟。而成立中华开发公司，促进中美经济密切合作，助长台湾经济发展，使各种企业，得有长足之进步。（姚崧龄稿。资料来源：《霍宝树先生逝世五周年纪念义集》。）

钱公来（1886—1969）

钱公来，谱名惠生，字希古。辽宁省黑山县人。生于清光绪十二年夏历十月二十八日，殁于一九六九年夏历五月十二日。中国国民党中央党部及"总统府"覆以党旗国旗葬诸阳明山。

公来以光绪二十九年冬盘石县考及格，称为"文童"。次年升入东三省文会书院，宣统三年毕业。以成绩优异，留院任历史、哲学教员。民元调任该院所属新民县文会中学校长。任满返院，仍授文史。民三升任教授。迄民十一年，调升奉天神学院教授，十七年兼任东北大学教授。"九一八"后至北平，二十五年实任东北大学教授。"七七事变"后随政府迁武汉，二十七年选任国民参政会参政员，历届蝉联，迄行宪止。抵台后任"总统府""国策"顾问及中央评议委员。

初，公来肄业文会书院时，识同学朱霁青。光绪三十一年，朱氏奉命创立同盟会东北机关，介绍公来加盟，主办文书。朱氏以福成金煤矿公司名义，密组蒙边光复军。次年（一九〇六）十月举义，攻艾棱碻。公来任"马桩子"（骑兵下马作战，防线后之管马人），不幸为清军所败。时间与革命党第一次革命"萍醴之役"相同而先其二月。朱氏率残部王德林、孔宪荣等赴吉林屯垦，公来司总务。辛亥革命，新军去职协统蓝天蔚以烟台独立，组织关外都督府，朱氏任总参谋长，编组关外民军；公来任辽西招抚大使，尽联东北革命武装赴烟台以应。民元，朱氏任同盟会奉天支部部长；公来任文事部长。民五讨袁，朱氏奉国父命任第一师师长；公来再运东北武装同志为第一师团营连长及士兵，攻克潍县。民十三年，朱氏任北京执行部委员；公来任奉天省党务筹备委员兼吉林、黑龙江、哈尔滨通信联络员。民十四年冬，郭松龄反奉；朱氏先组织国民革命军东北总司令部于哈尔滨，讨伐张作霖；公来任第一师师长，指挥赵崇山、朱子良、周子彬三个团，败张部于锦西县、锦县；郭军始得长驱直捣新民县。讨张事败，朱氏出亡外国；公来化名锡谷稍避，仍潜神学院执教，办理善后。民十六年终以革命事泄，系沈阳狱。张作霖电令枪决；省长莫德惠氏婉拒执行。东北效顺后始开释。"九一八事变"后三日，公来召集高干会议，发动朱氏旧部组织东北义勇军，光复吉林东部、辽宁东西部七十余县，奉朱氏为东北国民救国军指挥总监，以松岭萧家店为根据地，领导义军苦战四年，事详国民革命战史。公来于部署既定后二月始割须入关，担任东北民众反日救国会常务委员。

公来有二事为局外人所不尽知者，一即前述反张时任师长；其二为三十八年春北平危急，公来采某君之计，密报总统，专机接运蒙古首领德王、李守信入京，发予步枪三千枝，在宁夏阿拉善旗举兵抗共。德王战败被俘，李守信殉职，影响收拾蒙古人心尤不可量。

公来元配齐氏，生长子林瑞及女德秀、德惠，继配张氏，生子念东、多恩。译作有：《苏格拉底哲学辩证术》、《华严原人论》（清末上海广学会出版）；著作有：《老庄之自然哲学》、《东北五十年之社会变迁》、《狱中回想录》、《辽海轶闻》、《东北史话》，俱曾出版，业经编成《钱公来先生全集》，正付印中。（赵尺子稿。参考：钱氏亲笔自传四篇及笔者在传记文学上发表之《钱公来传》。）

钱其琛 （1900—1972）

钱其琛，字公南，江苏南通人，清光绪二十六年生。父实秋，字沐华，前清举人，为书法家。母葛氏。其琛自幼聪颖，一目十行，父实秋亲授经史，日课綦严。民初，始入学校就读，成绩优异。五四运动起时，甫毕高中学业，考入上海国立交通大学电机系，毕业后分发交通部电政司任职。未久即南旋，改入财政部办盐务行政。迨北伐告成，定都南京，于民国十八年再度为交通部电政司罗致，民国廿一年调升电政司第四科科长。因鉴于各省电信每受地方军政干预，制度未立，于是着手拟订由中央统一经营之各项法令规章，作为发展我国电信事业之蓝本。当北伐完成，政府所办长途电话线，仅四千余对公里，各省亦间有自设之单程线，惟其设备简陋，传音不清，通话效能低微，其琛乃首创京沪新线，再扩充至浙江全省。其时与交大同学尹仲容，佥认为电信、交通为国家之命脉，必有全局久远之规划推行方克有济，主张先完成所谓腹地九省之长途电话网，然后再推而广之，遍及全国。九省者，苏、皖、湘、鄂、粤、鲁、晋、冀、豫是也。上项计划，所需经费庞大，国库无力承建，幸获借用英国庚子赔款以为奥援，先行成立电信材料程式委员会，由其琛手订程式六十四种，经奉核定后，乃于民国廿四年，首途赴英，向标准电话电缆公司洽购器材，并监造九省长途电话网设备，逾十阅月，并藉机考察英国邮电业务，复顺道考察德、美等国交通电信实况。归国后，奉调技术厅技正，筹备成立电信材料试验室，为我国试验电信器材之嚆矢，抗战爆发，深知通信器材为战时不可或缺之重要物资，遂迅将储存之长途双铜话线五千二百余对公里运抵陪都重庆，抗战期间大后方各战区军民得以通信无阻。战时，调任交通部电政司帮办，兼任中央文化驿站总管理处长，策划设立敌后分站若干，使陷区民众与大后方讯息相通。民国卅二年，电信总局成立，电政司改称邮电司，奉派为邮电司帮办兼任电信总局副局长，负责规划复员大计。民国卅五年，当选为国民大会代表，并兼任电信总局局长。一九五〇年调升"交通部"常务次长，仍兼"电信总局"局长及电信党部主任委员，中央评议委员等职。一九六八年以体弱退休。自播迁来台，曾多次代表"政府"出席国际电信会议，辅导退除役官兵就业，筹划交通大学复校，协助交大研制电晶体、微波发射电工管、建立卫星通信地面电台，以及建立各大都市之公用电话亭，增辟"国际"、"国内"无线通话线路等等。"政府"为酬其勋劳，曾先后颁赠五等景星勋章、胜利勋章、四等景星勋章、干城甲种二等奖章、陆海空军褒状，以及"中国电机工程学会"颁给之电机工程奖章等多种。

其琛性素严谨，不苟言笑，外观若厉，即之也温，起居有序，任公职四十年如一日，自奉俭约，烟酒不尝，无不良嗜好，暇时手不释卷，以读书自娱，功书法，惟惜墨如金，坊间流传不多。自退休以后，脑力记忆较差，步履维艰，除在庭园散步外深居简出。一九七二年九月二十八日忽以心疾病逝台北寓所，享年七十有三。育男女各二，长男愉祖交大毕业，留大陆；次子志祖台大经济系毕业后留美。长女慰祖适中央研究院院士邢君慕寰；次女怿祖，适台元纺织公司协理吴君振家。（丁锡恩稿。参考：《钱其琛先生行述》。）

钱纳水（1892—1974）

钱纳水，原名铁如，谱名邦喜，字纳水，后以纳水行，笔名有寿康、金声等。湖北江陵郝穴人，生于前清光绪十八年（一八九二）三月廿五日，殁于一九七四年七月十一日，享年八十二岁。

光绪卅一年，纳水年十四，入郝穴县立高等小学堂肄业。翌年春，与胡鄂公、熊得山、宁敦武等发起组织"辅仁社"。川三年，赴日求学，先入宏文书院普通科，继入早稻田大学肄业。来日末久，即加入革命团体"共进会"，寻又入"同盟会"。宣统二年夏回国，后应胡鄂公之招赴北京。同年九月，考入"北京高等实业学堂"（入民国后，改名"国立北京工业专门学校"），于矿冶科就读。同时与胡鄂公等筹组同盟会北方支部未成，乃于次年四月在保定先成立"共和会"，鄂公为干事长。纳水则负责北京分会之筹备事宜，后即任会长。共和会于翌年十月初以时机成熟，又全体加入"同盟会"。宣统三年武昌起义后，胡鄂公由鄂赴津，主持北方革命工作，任北方革命军总司令，钱纳水任北京总司令，不久因滦州施从云部起义失败而瓦解。

入民国后，胡鄂公于二月十七日创办《大中华日报》于天津，纳水时任编辑，仅四十五天，即因经费不继而停刊。回江陵后于同年八月任职"荆州荆旗善后局"，协助胡鄂公办理满洲旗人善后事宜。民三至民九间，纳水在家乡经商，开设糟房，以财力薄弱，无大成就。十年四月，会胡鄂公任湖北政务厅长，即约纳水出任郧阳征收局长，卸任回省不久，即又调藕池口征收局长直至十五年秋北伐起为止。其间纳水亦曾佐张知本接收武昌法科大学，并入湖北教育厅任簿事。

北伐军攻克武汉后，纳水曾两任县长，一为巴东，一为安陆，至十六年冬卸任后仍回武汉。十七年中央政府西征军入鄂，纳水因妻弟以共党嫌疑被捕，险受牵累，乃举家仓皇赴沪。十八年，与友人熊得山、宁敦武（伍）等在沪创办"昆仑书店"，纳水自任经理，并孜孜于自日文翻译新兴之社会科学理论书籍出版。十九年五月二十日，与友人发起组织"中国社会科学家联盟"，并被推为出版部长。同年秋，加入"中国互济总会"，并出任宣传部长，本人道立场，营救无辜受累之政治犯，以是深受共党之推重。九一八后，纳水力主抗日救国，而共产党亦颇以抗日为言，遂加入共产党，至二十一年冬在南京终为政府逮捕。翌年事白得释，乃赴香港，从事译著，并继续鼓吹抗日，此后即以纳水为名，并退出共产党，但仍未以国民党为是。二十四年至延安，自此益信共产主义不可行于中国。

抗战军兴，纳水由港至沪，与友人于九一八纪念日创办油印之《战声》壁报，此为再入新闻界之始。既而国军撤守，上海成为孤岛，纳水除恢复经营昆仑书店外，先后以胡鄂公之斡旋，得黄定慧（女）、徐采臣之协助，自二十七年五月一日起接办《每日译报》。副刊《大家谈》由巴人（王任叔）主编，国内及国际新闻由梅雨

（梅益）编辑，纳水任总主笔兼总编辑负责社论及新闻处理。该报反对汪伪政权，维护重庆中央政策，以是纳水常与社中左翼分子相左。会二十八年八月，斯大林与希特勒签订互不侵犯条约，纳水乃于《孤岛杂志》上为文批评斯大林，至此始公开与共产党闹翻。二十九年五月五日，《每日译报》不顾险恶，毅然联络他报刊登蒋委员长在重庆昭示全国同胞精神总动员之演词全文，终于十日被勒令停刊。同年十一月二十八日，纳水为敌伪特务绑架，后经友人多方营救，始得生还。

太平洋战争后不久。纳水决赴后方，于卅一年抵陪都，任中央日报主笔，尽力于三民主义之宣扬。胜利后，《前线日报》于卅四年八月廿四日正式在沪复刊，社长马树礼，总编辑由副社长邢颂文兼，钱纳水任总主笔，出刊至三十八年五月中共军队入沪前夕始自动停刊。其间纳水曾当选行宪后立法委员。入台后，纳水除续任"立委"外，复任《中央日报》主笔，嗣转任《中华日报》主笔。后以遭车祸，健康大不如前，至一九六六年忽患摄护腺癌，挣扎七年之久，终于一九七四年夏去世。

纳水之译著均出版于战前，著有《社会运动史》（十八年，南强）；译有《反杜林格论》上册（恩格斯著，十九年）、《社会科学概论》（杉山荣著，与李达合译，十九年）、《唯物史观经济史》（山川均、石滨知行、河野密著，与熊得山、施复亮合译，十九年）、《新经济学之任务》（河上肇著，十九年）。以上四书均由昆仑书店出版。《西洋哲学史》（秋泽修二著，署名金声与熊得山合译，二十六年七月出版）。（秦贤次稿。参考：《钱纳水回忆录》未订稿、钱江潮编《一个毕生为理想主义而奋斗的人》及生活版《全国总书目》等。）

阎锡山（1883—1960）

阎锡山，字伯川，号龙池。山西省五台县人。光绪九年（一八八三）生。幼读私塾，十二岁时，为抱打不平，曾刀伤村中一恶人。十八岁被举为村中纠首（等于现在村长）。十九岁考入太原国立武备学堂，历三年，由清政府选送日本习陆军。连续在东京振武学校、弘前步兵第三十一联队、东京日本士官学校，攻研五年。并结识孙中山先生，加入同盟会。旋纠合同盟会习军事同志二十八人，组织铁血丈夫团，光绪三十三年，一度奉命由东京携炸弹回晋，布置革命工作。二十七岁由日本毕业返国，初任山西陆军小学教员，旋考中举人；并任山西陆军第二标教练官，翌年升任标统，成立"辛亥俱乐部"，鼓吹革命。辛亥年九月初八日（阳历一九一一年十月廿九日），举义旗，光复山西，被举为山西都督。民元，兼任山西民政长。民三，任同武上将军督理山西军务。民五，任山西督军。民六，兼任山西省长。民九，由被苏联驱逐回晋万余商人处，得悉共产主义之可怖，乃召开进山会议，研究"人群组织怎样对"问题，会期达二年两个月，提出"物产证券与按劳分配"，期以和平手段改革社会。民十四，督办山西军务善后事宜。十六年，当选中国国民党中央执行委员，并任国民政府委员，第三集团军总司令，太原政治分会主席，平津卫戍总司令，内政部长。十八年，兼任蒙藏委员会委员长。十九年，兼任全国陆海空军副司令，曾与冯玉祥联合对抗中央，引起中原大战。九一八事变后，高倡"自强救国"，并拟定土地村公有计划。二十一年，任太原绥靖公署主任。二十五年，兼任国民政府军事委员会副委员长，发动晋绥军民积极备战。二十六年对日抗战开始，任第二战区司令长官。三十二年，于兼任山西省政府主席任内，提出"兵农合一"制度。三十八年六月十三日任行政院长兼国防部长。一九五〇年三月，退就"总统府"资政。一九六〇年五月廿三日病逝台北，享年七十八岁。

其著作有：《物产证券与按劳分配》、《中的哲学》、《世界和平与世界大战》、《反共的什么、凭什么反共》、《大同之路》、《孔子是个什么家》、《中国政治与土地问题》、《人应当怎样》、《安和世界言论选集》、《世界大同》、《三百年的中国》。（参考：《阎故资政锡山事略》、《阎锡山早年回忆录》。）

卢作孚（1894—1952）

卢作孚，四川合川人，清光绪二十年（一八九四）生，一九五二年卒，年五十九岁。

作孚出身于小商人之家，幼时生活艰困，养成其后苦干的精神，在家乡初级师范毕业后，到成都补习数学英文，时年十四。后曾任合川江安等中学数学教员有年，并于重庆创办《长江日报》，又曾任成都《群报》、《川报》主笔多年。

民国八年七月一日，"少年中国学会"成立于北京。翌年，作孚经陈渧（愚生）及刘正江（泗英）之介绍，亦加入"少中"。九年冬，杨森以川军第九师师长，兼川南道尹，延作孚任道尹公署教育科长。注重社会及学校教育，曾创立泸县图书馆、民众教育馆、通俗图书馆等；翌年夏，并由陈淯之介，延王德熙出任川南师范校长，恽代英任教务主任，穆济波、周晓和均执教其间，川南一时人才荟萃，气象为之一新，王、穆、恽、周四氏亦均"少中"同人。

十三年，杨森任四川军务督理，兼主省政于成都，又延作孚任通俗教育馆馆长。十四年，刘湘任四川善后督办，亦任作孚为江、巴、璧、合四县特组团务局局长，至二十年止，一直身负嘉陵三峡的治安责任，并在当地督练团队，以期将其布置经营成一现代乡镇典范。同年，在刘湘大力支持下，于其原籍合川创立民生实业公司，并订造"民生"浅水轮一只，十五年夏完工，即定期航行于渝合间，至十八年又添购轮船两只，加辟渝碚航线。

十八年，出任川江航务管理处处长，一年后辞职，决心全力扩展民生公司，由合川迁往重庆，并增加资本，其后数年间，合并接受国人及外商之公司及船只，至抗战发生时，民生共有大小轮船四十六只，定期航行于上海、重庆间。七七事变起，民生公司集中所有人力船只输运政府部队、武器、物资、人员、工厂、图书仪器等，对国家贡献良多。

作孚除经营民生公司外，曾于十九年在北碚创立"中国西部科学院"，自任院长。二十四年秋任四川省府委员兼建设厅长，为期一年半。七七事变后至三十一年，任交通部次长，辅佐张嘉璈（公权）部长，并主持全国水运事业。其间曾于二十八年冬任三民主义青年团社会服务部长，二十九年至三十年兼任中国有史以来的首任全国粮食管理局长。三十一年因病，辞卸所有本兼各职，回任民生公司总经理。

三十四年，赴美出席国际通商会议，抗战胜利后，更为扩展业务，向美国购买十六艘登陆艇；向加拿大政府贷款订购九艘河轮；与金城银行合组太平洋轮船公司，并购买远洋轮船三艘，至三十七年，民生公司共有船只一一一艘，总载重六万五千多吨。

民生公司之关系企业繁多，尤其是抗战时期对于民生造船厂的扩充，天府煤矿公司的改善，渝鑫炼钢厂的扶植，大明纺织公司的设立，使民生公司的组织日益扩大，不再是一个单纯的航业公司。

三十七年，作孚当选第一届国大代表。大陆失守时，已居香港，其后于一九五〇年六月离港回川，至一九五二年二月八日自杀。

其著作刊行为单行本者有：《猡猓标本图说》（卢氏采集，林惠祥编述，二十年，中研院）、《中国的建设问题与人的训练》（二十三年，生活）、《工商管理》（三十三年）。（秦贤次稿。参考：文石《航业界巨子——卢作孚》、徐盈《当代中国实业人物志》、哥伦比亚大学《民国名人传记辞典》卢作孚条。）

韩文举（1855—1937）

韩文举，字孔庵，号树园，广东番禺人。年弱冠，谒南海康长素（有为）于万木草堂，自陈所学；康有为故抑之，往复数四，始著籍为弟子。与同门陈千秋（礼吉）、曹箸伟（泰）、梁卓如（启超）辈，并称高弟。康有为撰《新学伪经考》，命门下为之编集，其中多出自文举手笔。光绪二十三年（一八九七），湖南省当道立时务学堂于长沙，致书康有为，求门下可以为师者。时陈千秋、曹箸伟已卒，乃命文举与梁启超往，于时蔡锷、范源廉等俱从受业。岁暮，诸生散归，父兄阅其课卷，多言变法事，为之哗然。乡绅王益吾（先谦）、叶焕彬（德辉）尤恶之。翌年戊戌（一八九八）政变，启超与文举同避地日本，创办《新民丛报》。数岁后，党禁稍弛，文举以不乐异国风土，遂潜归故里，窜迹闾巷，饮酒赋诗。光绪三十二年（一九〇六年），潘若海自沪上寄文举诗，谓十余年来，静阅时流，纷纭百辈，大都皆寻声逐影之徒，未见有能执高节如君者也。民国既建，袁世凯秉政，范源廉任教育郡总长，奉书请文举北游，主于启超家。源廉以弟子礼见，将荐充大学堂讲席，文举辞。留月余，遂南归。民国四年（一九一五），袁氏谋帝制，蔡锷从云南起师讨袁，奉书致币，邀文举往，亦辞。六年（一九一七），张勋拥清逊帝复辟，授康有为弼德院副院长。康自香港应诏北上，约文举同行。文举谢曰：“吾师受知德宗，心存魏阙，义不得辞。若弟子者，久在江湖，愿以布衣终老矣。”康不能强。已而复辟事竟败。自是文举益无意于世。文举先代颇有田业，其夫人尤善持门户，故衣食无乏。悼亡后竟不复娶，家道亦渐中落。民国七年至十一年间，居广州，家馆城西，授徒自给。与新会陈述叔（洵）交谊甚笃，比邻相接，乐数晨夕。述叔屡以词赠之，皆肥遁自坚之意。间或谈及康有为，述叔言下每多不满，而特重文举，以为有类于前史所称独行逸民之俦也。晚岁益贫，流寓香港，依婿以居。间来广州，传食诸朋旧家。形骸枵敝，神志泊然，虽屡空，无愠色。生平著述，略无存者，其诗每多愤郁苍凉之音，闲杂俚语，不求工也。稿成，即弃去，不复省录，其甘于自晦如此。民国二十六年（一九三七）后大战中卒于香港寓所，享年八十有余。（何广谈稿。参考：熊润桐《韩文举先生传》。）

韩光第（1892—1929）

　　韩光第，字斗瞻。吉林双城人。九岁就外傅，民国元年，入吉林省立警官高等专门学校，旋游日本，入东亚高等预备学校，留学二载。归国后，入中央讲武堂，旋转入东三省讲武堂，民国十年（一九二一年）四月毕业，时年二十五岁。历充排长、上尉副官；旋至奉天，任东三省陆军军士教导队步兵科第二连中尉连附，又改充中尉副官。民国十三年一月，升第五连连长，九月，改任镇威军第一补充团第五连连长，后调充镇威军一三联合卫队军士连连长，十月，晋升少校。十四年三月，擢升镇威军第三军第三补充团第三营营长，四月，任东北第七师第五旅第八十四团第三营营长，七月，调充东北陆军军士教导队第四期步兵第一营营长，是年冬，教导团改编为镇威军第四补充队，改充步兵第七团中校团附，兼领机关枪第一营中校营长，旋以功擢升为镇威军步兵第二十七旅第四十一团团长。民国十六年六月，第二十七旅改编为镇威军第二十四师；七月，升任少将师长。十七年北伐成功，全国统一，国军编造，第二十四师缩为东北陆军第十七旅，改授中将旅长。

　　十八年五月东北当局发现共产党于哈尔滨苏俄领事馆召开共产国际会议，派军警往搜，捕获数十人，检获文件甚多；七月，我国强制收回苏俄中东铁路，苏俄乃宣布对华绝交，调集大军，侵犯边境，东自绥芬河，西至满洲里，不时受其袭击。韩部调驻海拉尔，布置防务，悉中机宜，守海境凡七十日，旋移防礼兰诺尔；八月，俄军数度来犯，均被防军击退；十一月十六夜，俄军二万余，飞机三十余架，坦克二十余辆，大炮六十余门，猝然袭击满洲里一带，韩光第率军血战两日夜，以一旅当两师之众，杀伤敌军四千，十八日，韩光第腿部已受重伤，仍上阵督战，团长张季英见敌众我寡，问以他策，韩厉声对曰："誓死与此土共存亡，即剩一卒一兵，亦不退却！"副官长张德元以韩旅长伤重，苦劝暂退，韩慨然说："强敌当前，全军将没，我何忍独自退却！"终于力竭阵亡，死时年仅三十三岁。是役团长林选青及重要军官多阵亡，团长张季英于札兰诺尔失守时自戕殉国。韩阵亡后，刘哲（敬舆）为题象赞云："堂堂劲旅，卫国执戈，捐躯赴难，气壮山河！恒干易毁，令名不磨，威仪照世，冠剑嵯峨！"（关国煊稿。参考：《韩光第将军事略》。）

韩国钧（1857—1942）

韩国钧，字紫石，又字止石，江苏泰县海安镇人，清咸丰七年三月生。行三，人称"韩三先生"。九岁丧父，十二岁丧母，家境清寒，赖二姑母扶养成人。十八岁应童子试。二十一岁以诗赋列第一名入学为秀才。二十三岁应江南乡试，中试第九十六名举人。其后，四次赴京会试，均落第，乃于光绪十五年依例改就大挑为知县，分发河南，时年三十三岁。初奉委开封府发审差兼按察使署督审局谳员，先后奉檄署镇平、祥符、武陟、永城、浚县知县，为民称颂，有"韩青天"之称，于诉讼案件，每一堂判决，故又称"韩一堂"。

光绪二十八年奉委河北矿务局总办，交涉局会办。二十九年十月，又奉派总办河北蚕桑实业中学堂。三十一年正月赴日本考察农工商矿诸要政，三十二年六月回豫，任陆军参谋处及矿政调查局总办。旋由奉督赵尔巽奏调赴奉，于三十三年正月抵沈阳，充交涉局兼开埠局局长、农工商局副局长。未及半载，赵调任川督，国钧仍回河南候补。七月，豫抚张人骏升两广总督，被奏调随之赴粤，奉委为督练公所参议兼兵备处总办。三十四年七月，自粤入京引见。宣统元年七月，简任奉天劝业道及署交涉司。二年正月，奉派兼充胡卢岛商埠督办。三年三月，东省鼠疫大作，奉命办理防疫事宜，筹设中日防疫委员会。八月调任吉林民政司，仅旬日即值武昌起义，于民国元年十一月辞职南归。

民国二年八月，简授江苏民政长。时值二次革命失败，张勋为江苏督军，军纪废弛，国钧负责收拾残破，谋善后救济。三年，调安徽巡按使，以与皖督倪嗣冲意见不合，于四年八月辞职回里，致力经营泰源盐垦公司及办理运河工程局两事，对苏北民生福利助益甚大。九年，任运河工程局会办。十一年，任江苏省长，在职三年，既扼于军阀，又受省议会政社派议员牵制。十三年秋江浙之战，苏督齐燮元胜而浙督卢永祥败；继有直奉二次战争，奉胜而直败，段祺瑞入京为临时执政，令免齐燮元职，以国钧兼任督办江苏军务善后。及奉军南下，任卢永祥为江苏督办，郑谦为省长，国钧乃于十四年四月卸职返里，仍致力盐垦及运河工程。二十年夏，运河决口，复应江苏省府之请主持运河复堤工程，至二十一年七月竣工。是后，先后膺聘财政部江苏苛捐杂税监理委员会、监理公债用途委员会、全国水利委员会、省政府禁烟委员会、农民银行监理委员会、导淮委员会、防黄委员会、赈灾委员会委员。抗日战起，日军进犯苏北，以年高不耐跋涉，未能离乡。三十年九月，日军迫出任伪职，严辞拒绝，因忧愤成疾，于三十一年一月二十三日（阴历为三十年十二月七日）逝世，享年八十五岁。乡人私谥曰"勤恪"。

国钧曾刊印乡先哲遗著若干种，名《海陵丛书》。著述近十种，仅《止叟年谱》一卷、《永忆录》二卷梓行于世。（参考：沈云龙《韩止叟及其永忆录》、蒋维乔《韩紫石先生传》。）

谢　持（1876—1939）

谢持，原名振心，改名振新，又名持，字铭三，改字愚守，又字慧生。清光绪元年十二月二十二日（一八七六年一月十八日）生于四川富顺县。七岁入塾，十五岁习八股，二十四岁（一八九九年）中秀才。次年八月，入泸州川南经纬书院，受业于周善培，学力日进。一九〇二，随周至成都，任警察学堂体操教官。次年又随周至广西，旋返富顺。任树人学堂教师。一九〇五年春开办富顺第二小学堂。秋间又开办先志学堂。次年任教荣县小学堂及蚕桑学校。一九〇七年二月复回富顺第二小学堂任教，加入中国同盟会，任同盟会富顺分部长。六月至成都任商务局文案（秘书），谋起义，事泄走上海。一九〇九年至开封、滑县、西安、凤翔等地，联络同志。次年冬回富顺。旋任巴县女子学校教员。

辛亥（一九一一）武昌起义，在重庆与同志杨庶堪、张培爵、朱叔痴等积极进行，不血刃而光复重庆，成立军政府，众推谢为都督，谦辞，任总务处长。民元年三月，成都、重庆两军政府合并，谢任总务处副处长。民二年二月，被举为参议院议员。五月十七日，被袁党诬为"血光团"，在北京被捕，以无确证，参议院又提质询，得幸免于难。民三年，国父成立中华革命党，谢任总务部副部长，陈其美任部长。陈回国之时多，故谢负责多而重。民五年六月，袁死。国会恢复，北上为参议员。六年六月，国会二度被解散。随国父南下护法，并代理军政府秘书长；民七年，任军政府司法部次长，代理部长职务。民八年十月，中华革命党改组为中国国民党，谢任党务部长。九年十一月，国父回广州恢复军政府，谢为军政府内政部次长代理部务。十年五月，国父任非常大总统，谢任参议，旋为总统府秘书长。十一年六月陈炯明叛变后，谢离粤往北京出席国会，旋仍南下。十三年一月，国民党召开一全大会，谢当选为中央监察委员。六月，与监察委员邓泽如、张继向中央弹劾中共行动案。十四年十二月，西山会议发生，谢为主角之一。十六年九月，宁汉合作，南京成立中央特别委员会，谢任常务委员及国民政府委员。

民国二十年五月，谢之右手呈瘫痪麻木，卧病不起约三阅月。时居天津。"九一八"事变发生，由津赴平。冬至上海，共赴国难，当选为中央监察委员及国府委员。十二月，四肢又告麻木，卧病至民二十三年九月尚不能行。乃口述生平经历——《天风澥涛馆六十自述》。

民二十四年十一月，国民党举行第五次全国代表大会，谢力疾到南京出席会议，以示为党求团结之苦心。二十六年八月，日军侵上海，谢迁成都，宿疾又增，终致不起。二十八年四月十六日卒于成都。七月二十九日举行国葬。（蒋永敬稿。参考：周开庆《谢持传》，见《革命人物志》第八集。）

谢六逸（1896—1945）

谢六逸，字无堂，笔名有中午、宏徒、路易、谢宏徒等，贵州贵阳人。生于清光绪二十二年（一八九六）。幼年时未进私塾，由乃父亲授，在故乡读毕高小及中学后，考取官费赴日留学，获早稻田大学文学士后回国。民八，六逸任上海暨南学校教授及神州女学教务主任，神州女学为邵元冲夫人张默君所办，校中有一鲍姓音乐及英文教员，为商务印书馆创办人兼印刷厂长鲍咸昌女公子，宁波人，后与谢恋爱结婚。谢后进商务任编辑。民十年元月，中国第一个新文学团体"文学研究会"成立于北京，不久，上海亦设立分会，六逸与商务编译所同事多人均加入该会。十三年起参加编订当时出版界最大的一本英汉辞典《综合英汉大辞典》工作，至该辞典于十七年由商务出版时，谢已离开商务。同年起，谢兼任上海大学教授。十五年二月，六逸入复旦大学执教，此后并手创该校新闻系。从十八年起直至抗战起，除了孙俍工曾任中文系主任两年外，六逸一直身兼复旦中国文学系和新闻系两系的主任。其间，曾先后兼任中国公学文理科学长及中国文学系主任。

抗战军兴，复旦大学与大夏大学合并，成立第一联合大学于江西庐山；第二联合大学于贵州贵阳，后来两校又分立，大夏仍设贵阳。六逸于抗战初起，随校迁回故乡，并任大夏文学院院长兼中文系主任，同时兼在贵阳师范学院任课。后贵州大学成立，又在贵大兼课。此时，六逸除任贵州《中央日报》副刊主编及贵阳文通书局编辑所副所长外，又与蹇先艾共同发起组织"中华文艺界抗敌协会贵阳分会"。卅二年起，因工作繁重，健康欠佳，辞去大夏文学院长职务，改任特约教授，至卅四年八月八日，终因心脏病发，与世长辞，享年五十岁。

六逸早年为"文学研究会"干部，曾为会刊《文学周报》编委之一。此外，他也曾加入以留日学生为主体的"中华学艺社"。一生除教书及杂志与报纸副刊主编外，更致力于儿童文学研究及散文创作，同时更是研究日本文学的权威。

六逸于十五年九月与友人创办《趣味》半月刊，维持不久即停刊；廿四年九月二十日起，主编由成舍我与友人创办仿伦敦《每日镜报》的小型报《立报》副刊《言林》；廿六年五月起创刊《国民周刊》，共发行十九期，为时半年；二十九年十月起至逝世前，主编文通书局发行之《文讯月刊》；此外又曾主编战前中华书局发行的《儿童文学》共九期。

六逸译著甚多，兹简列如下，散文：《水沫集》（十八年、世界）、《茶话集》（二十年、新中国，三十七年由博文再版，改名《摆龙门阵》）；论著：《西洋小说发达史》（十二年、商务）、《文坛逸话》（用宏徒笔名出版、商务）、《日本文学》上卷（十六年、开明)、《日本文学史》二卷（十八年、北新）、《日本文学》（二十年、商务）、《日本文学史》三册（商务）、《农民文学 ABC》（十七年、世界）、《神话学 ABC》（十七年、世界）、《童话学》（十八年、世界）、《小说概论》（大江）、《欧美文学史略》（大江）、《新闻学概论》（大江）；童话与史诗：《俄德西冒险记》（十五年、商务）、《母亲》（北新）、《清明节》（北新）、《小朋友文艺》（北新）、《红叶》（联合）、《鹦鹉》（联合）、《彗星》（中华）；译著有：《伊利亚特的故事》（十八年、开明）、《海外传说集》（十八年、世界，后重排分印为《罗马故事集》与《日本故事集》）、《希腊传说》（新中国）、《古事记》（新中国）；编有《小说创作选》（光华）、《模范小说选》（黎明）。（秦贤次稿。参考：赵景深著《文坛隐旧》中《谢六逸》文及《大夏大学创校五十周年纪念文集》中裴午民《怀念恩师谢六逸先生》文。）

谢晋元（1905—1941）

谢晋元，字中民，广东省蕉岭县人，民前七年四月二十六日生。初就读于村中育民小学及三圳公学，继入省立梅县第五中学，毕业后，入中山大学预科，旋转入黄埔军校四期，毕业后，即历任军职，自排、连、营长、参谋主任，洊任至团长。

民国二十三年任陆军第八十八师补充团少校营长，驻防皖南及四川涪陵等地，旋升任中校团附，未几因部队调万县改编，调任司令部中校参谋。

民国二十五年十月任职第二六二旅中校参谋主任；二十六年八月十一日自无锡开赴上海参加抗战，运筹帷幄，把握战机，卒使该旅于沪战之首日即攻占闸北重要据点八字桥，嗣奉调同旅第五二四团中校团附（后晋升团长）。

十月二十六日，友军失利，该团担任掩护大军五十万人退却，任务达成后，奉令率该团杨瑞符营死守上海四行仓库，守军仅四百五十二人，因谋敌而号称八百，此即名震中外之八百壮士。四行仓库除一面临苏州河外，三面皆敌，晋元指挥孤军，沉着应战，坚守四月，击破敌大军六次之进攻，守军仅伤亡三十七人，日军损失仅死亡者即六倍于我，伤者无算，更毁其战车二辆，充分发扬我军之革命精神，遂使世人大为震惊于国军坚强之战力，更使日敌丧胆，打破其三个月灭亡中国之迷梦。

嗣因外人之一再恳求，请维护中立地区（公共租界）之安全，始奉蒋委员长之令撤退，于十一月一日拂晓，全部退入公共租界；既非战俘，亦非被庇护者，位于胶州路之孤军营遂成为上海同胞精神上的寄托及关切的对象，致慰者络绎于途。二十七年八月十一日，孤军为纪念出师抗日举行升旗典礼，遭致工部局无理干涉，派兵包围孤军营，并冲入以机枪向徒手之孤军扫射，当有同志四人殉难，入夜并将我孤军劫持往外滩，晋元领导全体官兵绝食抗议，引起上海同胞愤怒，以罢市为声援，工部局终将孤军仍送回原地。

民国三十年四月二十四日五时许，孤军于早操点名时，士兵郝鼎诚等四名，受敌伪诱骗，于全体跑步时，趁晋元不备以短刀行刺，遂因伤重不治殉国，时年仅三十七岁。四月二十八日，蒋委员长通电表彰。政府除优予褒恤外，并追晋为陆军少将。

孤军营所在地之上海胶州路亦奉令改为晋元路，并于中央军校内立碑纪念。音乐家又谱成《八百壮士歌》，又名《中国一定强》。（贺德旺稿。参考：《革命人物志》第八集及《孙元良回忆录》。）

戴　笠（1897—1946）

戴笠，字雨农，谱名春风，一名徵兰，浙江江山人。清光绪二十三年四月二十七日生。民国三十五年三月十七日，因航机失事殉难，享年五十岁。

笠幼颖悟，七岁启蒙，塾师毛逢乙授以四书，年十岁，初学为文。年十一，入仙霞小学肄业。民元前一年秋，考入江山县立文溪高小肄业。民国二年，入浙江省立第一中学肄业。越二年，投笔从戎，弃学入浙军第一师潘国纲部充志愿兵。民国十一年，任江山县保安乡学务委员，旋任自卫团团长。民国十五年十月，考取黄埔军校第六期骑兵科为入伍生。民国十七年，任国民革命军总司令部联络参谋，主持情报工作。二十一年，任军事委员会调查统计局第二处处长。二十七年八月，第二处奉令扩组为军事委员会调查统计局，肩负长期抗战之情报作战任务，以贺耀祖氏兼局长，笠为副局长，负实际责任。二十九年兼军事委员会运输统制局监察处处长（三十一年改组为水陆交通统一检查处仍兼处长）及财政部缉私署署长。三十一年辞缉私署署长兼职另兼财政部战时货运管理局局长。是年七月，中美特种技术合作所成立，直隶中美双方最高统帅部，笠兼任所长，美军海军梅乐斯（Mary Miles）专任副所长。工作活动范围，遍及我国各沦陷地区及南洋各地。

溯自民国十七年以后，笠衔命驰驱军中，于情报侦察，亿则屡中，深受领袖蒋公特达之知，行密勿之事。其较著者，如民国二十二年闽变之速平，二十五年百粤之归顺等是。当蒋公蒙难西安时，不顾个人安危，自京西飞赴难。抗战时，组忠义救国军于东南，遥领十万之众，游击敌后，运筹帷幄，无让名将。胜利后受命改编交通警察，而为维护南北铁路之劲旅。抗战胜利，被选为中国国民党第六届中央委员，因力辞始邀蒋公垂允。美国政府赠予司令级勋章，以推崇其对中美合作及对击败强敌日本之卓越贡献。

三十五年三月十七日，自青岛乘航委会专机飞沪转重庆，因气候恶劣，转飞南京，穿云下降时，误触东郊之岱山失事殉难。国府明令公葬。并于六月十一日明令褒扬。（郑孝颖稿。参考：《戴雨农先生年谱》（国防部情报局出版）、姜超岳《戴先生雨农传》，见三民书局出版《我生一抹》。）

戴望舒（1905—1950）

戴望舒，原名梦欧，浙江杭州人。早年肄业于震旦大学，后留学法国、西班牙，精通法文与西班牙文。一九二二年开始写诗，以《雨巷》一诗引起文坛注目，《雨巷》在音调上比新月派之作多一层曲折，叶绍钧许为开新诗音节的一个新纪元，有"雨巷诗人"之称；他的诗属象征派，颇受法国后期象征派诗人保罗福尔（Paul Valery）、耶麦（Jammes）的影响。一九三二年施蛰存、穆时英、叶灵凤、徐霞村、戴望舒等倡组"现代社"，戴一度负责主编《现代》月刊，又曾主编《新诗》月刊。据叶灵凤说，戴望舒一生最大的愿望是直接由西班牙文，用中文将塞万提斯（Cervantes）的《唐·吉诃德》（Don Quixote）全书译出，可惜长年为衣食驱驰，加以家累情牵，未能完成，引为毕生憾事。

抗日战争爆发后，戴望舒与妻穆丽娟（作家穆时英之妹）由上海南下，在香港主编星岛日报副刊，又每周附刊俗文学周刊，主要撰稿人除戴氏外，还有孙楷第、周越然、柳存仁、吴晓铃；后因婚变，精神上大受打击。一九四一年香港沦陷，戴遭日军囚禁，有名的"狱中题壁"一诗，即作于此时。至香港重光前不久，始行释出，仍在香港报界工作。一九四九年回大陆，一度任"全国文联代表大会"代表；未及一年，一九五〇年二月二十八日以哮喘病在北京协和医院逝世，享年四十六岁。

戴望舒译著颇丰。诗集有：《我底记忆》（一九二九）、《望舒草》（一九三二）、《望舒诗稿》（一九三七）、《灾难的岁月》（一九四八）等四种。译有：《洛尔伽诗钞》、《普希金革命诗钞》、《少女之誓》、《一周间》、《爱经》、《紫利》、《良夜幽情曲》、《西班牙一小时》、《西班牙抗战谣曲选》、《比利时短篇小说集》、《法兰西现代短篇小说集》、《伊巴涅短篇小说选》、《苏联诗坛逸话》、《法国短篇文艺精选》和《塞万提斯的未婚妻》（与徐霞村合译）；此外又校点：《石点头》与《豆棚闲话》。一九五八年吴晓铃把他生前研究小说戏曲的文章，汇刊为《小说戏曲论集》一书。（关国煊稿。参考：柳存仁《人物谭》、黄俊东《现代中国作家剪影》、赵聪《现代中国作家列传》。）

戴逸青（1887—1968）

戴逸青，字雪崖，祖籍安徽旌德，清光绪十三年（民国前二十五年），十月八日，生于江苏吴县。自幼爱好音乐，每于课读之际，闻管弦之声而神驰。稍长，喜阅音乐典籍。弱冠后，考入上海沪北体育会音乐研究班，追随意籍教授 G. Genorese 勤习乐器及指挥数年，以卓越成绩卒业。

辛亥（一九一一）初，G. Genorese 教授应邀至武昌代第八镇训练乐队，旋函邀逸青西上担任助教，以故得见革命举义盛况。

民国二年，应聘为苏州东吴大学讲师，五年复受聘于上海南洋大学（交通大学前身），旋获机深造于美国音乐专科学校。并师从 C. W. Welcox 精研音乐理论作曲，九年竟业，即返国复任教于东吴、南洋二校。十二年又兼执教于苏州美专。十三年完成《天涯怀客进行曲》以报师恩。十六年春，完成理论著作《和声与制曲》，由上海中华书局出版。

十八年，转职军旅，主持中央陆军教导队音乐教务。二十年转励志社供职，并完成《从戎回忆进行曲》。二十一年复任职中央陆军军官学校，旋擢升为上校音乐主任教官，时年四十六岁。二十六年，抗日战争爆发，乃随校举家内迁，先后完成不朽著作：《指挥概述》、《乐队训练操练法》、《配器乐》等数十万言；并谱成《苏州农歌》、《送葬乐》等乐曲多首，获军令部颁发奖状。三十年，完成《军乐三部》。

三十三年，教育部审定为教授。三十四年夏，鉴于胜利在望，乃作成《凯旋进行曲》，使抗战胜利后，能举国同庆。同年，调任中央干部学校教授，并兼特勤学校研究委员。

三十八年春，亲率子女迁台，卜居嘉义。一九五一年，政工干部学校创始，应聘为音乐系主任，以迄逝世。

十九岁时，与苏州吴塔望族陆氏结褵。婚后生五男三女，子、婿来台者四任教授：长子冕伦，为东吴大学教授；三子粹伦，为名小提琴家，曾任省立交响乐团团长，师范大学音乐系主任；七子序伦，为名声乐家，现担任师范大学教授；五女克贞，嫁绍兴望族祝德光，现任"国立"政治大学教授；六子彝伦，现任职中国时报；幼子迈伦，为空军上校，曾参加八二三炮战。孙女珏瑛，以音乐天才儿童赴海外深造，现为美国康州哈特佛交响乐团之第一小提琴手。而祖孙三代从事音乐教育，尤为乐坛韵事。

逸青从事音乐工作五十余年，一生以报国为念，乐教为务，虽年过八十，仍不时为报刊执笔，著述不辍。于一九六八年二月十九日，病逝台北中心诊所，享寿八十有二。（袁诚稿。）

钟荣光（1866—1942）

钟荣光，字惺可。清同治五年，即一八六六年九月七日（一作民前四十五年即同治六年九月七日）生于广东香山县（今中山县）。民国三十一年（一九四二）一月七日卒于香港。青年时期，在邑内已有才子之称。十七岁（一八八二）举茂才，二十九岁（一八九四）中举人。次年创办《可报》于广州，识左斗山、郑士良、杨襄甫、区凤墀诸志士。是年国父在广州第一次起义，《可报》因之被封。一八九六年，入兴中会，并办《博闻报》及《安雅报》，鼓吹新思想。一八九八年应聘任教广州格致书院，此为岭南大学之前身。次年在香港道济会堂受洗信奉基督，立即实行二事：（一）烧毁举人证书，以示专修大爵，放弃人爵；（二）实行一夫一妻制，与侍妾脱离关系，供其学费习医；（三）送婢女入校读书。一九〇〇年，因史坚如炸督署失败，《博闻报》被封，荣光逃亡澳门，格致书院亦迁澳门，改名岭南学堂。一九〇四年岭南学堂迁回广州。一九〇七年赴日本参加世界基督教学生大会，回程经过北京，在保定被袁世凯之秘探拘捕，解往天津，得广东同乡及教会之营救，始得脱险。一九一〇年为岭南学堂筹款，及为革命联络同志，环游世界。辛亥由欧洲回国参加起义。广东光复，任教育司长。民国二年二次革命失败，亡命海外，赴檀香山。民国三年任国民党纽约支部长，并入哥伦比亚大学研究教育，旋在纽约创办《民气报》。民五年返国，继续服务岭南大学。为扩充该校，自民国七年至十五年间，先后赴马来亚、星加坡、仰光以及美洲各地，向华侨募捐。民国十七年岭南大学收归国人自办，向政府立案，荣光任第一任校长。嗣后岭南在其主持下，不断扩充与革新。民十八年，任国民政府侨务局局长。同年受圣约翰大学法学博士学位。民国二十三年，为筹备国父纪念医院，赴京浔各地筹款。二十五年七十一岁，开始撰写自传，次年夏，参加庐山座谈会，留住牯岭休养，并续写自传。民国二十七年任国民参政会参政员。同年辞岭南大学校长，改任荣誉校长。民国二十九年因病迁港医疗。三十一年一月七日卒于香港养和医院。（蒋永敬稿。参考：高廷梓《记钟荣光先生》附年谱，见《革命人物志》第八集、郭琳爽《教育界巨人钟校长荣光博士记略》，刊《永安月刊》第一〇八期。）

萧　红（1911—1942）

萧红，原名张迺莹，哈尔滨市人，一九一一年生于松花江畔呼兰县。九岁丧母，尝肄业于哈尔滨市立第一女子中学，民国二十年年方二十，毅然脱离家庭。民二十一年秋在哈尔滨与一群热爱文艺青年作家萧军、白朗、舒群等结识，同时以"悄吟"为笔名，投稿于当地《晨光报》、《国际协报》发表，所作多写女儿情怀；同年与萧军（原名刘均）同居；翌年八月出版与萧军合著的小说《跋涉》。

民国二十三年（一九三四）十月，夫妇二人经青岛南下至上海，萧红受到鲁迅的提拔，即在此时，同年写成的中篇小说《生死场》（写当年日本铁蹄下的东北同胞生活），由鲁迅校阅、作序出版，列入"奴隶丛书"中。鲁迅评她笔下人物不及写景好，但仍诩为力透纸背之作；一经品题，顿时声价十倍！印行《生死场》时第一次以"萧红"二字作笔名，同时仍沿用以前的笔名在《太白》、《文学》、《作家》、《文丛》、《中流》、《中学生》、《文季月刊》上发表诗歌、散文、小说等创作。

一九三六年东渡日本，住在东京；翌年七七事变发生，即兼程归国。一九三八年一月与萧军、田间、塞克、绀弩、端木蕻良等人应李公朴之邀，任教于山西临汾的"民族解放大学"，萧红与萧军分手，即在此时。一九三九年萧红转而与东北籍作家端木蕻良（原名曹家京）同居；后经武汉、北碚转赴香港。

一九四○年十二月二十五日香港沦陷，其时萧红正患严重的肺病，危在旦夕，无法逃往大后方，于一九四二年一月二十二日上午十一时死于香港，享年三十二岁。二十四日遗体火化，二十五日葬于香港浅水湾坟场。大陆易手后，左派文人将其骨灰运往广州安葬。

萧红作品除上述的《跋涉》与《生死场》外，尚有短篇小说集《牛车上》、《旷野的呼喊》、《小城三月》；长篇小说《马伯乐》、《呼兰河传》；诗集《沙粒》；散文集《商市街》、《桥》、《萧红散文集》、《回忆鲁迅先生》；剧本《突击》（与塞克、绀弩、端木蕻良合著）、《民族魂》。（关国煊稿。参考：莫洛《记十二年来死难的文化工作者》。）

萧友梅 (1883—1940)

萧友梅，字雪朋，广东中山县人。生于民前二十九年（一八八三年）一月七日，卒于民国二十九年十二月三十一日。年五十八岁。友梅自小爱好音乐，时住澳门，与一葡籍音乐家为邻，当闻弹奏乐器时，辄为之神往。十八岁，赴日本留学，在东京音乐学校专修钢琴与唱歌。是时，国父孙中山先生在日组同盟会，随即加盟。民国成立，教育部资送留德，入莱比锡国立音乐院攻读乐理，并在莱比锡国立大学哲学科研究教育，得哲学博士学位。学成归国，先后在三个国立学校任音乐系主任，并曾任北大讲师。民十六年，受大学院长蔡元培之命，在上海创办国立音乐院（后改名国立音乐专科学校），蔡氏兼院长，友梅任教务主任，而负实际责任。毕生精力贡献于音乐教育，至五十岁始结婚。民二十六年抗日战起，上海沦陷，犹苦心经营音乐院，以环境恶劣，积劳成疾，二十九年卒于上海。著有：《中国古代乐器考》（德文）、《普通乐学》、《和声学》、《曲体学》及钢琴、风琴、小提琴等教科书。又与易韦斋合著《今乐初集》、《新歌初集》、新学制唱歌教科书数部。（陈哲三稿。参考：于勤《纪念萧友梅先生》。）

萨本栋（1902—1949）

萨本栋，字亚栋，一九〇二年七月生于福建闽侯。一九二一年毕业于北平之清华学校，即派送美国，入斯坦福大学习机械，于一九二四年得学士学位。转入麻省之吴斯德（Worcester）工学院，翌年得电机工程师学位。转习物理，又两年，得理学博士。一九二七年离校，应西屋公司（Westinghouse Co.）之聘为工程师。一九二八年回国，应清华大学之聘为物理系教授，亘八年之久。一九三六年再度去美，应俄亥俄（Ohio）大学之聘为访问教授，一年后返国，于抗日战争前夕，应聘为厦门大学校长，垂七年。一九四四年又去美，先后应麻省理工大学及斯坦福大学为访问教授。一九四五年秋返国，任中央研究院总干事，旋兼物理研究所所长，以迄逝世。

当接任中央研究院总干事时，院址尚在重庆，其第一件事即安排还都工作。次年秋，复员工作始告完毕。此后，即计划在京沪一带建立一科学中心，一九四八年分别完成物理大楼与数学大楼。同年秋，又筹划建筑科学大楼，但兴工未及一月，徐州大战启幕，工程遂告中辍。一九四八年，第一届院士之选举，其促成之功尤伟，并膺选为第一届院士。

一九四八年十二月二十九日，赴美治胃癌，进入旧金山加州大学医院。次年一月三十一日，终告不治。享年四十七岁。

其著作，专书有七种，论文有二十二篇。论文皆系英文著作，兹从略。专书列举如后：

1.《普通物理学》，上下两册，商务，一九三三。2.《普通物理实验》，商务，一九三五。3. Gyadic Circuit Analysis, Internatioal Textbook Co. Scranton, Penn., U. S. A. 1939. 4. Fundamentals of Alternating Current Machines, McGrawhill Book Co., New York U. S. A. 1946. 5.《交流电路》，正中，一九四八。6.《实用微积分》，商务，一九四八。7.《交流电机原理》，商务，一九四九。（陈哲三稿。参考：《萨本栋先生事略》，载《大陆杂志》四二卷一期。）

简朝亮（1851—1933）

简朝亮，字季纪，号竹居。其先世于宋孝宗淳熙间迁粤，定居顺德。清咸丰元年（一八五一）生。八岁，就小学。光绪元年（一八七五），年二十五，游于南海朱九江之门，从讲习者，经学、史学、掌故之学、性理之学、词章之学。盖读经乃属修身治国之要道；史所以证经；掌故则自经、史逮乎当代之故实；性理本乎经，征乎史，察乎异学，而使学者无失善性；词章则酌经、史、文言，而济当时者也。朝亮以为五者皆儒生所宜诵，遂终身从事焉。

晚年与诸弟子论学，一以九江学派为宗。其言曰："《史记·孔子世家》特称《论语》之言曰子以四教：文、行、忠、信，明其垂万世法也。文者，六经也；《书》与《春秋》，经之史、史之经也。百王史法，其流也。正史纪传，《书》也；通鉴编年，《春秋》

也；九通掌故，溯源于经；濂洛关闽，性理精微，由经而发。非宗经无以为词章，皆读书事也；行主忠信，皆修身事也；子以四教，斯学者一人而备四教，及其教成，则以其尤长者名之：曰德行、曰言语、曰政事、曰文学，所谓四科也。斯其为孔门之人才。朱先生于读书以修身者，勉备乎一己，其教学者必一人皆备焉。此其大略也。"其毕生作育者众，时幸亲承指授，卒业而去者，如顺德黄节、开平张启煌，后皆享誉于世。

其平生志洁行端，有司每以优行举，皆报病辞。民国二年，大总统袁世凯慕其名，特命人自北方致书帛往问。时朝亮避地香江，杜门寂然，逍遥桂树下。使者至粤中，久不得其门，卒无由致。

朝亮学问淹贯，丹黄不离手，故造述颇富。举其要者，有：《朱先生讲学记》、《礼山讲学记书后》、《尚书集注述疏》、《论语集注补正述疏》、《孝经集注述疏》、《礼记子思子言郑注补正》、《姓族考》、《明诗》、《九江先生传》、《读书堂答问》、《朱子大学章句释疑》、《毕氏续资治通鉴论》、《简氏大同谱》等。

民国二十二年八月十日，以疾卒于羊城芦荻巷松桂堂，春秋八十有三。（何广棪稿。参考：张启煌编《简竹居先生年谱》、何广棪撰《简竹居先生二三事》。）

丰子恺（1898—1975）

丰子恺，名仁，又名婴行，浙江崇德人。年十七，毕业于崇德县立第三高小学校，同年入浙江省立第一师范学校，一师预科两年，正科四年，念正科的第一年，图画科由音乐教师李叔同兼任（李于三年后，即民国七年七月披剃于杭州虎跑寺，法名演音，号弘一，世称弘一大师）。李叔同留学日本，专攻西洋画与钢琴音乐，丰氏的画，在良师教导下，进步神速；于民国八年（一九一九），二十二岁时毕业，任教于专科师范年余，随即于一九二一年东渡日本，入川端洋画学校，专攻西洋画，课余兼致力于西洋音乐的研究。翌年归国，先后担任过上海开明书店编辑，上海大学、复旦大学、浙江大学美术教授，国立艺术专门学校校长，又于一九二五年与友人创办立达学园，亲兼教职；同时与夏丏尊创办《一般杂志》、《中学生杂志》，自任主编。

一九二五年，是年弘一大师五十岁，师生二人开始合作《护生画集》初集，初集有画五十幅，由丰子恺作画，弘一题诗。出版后，又经十年，是年弘一六十岁，二人分处两地，大师在福建泉州，丰子恺于抗战爆发后，由杭州经湖南、广西、贵州，入四川重庆；其时丰子恺在广西，画《续护生画集》六十幅奉寿，仍由弘一题诗，然后印行。丰子恺是佛教信徒，为弘一大师六十周甲纪念，发愿画佛像一千尊，普赠有缘。弘一大师于收到《续护生画集》后曾致函子恺说："朽人七十岁时，请仁者作护生画第三集，共七十幅；八十岁时，作第四集，共八十幅；九十岁时，作第五集，共九十幅；百岁时，作六集，共百幅；护生画功德于此圆满。"子恺复书云："世寿所许，定当遵嘱！"不幸弘一大师于六十三岁那年（一九四二年）在泉州圆寂。一九四九年，是年年初丰子恺由厦门抵香港，举行画展后不久，即离港北上，在厦门绘制《护生画集》第三集，以纪念弘一大师七十冥寿，由叶恭绰题诗，然后印行。

曾任上海美术协会副主席，上海对外文化协会副会长、文联全国委员、上海国画院院长等。以一九七五年九月十五日在上海华山医院逝世，享年七十七岁。

丰子恺是著名的漫画家、散文家、翻译家。他的漫画，独具风格；所作散文，极富人情味，郁达夫说："人家只晓得他的漫画入神，殊不知他的散文，清幽玄妙，灵达处反远出他的画笔之上。"允为确评。著有：《音乐入门》、《音乐的常识》、《西洋美术史》、《艺术教育 ABC》、《构图法 ABC》、《缘缘堂随笔》、《缘缘堂再笔》、《近世十大音乐家》、《音乐初步》、《世界大音乐家与名曲》、《西洋名画巡礼》、《子恺小品集》、《艺术教育》、《近代二大乐圣的生涯与艺术》、《雪舟的生涯与艺术》，《绘画与文学》、《随笔二十篇》、《现代艺术纲要》、《艺术丛话》、《车厢社会》、《艺术漫谈》、《艺术论集》、《甘美的回味》、《教师日记》、《艺术与人生》、《率真集》、《音乐十讲》，《八年离乱卓》等。译有：《猎人日记》、《苦闷的象征》、《音乐的听法》、《初恋》、《世界大作家画像》、《石川啄木小说集》等；与三女丰一吟合译《我的同时代人的故事》、《音乐的基本知识》、《蒙古短篇小说集》；与开西合译《夏目漱石选集》。又绘有：《护生画集》初、二、三、四、五集，《丰子恺漫画集》、《战地漫画》、《劫余漫画》、《又生画集》、《子恺漫画全集》、《漫画阿 Q 正传》（彩色版）、《子恺儿童漫画》等。（关国煊稿。参考：赵聪《现代中国作家列传》、莫一点《漫画家丰子恺》、颖子《中国新学术人物志》。）

颜惠庆（1877—1950）

颜惠庆，字骏人，江苏上海人。生于清光绪三年（一八七七），卒于一九五〇年，得年七十有四。父永经，系基督教牧师，曾任上海圣约翰书院院长。光绪二十一年秋，惠庆偕胞弟德庆渡美，入维金尼亚州之圣公会中学。两年后，升入维金尼亚州大学，四年毕业，获文学士学位。光绪二十六年夏返国，任上海圣约翰书院教员，兼商务印书馆编辑，主编英华标准双解大辞典。光绪三十二年九月，应清廷第一次欧美留学生考试，名列第二，授译科进士。光绪三十三年冬，随伍廷芳出使美墨等国，任二等参赞。公暇入华盛顿大学，从施柯脱博士习国际法。宣统元年返国，任外务部主事，主持新闻及情报事宜。次年夏，参加留学生殿试，授检讨，升任外务部参议。寻兼游美学务处总办，管理考送留美学生及筹设清华学堂事务。宣统三年四月，参加中英禁烟会议，成立"中英禁烟条件"。辛亥革命，袁世凯出任清廷内阁总理大臣，惠庆任外务部左丞，尝伴世凯访晤各国公使。民国成立，南北统一，任外交部次长。民国二年春，出任德、瑞、丹三国公使，驻扎柏林。民国六年三月，中德绝交，移驻丹京。民国八年夏，任巴黎和会我国代表团顾问，寻返国述职。次年八月，任外交总长。任内首先取消对帝俄之承认，并设立参加华盛顿会议筹备处，自任主席。民国十年五月，签订中德复交条约，为民国成立以来，第一次对外签订之平等条约。民国十年十二月，内阁改组，连任外交总长，寻兼摄阁揆。

次年二月，华盛顿会议解决山东问题后，并签立"远东九国公约"。同年五月，总统徐世昌去职，黎元洪复任，惠庆任内阁总理兼外交总长，七月底辞职。民国十一年秋，以迄十二年底，任财政整理委员会委员长，清查历年内外公债及其付息还本办法，准备召集关税会议，修订税则。民国十二年十月，任农商总长。次年任内阁总理兼内务总长，九月冯玉祥发动政变，惠庆引咎辞职。民国十四年十月，关税会议开幕，充任我国出席代表。散会后，退居天津，从事社会公益。九一八事变后之当月，应政府征召，赴南京出席外交会议，被任为"对日特种委员会"委员。民国二十年十一月，出任驻美公使。次年元月，奉命出席国联行政院会议。时值一二八事变，除奉政府核准援引国联盟约第十一条外，复增引第十与第十五条，敦促国联大会及行政院制裁日本，解决争端。同年九月，被派任国际军缩会议我国首席代表；十二月与苏联代表谈判中苏复交成功，被派充驻苏联大使。民国二十三年春，奉派出席伦敦世界经济会议，旋代表政府签订"中美白银协定"。民国二十四年夏，返国述职。回任时率领平剧艺员梅兰芳、电影演员胡蝶等赴莫斯科，宣扬中国文艺。民国二十五年夏，以健康关系，辞职返国，即未再膺政府公职。

惠庆除供职政府外，迭任中国红十字会会长，华洋义赈会会长，中华教育文化基金委员会主席，中国教会大学联合会主席，北京协和医学院董事会董事，天津南开大学董事会董事，天津大陆银行董事长，天津自来水公司董事长等职。八一三淞沪抗战发动时，任国际委员会主席，主持大上海难民伤兵救济事宜。民国二十八年夏，再度赴美，出席太平洋学会，访问美国朝野要人，说明我国抗日战争意义。

惠庆译述甚多，其最具价值者，当推《英华标准双解大辞典》，全书两巨册，计三千余面，经过六年，始告杀青，问世历时三十余年。遗有英文自传稿，逝世后二十年由姚崧龄译为中文，交《传记文学》杂志连载，并印行单行本问世。（姚崧龄稿。参考：姚译颜氏英文自传。）

蓝文徵（1901—1976）

蓝文徵，字孟博，吉林省舒兰县人。生于清光绪二十七年（一九〇一）八月十三日，卒于一九七六年元月廿五日，享年七十五岁。九岁就读于家塾，次年负笈于舒兰站。十一岁就读于白旗屯。民国元年，入舒兰中学读书，三年卒业。十五岁读书于法特哈门。十六岁因昆仲累留家教馆，但仍手不释卷，苦学不辍。十七岁由六姑母之推介教邱氏家馆，十八岁从法特哈门名儒马致清游，学业日进。十九岁考入吉林省立师范学校，二十三岁（民国十二年）毕业，冬赴京师（今北平）游览。二十四岁任教舒兰县立小学。二十五岁授徒于牛宅。二十六岁考入吉林法政专科学校肄业。次年（民国十五年）考入清华学校（十七年改为国立清华大学）研究院。由当代名师梁启超、王国维、陈寅恪教导之，学业渐入佳境，乃由国学进入史学，从陈寅恪治隋唐五代史，兴趣日增。清华研究院毕业，应东北大学之聘，任教沈阳北陵。"九一八"事变起，只身逃入关内，在青岛女中任教。民国二十二年秋东渡日本，入早稻田大学研究院，专攻唐代政治、经济史，其有名之《唐代回鹘经济》等论著，即草成于斯时。二十六年返国，执教于国立东北大学史地系，是年东北大学迁西安，乃随校入陕。七七抗战开始，曾组织青年，下乡宣传抗日。二十七年东北大学迁往四川三台，又随之入川。二十八年，改教于城固西北联合大学。二十九年应东北大学文学院长萧一山之邀，再回三台，任历史系主任，聘请名学者甚多，如蒙文通、贺昌群、何鲁之、周谦冲、徐光、陶元珍、丁山等。三十二年暑假，因萧氏休假，曾代理院务。旋即赴北碚国立编译馆任编纂，甚爱北碚环境清幽，欲从事著述。次年刘季洪任西北大学校长，萧一山任文学院长，又赴西北大学任历史系主任兼训导长。三十五年十二月二十五日参与国民大会制宪，客居南京。时抗战胜利，百废待举，萧一山任北平行辕秘书长，邀文徵为参议兼土经世日报笔政，三十六年回北平始与家人团聚。三十七年三月赴南京就任立法委员，并于上海国立复旦大学、南京中央政治大学兼任教授。三十八年十二月二十五日举家来台，曾任教师大等校。一九五七年应台中私立东海大学敦聘为客座教授，迄一九七四年，凡十七年之久，并多次担任"教育部"主办博士学位考试委员。文徵备员"立法院"二十有六年，始终参加教育委员会，对民族精神教育、道德伦理教育特别注意提倡。而国学根基极深，贯穿经史，博文约礼，教学不倦，立德立言。处世待人，以忠恕为本。所著有《中国通史》上卷（经世学社出版）、《隋唐五代史》（商务出版）、《西安》（正中书局）、《魏晋南北朝史》手稿。其他杂文甚多，散见各报章杂志。（陈哲三、黄超民稿。参考：《蓝故立法委员文徵先生事略》、蓝文徵《学林谈往》。）

罗　列（1907—1976）

　　罗列，号冷梅，福建长汀人，生于清光绪三十三年（民国纪元前五年，一九〇七）八月十四日。十岁入高等小学，十三岁入旧制县立中学，又四年毕业。民国十三年负笈广州，入省立高等师范学校。十四年秋投考黄埔军官学校第四期，习步科，翌年十月毕业。

　　军校毕业后，留校任少尉排长。北伐军兴，随东路军入苏浙，先后参加建德、桐庐、龙潭诸战役。十九年任国民革命军总司令部新兵训练处中校大队长，适中原鏖战，以新训兵出守马牧集，击退石友三部骑兵之突袭。廿一年考入陆军大学，廿四年毕业，复入陆大兵学研究院深造。结业后，留校任兵学教官。廿六年"八一三"淞沪战起，出任第一军少将参谋长，参加上海保卫战。翌年升任第十七军团参谋长，转战皖豫两省。廿八年升任第卅四集团军参谋长，旋调第四十八师少将师长。卅年调长军校第八分校。卅四年调升第一军军长，晋阶中将。及抗战胜利，第一军整编为第一师，仍续任整一师师长。

　　卅五年七月率部入晋，收复晋南曲沃、临汾等要地。卅六年奉命率整一师进攻延安。卅七年率部赴援凤翔、宝鸡。旋晋升整编第一军军长。卅八年升任西安绥靖公署副主任兼参谋长，年底随军驰援四川，转战重庆、成都。

　　一九五〇年至西昌，受命为西南军政长官公署参谋长，抚辑流亡，整训部队，拟建设西昌为反攻根据地。解放军十万之众，六路进攻，致其伤亡惨重，西昌不守，西南军政长官公署撤销，西南军政长官胡宗南奉命飞台，乃自请留康代行指挥权责。后率残部于川康总杠山区，历四阅月，辗转五省，逃离大陆。

一九五一年抵台，初奉派为"国防部"中将参议，旋调第三厅、第一厅长。一九五五年升任副参谋总长，并赴美国陆军指挥参谋大学特别班深造。一九五六年调任第一军团司令官。一九五九年调升"陆军总司令"，晋级"陆军"二级上将。一九六一年调任"国防部"联合作战研究督察委员会主任委员，翌年调任三军联合大学校长，一九六三年复回"国防部"。一九七〇年调任"总统府"战略顾问，旋即退为备役，复受聘为"总统府""国策"顾问。一九七六年九月八日逝于台北，享年七十。（卓遵宏稿。参考：《罗列上将传略》、罗列《忆念伍韬先生并自述脱险经过》、卓遵宏《罗列先生访问纪录》。）

罗卓英（1896—1961）

罗卓英，字尤青，别号慈威，广东大埔人，清光绪二十二年生。家世耕读，尝从邑名宿饶爱荃、蓝小庐游，治诗古文辞；尤喜史、地、兵略、政治等书。弱冠任教乡校，旋投笔从戎，考入保定军官学校八期炮科。民国十一年夏卒业，见习毕回乡。任母校大埔中学及湖山中学教员、校长。十三年春，任第一师炮兵连长，于惠州攻城战及第二次东征之役，均著劳绩。国民政府成立，以战功由营、团、旅长、参谋长，浡升为第十一师师长及第十八军军长。

中共早期于瑞金兴国组苏维埃政府，并出围赣州。卓英奉命"围剿"。

"七七"事变起，卓英驻节广州，兼行营参谋长，并负责警备粤汉铁路全线。迨抗战烽火波及淞沪，卓英即请缨北上，任十五兵团司令，参与保卫大上海战役，守罗店、浏河前线凡二阅月。及首都告急，临危受命卫戍，于拒敌及抢运物资，尤多致力。二十七年冬，奉命任武汉警备总司令，保卫武汉，迭摧强寇。嗣调第三战区，任第十九集团军总司令，与敌鏖战于南浔线各地，达成滞敌耗敌之目的。至是遂以功擢第九战区副司令长官，仍兼十九集团军总司令，镇守赣北。三十年春，敌倾调大贺师团，猛扑上高，卓英以迂回战略破之。

卅一年春，晋任远征司令长官，率国军入缅甸；是年四月下旬，歼敌于仁安羌，救英军七千余于难。同年六月，盟军设防竣事，奉命将国军主力，撤回国境。并转赴印度，主持兰伽远征军训练。卅二年五月，任军令部次长，旋调军事委员会训练团教育长，与驻华美军合作，首用轮带式教育法，训练反攻部队，并兼军委会训练总监，接受美式装备，准备反攻。卅三年秋，任青年军总监，训练十万青年，参加抗战。翌年五月，膺选中国国民党第六届中央执行委员，制宪国民大会代表。卅四年八月，出任胜利后广东省政府首任主席，抚辑流亡，恢复秩序。三十六年冬，调东北行辕副主任，并应选为第一届国民大会代表。卅八年春，任东南军政副长官。入台，转任"总统府"战略顾问、"国防研究院"副主任。一九六一年十一月，以糖尿病卒于台北，年六十有六。所著有《呼江吸海楼诗集》、《正气歌注》等书。（戴天庐稿。参考：罗香林撰传。）

罗福星 (1884—1914)

罗福星，字东亚，原籍广东镇平（今蕉岭县），属客家族。清光绪十年（一八八四），诞生侨居地——印尼巴达维亚（今雅加达）城。六岁回国启蒙，一八九六年，再赴巴城，就读中华学校。一九〇三年毕业，随祖父耀南（超六）来台，卜居苗栗一堡牛栏庄（今苗栗县丰湖村），并插班苗栗公学。

一九〇七年二月，因不堪日人压迫，拒作顺民，遂举家内迁，加入同盟会，献身革命。八月，娶黄氏。年底，结识黄兴、胡汉民、林时爽、赵声等革命同志，顿成莫逆。复受知广东学务部长丘逢甲，应聘为广东视学，兼广州府学堂监督。未久，衔命赴爪哇一带视察侨教。同年，出仕新加坡华侨中学校长，极力宣扬革命思想。年底，因水土不服，操劳过度，以病请辞。党为借重其才干，又聘为同盟会缅甸联络站——缅甸书报社主任。一九〇八年元月，在河内首次谒见国父，面献抗日复台大计，并自告奋勇，愿效前驱。次年，再度赴南洋，出任母校——巴达维亚中华学校校长。

一九一一年，黄花岗之役，随黄兴攻打督署，负伤脱险。辛亥起义，复率南洋义军两千，驰援武昌。至民国成立，回镇平担任大地中学校长。

民国元年十一月，奉国父命来台组织同盟会支部。不一年，抗日组织遍布全省，声势大振，原可一鼓作气，驱逐日本，光复台湾。不料机密泄露，功败垂成。日人称之为"苗栗事件"，乃设立临时法庭，大兴冤狱，被处死刑者，竟达两百余人。福星亦于民国三年三月三日，以首谋叛逆罪名，被处绞刑，惨烈牺牲，时年三十一岁，临刑遗言："不死于家乡，永为子孙纪念，而死于台湾，永为台民纪念。"

台湾光复后，总统轸念忠烈，特予明令褒扬，并奉祀英灵于忠烈祠。其一生尽瘁革命，所作诗词，犹不忘志，如"祝我民国词"七律，即将"中华民国孙逸仙救"八字嵌于句首，诗曰："中土如斯更富强，华封共祝著边疆，民情四海皆兄弟，国本苞桑气运昌。孙真国手著初唐，逸乐中原久益彰，仙客早沾灵妙药，救人千病一身当。"（节录自罗秋昭著《罗福星传》，黎明出版社发行。）

谭延闿（1879—1930）

谭延闿，初名宝璐，字祖安，一字祖盦、祖庵，别号慈畏，亦号无畏。湖南茶陵人。生于清光绪五年十二月十四日，卒于民国十九年九月廿二日。

延闿家世通显，父锺麟为前清两广总督。幼时随父侍居，七岁入塾，先后受业于张宝斋、李少苏、陈春坞等人。十四岁应童子试，入府学；十九岁应院考，中式。廿四岁中举人。廿六岁应光绪甲辰科（一九○四）会试，中会元，成进士，授翰林院编修。宣统元年，被举为湖南谘议局议长。宣统三年出长湖南优级师范。时清朝收回粤汉铁路之议兴，湘鄂川粤人民极力反对，延闿在湘竭力赞助。四月入京请愿速行立宪，不果而回。武昌起义，湖南响应，首义之焦达峰、陈作新先后遇难。清兵逼武胜关，各界力请出任艰巨，遂任湖南督军，绥辑境内，出师援鄂，大局立定。民国二年，二次革命起，奉国父命率湘军讨袁，失败去职。袁氏称帝，延闿复奉命组护国军。五年，袁死，再任湘督。六年，张勋拥溥仪复辟，延闿出师讨之，师次鄂边，而张已败。此后，段祺瑞解散国会，九月改派傅良佐督湘，延闿赴沪。七年，赞助国父护法；拨款六十万，令刘建藩、林修梅等在零陵独立，屏障革命根据地广东。九年，逐走张敬尧，遂三度督湘，旋以政治变化去位，转赴沪上。十一年随国父至粤，任大本营秘书长。陈炯明叛变，延闿迎接国父居沪，昕夕与共。十二年回粤，受命为建国湘军总司令，亲率宋鹤庚、鲁涤平诸将为北伐之助。九月入长沙，时陈炯明犯广州，延闿率师回粤解广东之围。十三年，中国国民党改组，被选为第一届中央执行委员及中央常务委员。十四年三月国父逝世。七月国民政府在广州成立，任国府委员。十五年第二次全国代表大会，复被选为中央执行委员。七月北伐，任国民革命军第二军长。十六年四月，国民政府奠都南京。十七年二月被推为国民政府主席，三月代理政治会议主席。十月中央颁布训政开始，行五院制，延闿任行政院长。十八年第三次全国代表大会，又被选为中央执行委员兼中央常务委员。平中原之乱，蒋主席北上督师，延闿任后方维持之实，卒以积劳成疾，于十九年九月廿二日中风逝世，享年五十二岁。（洪喜美稿。参考：谭伯羽《谭祖安先生年谱初编》及《谭故院长国葬典礼纪念册》。）

苏甲荣（1895—1945）

苏甲荣，字演存，广西藤县人。生于清光绪二十一年（西元一八九五），殁于民国三十四年，年五十一。民国三年秋，甲荣考入北京大学预科第一部英文乙班，于六年毕业，为当时地学大师张相文（蔚西）之高足。民四甲荣即著成《中国境界变迁大势考》一书，于翌年由商务出版。六年秋升入文科哲学门，九年六月毕业，该届哲学系毕业生以后在各方面崭露头角者有田培林、陈公博、朱自清、吴康、潘菽、谭平山、顾颉刚、杨晦、徐彦之、康白情、区声白等。七年六月底，王光祈等发起组织"少年中国学会"，至八年七月一日正式成立，甲荣与同班徐彦之、康白情、朱自清等人均先后加入。学会于七月十五日创刊《少年中国月刊》，李大钊为编辑主任，但实际负编辑任者为王光祈，前四期由甲荣以私人名义发行，自第五期起始由胡适介绍归上海亚东图书馆发行。九年五月，王光祈赴德留学，月刊改由甲荣及黄日葵任编辑正副主任，编至十年二月二卷八期止，其后编辑部移沪，由左舜生担任编辑。甲荣在北大本科就学时，曾创平地学说，并自制仪器，发表演讲予以说明。毕业后，曾任母校秘书及助教。十一年在北平创立"日新舆地学社"，出版中外各种地图及地学书籍。同年四月，《中国地理沿革图》出版，将地理沿革分为州郡沿革、疆域变迁、形势阨塞等三项，上起禹贡，下至民国，均悉心考订。国民革命军北伐时，甲荣曾任某军秘书长，其后任国民政府参谋本部地图、海图制作改订之专门委员；国民党中央执监委员会农民部秘书；武汉大学历史地理教授。十七年十二月，任教育部常任编审，十八年冬辞职。"日新舆地学社"于十七年由平迁沪。十九年，《庄子哲学》出版，是书分导论、宇宙观、生死观、命定论、本真论、知识论、养生、处世、治道、结论等十篇，对时人以"魏晋清谈为亡国之由"之论，颇有匡正。二十年九一八事变后，甲荣为启迪国人民族意识在各地聘请研究社员百余人，担任调查工作，绘制各种抗日地图，如《日本侵略我东北地图》、《暴日侵扰热河河北图》、《日军侵扰滦河图》、《暴日侵犯我江南地图》，及百万分之一《东三省全图》等。一二八之役，曾印有英文上海战区地图，附以说明，暴露日人罪恶，分赠欧美各国社团学校。抗战军兴，甲荣潜居上海，继续绘制地图工作，出版有《中华民国全图》、《远东大地图》、《太平洋图》等，以图中有暗示敌军动向，致遭日本宪兵队注意，三十三年七月十一日在上海辣斐德路颖村十一号寓中被捕，迭遭酷刑，受伤甚重，医疗无效，卒于抗战胜利后逝世。其著作除前述者外，另有《史学概要》（与他人合编，亚新地学社出版）及其日新社出版之《三万里海程见闻录》、《最新世界现势地图》、《中华省市地方分图》、《新体中华地理挂图》及《孙中山先生实业计划图》等多种。（秦贤次稿。参考：《第二次教育年鉴》、庄文亚编《全国文化机关一览》、桥川时雄编《中国文化界人物总鉴》。）

图书在版编目(CIP)数据

民国人物小传. 第二册/刘绍唐主编. —上海：上海三联书店，
2018.6 重印
ISBN 978 - 7 - 5426 - 4870 - 9

Ⅰ.①民…　Ⅱ.①刘…　Ⅲ.①人物-列传-中国-民国
Ⅳ.①K820.6

中国版本图书馆 CIP 数据核字(2014)第 144554 号

民国人物小传(第二册)

主　　编／刘绍唐

责任编辑／黄　韬
特约编辑／张建一
装帧设计／鲁继德
监　　制／姚　军
责任校对／张人伟

出版发行／上海三联书店
　　　　　(201199)中国上海市都市路 4855 号 2 座 10 楼
邮购电话／021-22895557
印　　刷／上海展强印刷有限公司

版　　次／2014 年 8 月第 1 版
印　　次／2018 年 6 月第 2 次印刷
开　　本／889×1194　1/32
字　　数／270 千字
印　　张／11
书　　号／ISBN 978 - 7 - 5426 - 4870 - 9/K·285
定　　价／46.00 元(精)

敬启读者,如发现本书有印装质量问题,请与印刷厂联系 021 - 66510725